KB242926

# 비이성적
# 부동산 시장의
# 심리학과 진실

비이성적

# 부동산 시장의 심리학과 진실

## PSYCHOLOGY AND TRUTH IN IRRATIONAL REAL ESTATE MARKET

최희륜 · 이성호 · 박향숙 · 김정남 · 챗GPT 지음

"Midwest Univ. 박사 4인이 전하는 탐욕과 공포를 이기는 심리 수업"

좋은땅

## ▌권순주 부동산심리학 박사 추천사

부동산 시장을 설명하는 기존의 언어는 오랫동안 가격, 정책, 금리와 같은 외형적 변수에 머물러 있었습니다. 그러나 실제 시장의 변곡점과 과열, 침체의 순간을 돌아보면 그 이면에는 언제나 인간의 심리와 집단적 인식 변화가 먼저 작동해 왔음을 부인하기 어렵습니다.

이 책『비이성적 부동산 시장의 심리학과 진실』은 바로 그 지점을 정면으로 다루고 있습니다.

부동산 시장을 단순한 자산 시장이 아니라 사람들의 기대, 불안, 확신, 그리고 두려움이 교차하는 심리의 장(場)으로 바라보는 관점은 이 책의 가장 큰 학문적 성취라 할 수 있습니다.

특히 이 책은 확증편향, 손실회피, 군집행동, 지역사회 심리와 같은 심리적 요소들이 어떻게 실제 거래와 가격, 수요의 지속성으로 이어지는지를 이론과 사례를 통해 설득력 있게 설명합니다.

이는 부동산 심리학을 단순한 해석의 도구가 아니라 시장 분석의 독립적인 프레임워크로 자리매김하게 합니다.

무엇보다 이 책의 강점은 심리를 설명하는 데서 멈추지 않고, 독자가 스스로의 판단을 돌아보게 만드는 질문을 던진다는 점입니다.
그 질문들은 투자자, 실수요자, 정책 담당자 모두에게 보다 신중하고 성숙한 의사결정을 가능하게 하는 기준이 될 것입니다.

부동산 시장을 보다 깊이 이헤하고자 하는 분들, 숫자 너머에서 작동하는 인간의 마음을 읽고자 하는 분들께 이 책을 자신 있게 추천합니다.

이 책은 분명, 부동산을 바라보는 여러분의 시각을 한 단계 확장시켜 줄 것입니다.

권순주

부동산심리학 박사

　부동산 시장은 흔히 정책과 금리, 수급이라는 구조적 요인으로 설명됩니다. 그러나 현장에서 시장을 오래 지켜본 사람이라면 누구나 알고 있습니다. 같은 정책, 같은 금리 조건에서도 시장 참여자들의 기대와 두려움, 해석의 방향에 따라 결과는 전혀 다르게 나타난다는 사실을 말입니다.

　『비이성적 부동산 시장의 심리학과 진실』은 이러한 현실적 질문에서 출발한 책입니다.

　이 책은 부동산 시장을 단순한 제도적·금융적 구조가 아니라, 사람들의 심리가 금융과 정책을 해석하는 방식의 집합체로 바라봅니다.

　특히 인상적인 점은 정책 발표, 규제 변화, 시장 뉴스가 어떻게 투자자와 실수요자의 심리를 자극하고, 그 심리가 다시 거래량과 가격으로 전이되는지를 논리적으로 풀어내고 있다는 점입니다. 이는 부동산 심리를 추상적 개념이 아니라 실제 시장을 움직이는 작동 원리로 이해하게 만듭니다.

　이 책은 투자자를 위한 예측서도, 정책을 단순 평가하는 해설서도 아닙니다.
오히려 시장 참여자 스스로가 자신의 판단이 어떤 심리적 전제 위에 서 있는지를
점검하게 만드는 사고의 기준서에 가깝습니다.

　부동산 시장을 보다 냉정하게 이해하고자 하는 분들, 정책과 금융 변수 너머에서
시장 참여자의 행동 변화를 읽고자 하는 분들께 이 책을 기꺼이 추천합니다.

이 책은 분명, 부동산을 바라보는 여러분의 판단 기준을 한층 더 단단하게 만들어 줄 것입니다.


박태호

부동산심리학 박사

## 흔들리는 부동산 시장에서 우리가 찾은 단 하나의 진실
### *(The only truth we have found in the faltering property market)*

집값이 오를 때 사람들은 말합니다. "역시 부동산은 불패다."

집값이 떨어지기 시작하면 또 그렇게 말합니다. "이번엔 정말 무너지는 거 아니냐."

하지만 우리는 지난 10여 년 동안 시장을 관찰하며 한 가지 사실을 확신하게 되었습니다.

부동산 시장을 움직이는 것은 금리도, 공급도, 정책도 아니다. 가장 먼저 움직이는 것은 '사람의 마음'이다. 누군가는 이를 직감이라고 부르고, 누군가는 경험이라고 말하며, 또 어떤 사람은 운이라고 믿습니다. 그러나 우리가 이 책에서 밝히고자 하는 단 하나의 결론은 이렇습니다. 부동산 시장의 진짜 주인공은 인간의 심리이며, 심리를 이해하는 사람만이 시장을 이긴다.

## 왜 어떤 사람은 상승장에서 패닉바잉을 하고
### *(Why is someone panic-bying on the rise,)*

왜 어떤 사람은 침체기에 조용히 부를 완성하는가? 우리는 이 질문에서 출발했습니다.

왜 같은 정보를 보고도 사람들은 완전히 다른 판단을 내릴까?

왜 상승장 말기, 모두가 "이번엔 다르다"고 외칠 때 누군가는 이미 시장을 떠나 있을까? 왜 침체기에는 "아무도 사고 싶지 않은 가격"이 결국 몇 년 뒤 "다시는 오지 않을 기회의 가격"이 되는가?

이 모든 질문의 답은 경제학이 아닌 심리학, 데이터가 아닌 군중심리, 뉴스가 아닌 인간 본성 안에 숨어 있습니다.

우리는 부동산 시장을 숫자로만 설명하려는 시도들이 얼마나 많은 오류를 만들고 투자자들을 혼란에 빠뜨리는지 수없이 목격해 왔습니다. 금리가 오르지만 집값은 왜 안 떨어질까? 공급이 늘었는데 왜 특정 지역은 더 오를까? 인구가 줄어드는데 왜 어떤 도시는 집값이 견고할까? 데이터만 보면 해석되지 않는 현상이 심리를 보면 선명하게 읽힙니다.

부동산 시장은 표면적으로는 경제이고, 속으로는 심리이고, 결정적으로는 행동경제학의 실험장입니다.

## 박사과정 4인, 서로 다른 시각과 전문성으로 하나의 시장을 해부하다
*(Four Ph.D.s Dissect a Market with Different Perspectives and Professionals)*

이 책은 네 명의 연구자가 각자의 시각으로 질문하고, 분석하고, 토론하면서 만들어낸
"대담형 지식서"입니다.

최희륜: 시장 심리와 구조적 흐름을 읽는 시각

이성호: 데이터와 심리를 결합한 행동경제학적 분석

**박향숙: 소비자 심리·브랜딩·현장 의사결정 구조**

김정남: 군집행동, 협상 심리, 침체기 감정 메커니즘

이 네 명의 대화는 단순 설명이 아닙니다. 서로의 생각을 부딪히고 보완하며

시장의 가장 깊은 지층을 드러내는 과정입니다. 이 책에는 논리와 감정, 데이터와 직관, 심리와 전략이 서로 얽히고 풀리는 지적인 긴장감이 살아 있습니다.

## 이 책을 읽는 순간, 당신은 더 이상 시장에 흔들리지 않는 사람이 된다
*(As soon as you read this book, you become a person who is no longer swayed by the market)*

우리는 이 책을 통해 독자 여러분이 시장의 소음에서 벗어나 심리의 흐름을 읽는 사람이 되길 바랍니다. 상승기에는 왜 사람들이 '망설임'을 잃는가 침체기에는 왜 사람들이 '용기'를 잃는가 전환점 직전, 시장 심리는 어떤 신호를 보내는가 데이터보다 더 정확한 심리의 선행 신호는 무엇인가 왜 군중심리에서 벗어난 소수만 부자가 되는가 이 책은 투자자를 위한 책이 아니라, 생각하는 사람을 위한 책입니다.

이 책을 덮는 순간, 당신은 다음 시장 사이클에서 누구보다 먼저 움직이고, 누구보다 정확하게 판단할 수 있는 심리적 나침반을 얻게 될 것입니다.

### 부동산의 본질은 심리입니다
*(The essence of real estate is psychology.)*

그리고 심리를 아는 사람은 시장을 이깁니다. 이제, 14주간의 지적 여정에서 우리가 발견한 숨겨진 심리 법칙들을 함께 탐험해 보시기 바랍니다.

### 부록 1~6 "부동산 시장은 결국 심리에서 시작되고 심리에서 끝난다"
*("The real estate market, in the end, is driven by psychology from beginning to end.")*

부동산 시장은 늘 숫자와 차트, 금리와 정책으로 해석되는 것처럼 보입니다. 하지만 실제 시장을 움직이는 힘은 훨씬 더 단순하고 인간적입니다. 그것은 바로 사람의 심리입니다. 누군가가 두려워하면 시장은 얼어붙고, 누군가가 확신하면 시장은 다시 달리기 시작합니다. 그리고 이 심리의 변화는 가격보다 먼저 나타납니다.

이 책의 부록 1~6은 바로 그 심리의 움직임을 현장에서 직접 확인하고 분석할 수 있도록 실전 중심으로 구성한 "심리기반 부동산 도구 세트"입니다.

최희륜, 이성호, 박향숙, 김정남, 2026년 3월

## 1. 총괄 평가(*Overall Assessment*)

이 책은 기존 부동산 연구가 가격·정책·금리 중심의 설명에 머물러 있던 한계를 넘어, 부동산 시장을 '인간 심리의 집단적 작동 결과'로 재정의한 점에서 학문적·실천적 의미가 크다. 특히 한국 부동산 시장의 특징인 과도한 불안, 비교 심리, 군중 행동, 정책에 대한 과잉 해석을 행동경제학과 사회심리학의 언어로 구조화했다는 점에서, 단순 해설서가 아닌 이론-사례-실전 도구를 결합한 응용 학술서로 평가된다.

## 2. 학문적 기여(*Academic Contribution*)

### ① 부동산 심리학의 체계적 구조화

이 책은 부동산 시장에서 작동하는 심리를 개인 심리, 대중 심리, 지역사회 심리, 정책 해석 심리로 구분하여 다층적 구조로 설명한다. 이는 부동산 심리를 단편적 현상 설명이 아니라 하나의 분석 체계(disciplinary framework)로 격상시킨 시도다.

### ② '심리는 가격의 선행지표'라는 명제의 정교화

다수의 장에서 반복적으로 제시되는 핵심 주장은 "심리는 가격보다 먼저 움직인다"

라는 명제를, 확증편향, 손실회피, 보유효과, 군집행동, 앵커링 등의 이론과 연결하여 논증한다는 점이다. 이는 기존 실증 연구들이 설명하지 못했던 변곡점 이전의 시장 움직임을 해석하는 데 강점을 가진다.

## 3. 내용 구성에 대한 평가(*Structure & Content*)

### ① 대담형 구성의 장점

네 명의 연구자가 서로 다른 전공·시각에서 토론하는 방식은 단선적 주장, 일방적 이론 전달의 한계를 넘어, 학문적 긴장과 상호 보완 구조를 형성한다. 이는 독자에게 "정답을 주기보다 사고의 과정을 보여 주는 방식"으로 작동하며, 박사과정·고급 실무자 교육에 적합하다.

### ② 14~16주차 커리큘럼 구조의 학술적 완성도

책 전체가 이론 → 사례 → 오류 → 적용 → 미래 전략으로 이어지는 교육용 학술 커리큘럼 구조를 띠고 있어 대학원 강의, 전문가 과정, 학회 튜토리얼 세션에 바로 활용 가능하다.

## 4. 지역사회 심리 분석에 대한 평가(*Evaluation of Community Psychology Analysis*)

특히 지역사회 심리와 부동산 수요를 연결한 장은 기존 부동산 연구에서 상대적으로 소홀했던 영역을 다룬다. 안정감, 신뢰감, 소속감, 생활 편의성, 사회적 이미지, 미래 기대감 등의 요소를 단순 정성 개념이 아니라 수요 유지력·가격 방어력·프리미엄 형성 요인으로 설명한 점은 지방 부동산·도시 정책 연구에 중요한 시사점을 제공한다.

## 5. 실무·정책적 활용 가치(*Practical and Policy-Level Applicability*)

이 책의 가장 큰 강점 중 하나는 "설명에서 끝나지 않는다"는 점이다.

투자자에게는 → 심리 오류를 인지하는 자기 점검 도구

정책 담당자에게는 → 정책 효과를 좌우하는 해석 심리의 중요성

부동산 경영자에게는 → 조직·마케팅·협상에서의 심리 전략을 제시한다.

즉, 이 책은 학술서 + 실전 매뉴얼 + 교육 교재의 성격을 동시에 가진다.

## 6. 한계 및 보완 가능성(*Limitations and Areas for Further Improvement*)

공정한 평가를 위해 한계도 함께 언급하면 다음과 같다.

대규모 계량 분석보다는 이론·사례·행동 설명에 비중이 더 크다

일부 개념은 향후 지표화·정량화 연구로 확장될 여지가 있다

해외 비교 파트는 후속 연구에서 더 심화될 수 있다 그러나 이는 이론 제시 단계의 책이라는 점에서 치명적 한계라기보다는 후속 연구의 출발점으로 보는 것이 타당하다.

## 7. 종합 결론(*Final Verdict*)

『비이성적 부동산 시장의 심리학과 진실』은 부동산 시장을 "숫자의 세계"에서 "사람의 세계"로 이동시킨 저작이다.

이 책의 가장 중요한 가치는 다음 한 문장으로 요약된다.

부동산 시장을 이기는 방법은 정보를 더 많이 아는 것이 아니라 인간 심리를 더 깊이 이해하는 것이다. 박사논문, 학회 발표, 대학원 강의, 전문가 교육 어디에 놓아도 이론적 정당성과 실천적 설득력을 동시에 갖춘 책으로 평가할 수 있다.

[Table of Contents]



## 1주차: 부동산과 심리학의 만남: 왜 심리가 시장을 좌우하는가?
### Week 1. Real Estate and Psychology Meetings: Why Does Psychology Diverge On The Market?



## 2주차: 심리가 가격을 결정한다
### Week 2: Sentiment Sets Price

# 3주차: 부동산 가격 형성에 작용하는 대중심리의 힘
## Week 3: The Power of Public Psychology in Real Estate Price Formation

## 4주차: 매수/매도 시점 판단에서 나타나는 심리적 오류(확증편향, 과잉확신)
### Week 4: Psychological errors in the timing of buying/selling(Evidence bias, overconfidence)

## 7주차: 부동산 마케팅 심리학(광고, 브랜딩, 스토리텔링 기법)
### Week 7: Real Estate Marketing Psychology (Advertising, Branding, Storytelling Techniques)

## 8주차: 분양 현장에서의 행동심리 분석과 적용 사례
### Week 8: Behavioral Psychology Analysis and Application Cases at the Pre-sale Site



### 8주차 핵심 정리(독자를 위한 요약본)  ··· 222



## 9주차: 부동산 경영자의 리더십과 조직 내 심리적 동기부여
### Week 9: Real Estate Management Leadership and Psychological Motivation within the Organization

---

# 10주차: 위기와 공포 – 시장 침체기 투자 심리의 변화
## Week 10: Crisis and Fear – Changes in Investment Sentiment During Market Recession

---

## 13주차: 대중심리와 시장 사이클 – 부동산 경영자의 종합 해법
### Week 13: Public Psychology and Market Cycle – A Comprehensive Solution for Real Estate Managers

---

## 부록 1. 부동산 심리 기반 투자 체크리스트(30개) 
### Real Estate Psychology Investment Checklist

A. 시장 심리 진단 체크리스트(1~8)

B. 지역 · 입지 심리 체크리스트(9~14)

C. 세대 · 라이프스타일 심리 체크리스트(15~19)

D. 매물 · 거래 심리 체크리스트(20~25)

E. 나의 심리 · 투자 태도 체크리스트(26~30)

---

## 부록 2. 시장 전환점(Inflection Point)을 알려 주는 10가지 심리 신호 
### Top 10 Psychological Signals That Reveal Market Turning Points

1. '확신의 언어'가 늘어나면 → 상승장의 끝

2. '체념의 언어'가 나오면 → 하락장의 끝

3. 거래량 변화가 가격보다 먼저 움직인다

4. 급매물이 빨리 사라지기 시작하면 → 바닥 신호

5. '신축 · 브랜드'보다 '중저가 · 소형' 위주로 거래가 먼저 살아남

6. 뉴스 헤드라인이 지나치게 비관적이면 → 바닥 근접

7. 호가와 실거래가의 방향이 갈라지면 → 전환점 신호

8. 정부 정책에 과잉 반응하면 → 시장의 불안정 구간

9. 부동산 커뮤니티 · 카페의 분위기가 급변할 때

10. '무조건성 언어'가 늘어나면 → 반드시 전환점이 온다

# 부동산과 심리학의 만남:
# 왜 심리가 시장을 좌우하는가?

Week 1. Real Estate and Psychology Meetings:
Why Does Psychology Diverge On The Market?

**진행자 최희륜:** 반갑습니다, 여러분. 지난주에 이어 이렇게 다시 만나 뵙게 되어 정말 기쁩니다. 오늘 우리가 다룰 주제는 바로 '부동산과 심리학의 만남'입니다.

언뜻 들으면 부동산과 심리학은 전혀 다른 분야처럼 느껴질 수 있지만, 실제로 시장을 깊이 들여다보면 이 두 영역은 떼려야 뗄 수 없을 정도로 강하게 연결돼 있습니다.

보통 경제학에서는 인간을 합리적인 존재, 즉 모든 정보를 분석하고 가장 이익이 되는 선택을 하는 존재로 가정합니다. 그래서 교과서에는 늘 이렇게 나오죠. 가격이 오르면 수요는 줄어든다. 금리가 오르면 대출 수요는 줄어든다. 공급이 많아지면 가격은 떨어진다. 이론만 보면 모든 게 너무 명확합니다. 숫자와 그래프만 보면 마치 시장이 수학 공식처럼 움직일 것 같죠.

그런데 우리가 실제 부동산 시장을 보면 어떻습니까? 합리성과는 거리가 먼 행동과 선택들이 너무나 많이 나타납니다. 금리가 올라도 "지금 안 사면 더 늦는다"며 집을 사는 사람들이 있고, 집값이 너무 많이 올라 부담스러워도 "남들은 다 샀는데 나만 못 샀다"는 불안 때문에 패닉바잉이 일어나기도 합니다.

반대로 집값이 떨어질 때는 "언젠가 다시 오르겠지"라는 마음 때문에 매물을 내놓지 않아 거래가 얼어붙기도 하죠. 이 모든 현상은 숫자만으로는 절대 설명되지 않습니다. 사람의 마음, 즉 심리를 이해해야만 비로소 설명이 됩니다. 그래서 오늘은 이 질문으로 대화를 시작해 보려고 합니다.

**"왜 부동산 시장에서는 숫자가 아니라 심리가 더 강력할까?"**

이 질문은 단순한 호기심이 아니라, 실제로 시장의 움직임을 이해하기 위해 반드시 짚고 넘어가야 하는 핵심입니다. 부동산 시장은 가격 그래프보다 사람들의 기대, 불안, 욕망, 공포가 먼저 움직입니다. 그래서 심리를 이해하면 시장이 어디로 향할지 보이지만, 심리를 무시하면 숫자만 보고는 결코 전체 그림을 읽을 수 없습니다.

자, 그럼 본격적으로 들어가 보겠습니다.

패널 여러분은 왜 심리가 시장을 좌우한다고 보시는지, 먼저 의견을 나눠 주시면 좋겠습니다.

  비이성적 부동산 시장의 심리학과 진실

**이성호:** 맞습니다. 경제학 교과서대로라면 집값이라는 것은 정말 단순하게 움직여야 합니다. 수요가 많으면 가격은 오르고, 공급이 많아지면 가격은 내려가고, 금리가 오르면 대출 부담이 커져서 사람들이 집을 덜 사게 되고… 이렇게 공식처럼 딱딱 떨어져야 하죠.

그런데 현실에서는 전혀 다르게 흘러갑니다. 그래서 저는 부동산 시장을 "보고 싶은 것만 보는 시장"이라고 표현하고 싶습니다. 사람들은 이미 마음속에 결론이 정해져 있어요.

**'집은 반드시 오른다'**고 생각하면 오르는 이유만 찾고, **'지금은 위험하다'**라고 생각하면 하락 근거만 찾아봅니다. 같은 뉴스, 같은 숫자를 보더라도 사람마다 해석이 완전히 달라지는 게 부동산입니다. 이게 바로 노벨경제학상을 받은 대니엘 카너먼이 강조한 인간의 불완전성, 즉 "우리는 이성으로 판단한다고 믿지만 실제로는 감정으로 결정한다"는 그 지점입니다.

정보를 모두 종합해 합리적으로 판단하는 것이 아니라, 감정이 먼저 반응하고 그다음에 이성이 그 감정을 합리화하려고 따라오는 구조죠. 특히 한국 부동산 시장은 심리의 영향력이 더욱 강하게 나타나는 시장입니다. 왜냐하면 한국인에게 집은 단순한 건물이 아니라 미래의 안전망이고, 지위의 상징이고, 자산 성장의 거의 유일한 수단처럼 여겨지기 때문입니다. 그래서 상승장이 시작되면 기대감이 폭발합니다.


**"집값 올라간다더라", "친구도 샀대", "지금 안 사면 10년은 뒤처진다"**
*("I heard the price of a house goes up", "I bought a friend", "If you don't buy it now, you'll be behind for 10 years")*


이런 말들이 사람들의 불안을 자극하죠. 흥미로운 건, 이 기대 자체가 시장을 실제로 움직이기 시작한다는 겁니다. 이걸 심리학에서는 **자기실현적 예언(Self-fulfilling prophecy)**[1]이라고 합니다.


### 사람들이 오를 것이라고 믿으면

→ 실제로 집을 사기 시작하고 → 실거래가가 올라가고 → 상승 뉴스가 더 나오고

---

[1] )Merton, R. K. (1948). The Self-Fulfilling Prophecy. The Antioch Review, 8(2), 193-210.

→ 더 많은 사람들이 '역시 오르는구나' 하고 따라 들어옵니다.

즉, 심리가 먼저 움직이고 가격이 그 뒤를 따라가는 시장 구조가 만들어지는 겁니다.

그래서 현실의 부동산 시장은 경제학 교과서 속의 '차가운 시장'이 아니라 기대와 불안이 만들어 낸 뜨거운 심리의 시장이라고 저는 생각합니다.

**김정남:** 저도 전적으로 동의합니다. 저는 부동산 시장을 오래 관찰하면서 자연스럽게 이런 표현을 쓰게 됐습니다.

바로 **"부동산 시장은 인간 심리의 변주곡이다"**[2]라는 말입니다. 악기 하나로 단조로운 소리만 나는 것이 아니라, **기대·두려움·욕망·불안·희망·질투** 같은 감정이 뒤섞여 다양한 소리를 만들어 내는, 그런 복잡한 흐름이죠. 사람들이 부동산을 살 때 정말 객관적으로 계산할까요?

대부분 그렇지 않습니다. 현재 가격이 적정한지, 수익률이 맞는지, 리스크가 어느 정도인지… 이런 걸 철저하게 따져 보는 것 같아도 실제로는 다른 심리가 더 크게 작용합니다.

대표적인 것이 바로 **"나보다 더 비싸게 사 줄 사람이 있겠지"**[3]라는 믿음입니다.

지금 가격이 높다는 것을 본인도 압니다. 어쩌면 자신이 비싸게 사는 것일 수도 있다는 사실도 압니다. 그런데도 사람들은 이렇게 생각합니다.

**"그래도 지금이라도 사 두면, 나중에는 누군가가 더 비싸게 사 줄 거야."**[4]

이 사고방식이 바로 더 **큰 바보 이론(The Greater Fool Theory)**입니다. 말 그대로 내가 바보 같은 가격에 산다는 걸 알아도 나보다 더 큰 바보가 나중에 나타나서 더 비싼 값에 사 줄 것이라고 믿는 심리죠.

---


2)  Shiller, R. J. (2015). Irrational Exuberance (3rd ed.). Princeton University Press.

3)  De Long, J. B., Shleifer, A., Summers, L. H., & Waldmann, R. J. (1990).
     Noise Trader Risk in Financial Markets. Journal of Political Economy, 98(4), 703-738.

4)  Kindleberger, C. P., & Aliber, R. Z. (2011).
     Manias, Panics, and Crashes: A History of Financial Crises (6th ed.). Palgrave Macmillan.

굉장히 위험한 사고방식인데도 상승장이 오면 이 논리가 엄청나게 강해집니다. 집값이 계속 오를 때는 **"이제 들어가면 늦는다"**, **"지금이라도 안 사면 바보 된다"**, **"나중에 누가 더 비싸게 사 줄 것이다"** 이런 생각이 빠르게 퍼지면서 시장은 마치 폭풍처럼 달립니다. 그래서 실제로는 가치보다 가격이 먼저 뛰고, 분석보다 욕망이 먼저 움직이며, 지표보다 소문이 더 큰 영향력을 갖는 시장이 되는 겁니다.

이런 상황을 저는 '폭탄 돌리기 게임'에 자주 비유합니다. 모두가 폭탄이 손에 있는 걸 알지만, **"그래도 내가 들고 있을 때는 터지지 않겠지"**라고 믿으면서 계속 넘기고 넘기다가 어느 순간 한 사람이 폭탄을 떠안게 되는 것이죠. 이게 바로 상승장에서 벌어지는 인간 심리의 전형적인 패턴이고, 부동산 시장의 위험성과 매력을 동시에 보여 주는 지점인 것 같습니다.

**최희륜:** '더 큰 바보 이론'이라는 표현이 정말 확 와닿습니다. 저도 부동산 시장을 오래 보면서 느꼈던 것이 바로 이것입니다. 시장을 움직이는 힘의 중심에는 결국 인간의 **'소유 욕구'와 '안전 본능'**이 있다는 점입니다. 우리가 흔히 "내 집 마련"이라고 말하지만, 사실 이것은 단순히 비를 피하고 잠을 잘 공간을 확보하는 수준의 이야기가 아닙니다.

**한국 사회에서는 집이라는 것이 삶의 안정성, 나의 사회적 위치, 나의 경제적 능력, 그리고 미래에 대한 안전망과 직결됩니다.**[5]
그래서 사람들은 집을 '소유한다'는 것에서 굉장히 강한 의미를 느낍니다. 이게 바로 부동산이 다른 투자와 다르게 감정이 크게 작용하는 이유죠. 여기에 더해 아주 강력한 심리가 하나 더 있습니다.

바로 상대적 박탈감입니다. 부동산 시장에서는 절대적인 가격보다 **"남들은 어떻게 하고 있느냐"**가 더 중요한 기준이 돼 버립니다. **남들은 다 샀는데, SNS에 보니 친구도 사고, 직장 동료도 사고, 동창도 샀다는데** 나만 아무것도 안 하고 있으면 마음이 조급해지죠. 이 심리가 쌓

---

5) Smith, H. J., Pettigrew, T. F., Pippin, G. M., & Bialosiewicz, S. (2012). Relative Deprivation: A Theoretical and Meta-Analytic Review. Personality and Social Psychology Review, 16(3), 203-232.

이면 결국 패닉바잉, 즉 '영끌'로 이어집니다.

**"지금 안 사면 기회가 영원히 사라질 것 같은 불안감"**[6], **"나만 뒤처질 것 같은 두려움**[7]**", "이제 더는 기다릴 여유가 없다"** 이런 감정들이 한꺼번에 폭발하면서 합리적 계산보다 감정이 의사결정을 지배하게 됩니다.

재미있는 건, 패닉바잉이 벌어지는 시점이 반드시 '사야 할 때'는 아니라는 겁니다. 오히려 시장 과열의 정점 근처, 모두가 불안과 기대감에 휩싸일 때 이 현상이 가장 크게 나타납니다. 그만큼 부동산 시장은 사람들의 마음, 특히 비교 심리와 불안 심리가 강력하게 작용하는 공간입니다. 결국 우리는 숫자가 아니라 자신의 감정과 주변 사람들의 행동에 의해 더 많이 흔들립니다. 그래서 부동산 시장을 이해하려면 경제학만으로는 부족하고, 사람들의 심리 흐름까지 읽어야 비로소 전체 구조가 보이기 시작합니다.

**박향숙:** 네, 바로 그 지점이 심리학과 부동산이 맞닿는 핵심입니다. 저는 행동경제학 관점에서 이 현상을 설명할 수 있는 여러 이론들을 살펴봤는데요, 흥미롭게도 우리가 방금까지 이야기한 대부분의 현상이 이미 심리학에서 오랫동안 연구된 패턴과 정확히 일치합니다. 우선, 사람들이 부동산을 살 때 스스로의 분석보다 **"남들이 하니까 나도 한다"**는 이유로 움직이는 경우가 정말 많습니다.

이걸 행동경제학에서는 **밴드왜건 효과(Bandwagon Effect)**[8]라고 부릅니다. 말 그대로 '행진하는 군악대 차에 올라탄다'는 뜻인데, 부동산 시장에서는 누군가가 집을 샀다는 이야기 한 번 들리는 순간 그 주변 사람들의 마음이 연쇄적으로 흔들립니다.

친구가 샀다더라, 직장 동료가 투자했다더라, 카페에서 어떤 사람이 "지금이 마지막 기회"라고 말하더라, 유튜브 알고리즘에서 계속 집값 상승 얘기만 나오더라, 이런 정보들이 반복적

---


6)   Hodkinson, C. (2019). 'Fear of Missing Out' (FOMO) marketing appeals. Journal of Marketing Communications, 25(1), 65-88.

7)   Shiller, R. J. (2015). Irrational Exuberance (3rd ed.). Princeton University Press.

8)   Leibenstein, H. (1950), Bandwagon, Snob, and Veblen Effects in the Theory of Consumers' DemandShiller, R. J. (2015), Irrational Exuberance

으로 들어오면 사람들은 어느 순간 "나만 뒤처지고 있는 건 아닐까?" 하는 불안한 마음이 생깁니다.

그리고 이 불안이 쌓이면 결국 군중 심리로 연결돼 실제 행동으로 나타나는 것이죠.

여기에 더 무서운 심리가 하나 더 있습니다. 바로 **확증 편향(Confirmation Bias)**[9]입니다.

확증 편향이란, 사람들이 원래 가지고 있던 생각을 지지하는 정보만 받아들이고 그 생각을 반대하는 정보는 무시하거나 배제해 버리는 심리적 오류입니다.

예를 들어 "부동산은 무조건 오른다"라고 믿는 사람은 유튜브에서도 '상승론' 영상만 찾아보게 되고, 뉴스에서도 '집값 상승' 기사만 기억하고, 지인 중에서도 "앞으로 폭등 온다"라고 말하는 사람들 말에만 귀를 기울입니다.

반대로 조정기라는 신호가 나올 때도 "이건 일시적인 조정일 뿐"이라며 하락 관련 정보는 아예 보지 않거나 믿으려 하지 않아요. 그래서 부동산 시장은 아이러니하게도 '진실'보다 '듣고 싶은 말'이 더 강한 힘을 가집니다.

사람들은 객관적 데이터를 모으는 게 아니라, 이미 마음속에서 결론을 정해 놓고 그 결론을 뒷받침해 줄 정보만 골라 담는 거죠.

이 두 가지 심리가 결합되면 굉장히 강력한 흐름이 만들어집니다. 남들이 다 산다는 말이 들리면 불안해지고, 그 불안을 달래기 위해 상승 정보를 더 찾고, 그 상승 정보가 다시 불안을 자극하고, 결국엔 **"지금이라도 들어가야겠다"**는 결심으로 이어지는 구조입니다.

**즉, 군중 심리 → 불안 → 확증 편향 → 매수 → 다시 군중 심리 강화**

*(Crowd psychology → Anxiety → Confirmation bias → Buy → Crowd psychology again)*

이런 고리가 계속 반복되면서 시장 가격은 실제 가치보다 더 크게 움직이게 됩니다.

---

9) Kahneman, D. & Tversky, A. (1979), Prospect Theory: An Analysis of Decision under Risk
Nickerson, R. S. (1998), Confirmation Bias: A Ubiquitous Phenomenon in Many Guises

**결국 부동산 시장을 떠받치는 힘의 상당 부분은 '경제학적 논리'가 아니라 '심리학적 패턴'에서 나오고 있다는 사실이 드러납니다.**

**이성호:** 맞아요. 특히 방금 이야기하신 확증 편향은 단순히 개인의 투자 판단에만 영향을 주는 게 아니라, 심지어 정부 정책이 시장에서 어떻게 해석되느냐까지 좌우합니다. 정부가 어떤 정책을 내놓든 그 자체가 중요한 게 아니라, 사람들이 그 정책을 어떻게 '느끼고' 받아들이느냐가 시장의 방향을 정한다는 말이죠.

예를 들어 재건축 초과이익환수제 같은 제도는 원래 논리적으로 보면 명확한 악재입니다. 재건축을 하면 많은 이익이 생기는데 그 이익의 상당 부분을 정부가 환수하겠다는 거니까, 개발 사업성이 떨어지고, 사업 추진 속도가 늦어지고, 결국 공급이 줄어드는 부정적인 요인입니다.

그런데 시장이 과열된 상태, 즉 심리가 이미 뜨거워져 있는 상황에서는 이 악재조차 이상하게 해석합니다. 원래라면 "이제 재건축 어려워지겠네, 가격 조정 오겠구나"라고 받아들여야 하는데, 오히려 이런 반응이 나와요. "재건축이 어려워지면 새 아파트 공급이 줄겠네? 그럼 오히려 지금 있는 아파트 scarcity(희소성)이 커지겠는데? 그래서 더 오르겠는데?" 이 말은 논리적으로 보면 완전히 앞뒤가 맞지 않습니다. 하지만 심리가 달아오른 시장에서는 악재가 악재로 작용하지 않고, 악재가 오히려 호재로 바뀌는 기현상이 벌어집니다.

실제 이런 사례는 한국 부동산 역사에서 수도 없이 반복되었습니다. 강한 규제가 나왔는데도 잠깐의 흔들림만 있고 그 뒤에 더 급등하거나, 대출을 조이면 시장이 식어야 하는데 불안감 때문에 오히려 '지금이라도 잡아야 한다'며 거래가 늘어나는 식이죠. 즉, 정책의 내용보다 시장의 심리가 더 강한 힘을 가진다는 것입니다.

정책이 시장을 움직이는 게 아니라, 사람들의 욕망, 기대, 두려움이 정책을 다시 해석하고, 그 해석에 따라 시장이 움직이는 구조가 되는 거죠. 그래서 객관적 지표를 아무리 들이밀어도 "지금은 공급이 많다", "금리가 부담된다", "입주 물량이 나온다" 이런 논리가 통하지 않는 시기가 있습니다. 이성적 판단이 아니라, 이미 마음속에 자리 잡은 감정과 기대가 지표를 덮어버리는 거죠. 그래서 저는 항상 강조합니다. 부동산 시장을 보려면 숫자를 보기 전에 사람을 먼저 봐야 한다. 사람의 욕망과 심리가 움직이지 않으면 시장은 꿈쩍도 하지 않지만, 심리가 흔들리는 순간 시장은 숫자보다 훨씬 빠르게 반응합니다.

**최희륜:** 그렇다면 여기서 자연스럽게 이런 질문이 나오겠네요. 투자자들이 실제 시장에서 가장 자주 빠지는 심리적 함정은 무엇일까요? 우리가 시장을 바라보는 방식 자체를 왜곡시키는 심리적 오류는 어떤 것들이 있을까요? 이 부분은 많은 투자자들이 궁금해하는 주제이기도 해서 한번 짚어 보고 싶습니다.

**김정남:** 저는 그중에서도 가장 많이 보이는 게 바로 **'후방 거울 효과(Rearview Mirror Bias)'**[10]라고 생각합니다. 이건 말 그대로 운전할 때 백미러만 보고 전진하려고 하는 것과 같습니다. 앞으로 나아가려면 앞을 봐야 하는데, **투자자들은 자꾸 백미러—즉, 과거만 보고 판단을 내립니다.**

예를 들어 최근 2~3년 동안 집값이 계속 올랐다면, '앞으로도 계속 오르겠지'라고 단순하게 생각합니다. 반대로 최근 몇 년 동안 조정이 있었다면 '이제 부동산은 끝났다'라고 결론 내리죠. 이게 왜 문제냐면, 과거의 흐름이 미래를 보장해 주지 않기 때문입니다. 하지만 사람들은 과거의 상승 그래프가 너무 강렬하게 기억에 남아 있기 때문에 마치 그것이 '미래의 약속'인 것처럼 착각합니다. 워런 버핏도 이런 심리를 강하게 비판했습니다.

그는 늘 이렇게 말했죠.
**"과거의 수익률이 미래 수익을 보장한다면, 세상 모든 사람이 부자가 되었을 것이다."**
*("If past returns guarantee future returns, everyone in the world will be rich.")*
하지만 사람들은 여전히 최근에 본 차트, 최근에 들은 가격 상승 이야기, 최근 지인들의 매수 소식 같은 '과거의 흔적'에 집착합니다.

---

10)    Barberis, N., Shleifer, A., & Vishny, R. (1998). A Model of Investor Sentiment. Journal of Finance, 53(2), 307-343.

그래서 상승장에서는 "작년에 1억 올랐는데, 올해도 최소 1억은 오르겠지"라는 근거 없는 확신이 생기고, 하락장에서는 "3년 동안 내렸으니 이제 끝났다, 부동산은 끝물이다" 같은 극단적인 비관론이 등장합니다.

결국 후방 거울 효과란, 미래를 보지 못하고 과거만 확대해서 해석하는 심리적 오류입니다. 이 오류에 빠진 투자자는 언제나 늦게 들어가고 늦게 빠져나옵니다. 즉, 상승장에는 뒤늦게 뛰어들고, 하락장에는 늦게 떨어뜨리며 손실을 키우는 구조가 됩니다.

부동산 투자에서 이 후방 거울 효과는 아주 치명적입니다. 왜냐하면 부동산 시장은 항상 '앞으로의 변화'를 반영해 움직이기 때문이죠. 그런데 많은 사람들은 '앞'을 보지 않고 '뒤'를 보며 운전하려고 하니까 사고가 날 수밖에 없습니다.

**박향숙**: 정말 흥미로운 포인트입니다. 저는 여기에 하나를 더 덧붙이고 싶은데요, 바로 '손실 회피(Loss Aversion)'라는 인간의 강력한 심리적 성향입니다.

이 개념은 행동경제학의 대표 이론인 **프로스펙트 이론(Prospect Theory)**에서 핵심적으로 다뤄지는 내용이죠. 프로스펙트 이론이 말하는 것은 매우 단순하지만 강력합니다. 사람은 이익을 얻을 때 느끼는 기쁨보다, 손실을 봤을 때 느끼는 고통이 훨씬 더 크다는 것입니다. 1만 원을 벌었을 때의 만족감보다 1만 원을 잃었을 때의 고통이 두세 배쯤 더 크게 느껴지는 거죠. 이 심리는 부동산 시장에서 아주 극명하게 나타납니다. 예를 들어, 집값이 떨어지기 시작하면 어떻게 될까요? 이론적으로는 가격이 떨어지면 사람들이 "손실을 줄이기 위해" 빨리 매도해야 한다고 생각할 수 있지만, 실제 시장은 정반대로 움직입니다.

사람들은 이렇게 생각합니다.
**"지금 파는 건 너무 억울해.", "이 정도면 일시적 조정일 거야.", "버티다 보면 다시 오를 거야.", "손해 보고 파는 건 절대 못하겠다."**[11]
이렇게 손실을 인정하기 싫은 마음이 너무 크기 때문에 오히려 하락장에서는 매물이 더 안

---

11)  Genesove, D., & Mayer, C. (2001). Loss Aversion and Seller Behavior: Evidence from the Housing Market. Quarterly Journal of Economics, 116(4), 1233-1260.

나오고, 거래도 급감합니다. 우리가 흔히 말하는 '존버'라는 현상이 바로 여기서 발생합니다. 팔면 손실이 확정됩니다.

하지만 버티면 '언젠가 다시 오를 수도 있다'는 희망을 붙들 수 있습니다. 그래서 많은 사람들이 하락장에서 매도를 미루고, 결국 시장은 움직이지 않는 것처럼 보이는 '거래 절벽'을 맞게 되는 것이죠. 그리고 재미있는 점은, 손실 회피 성향은 하락장에서만 나타나는 것이 아니라 상승장에서도 모습을 드러낸다는 것입니다.

상승장에서는 "조금만 더 오르면 팔아야지"라고 말하면서도, 정작 팔려고 보면 "여기서 더 오르면 어떡하지?"라는 욕망이 생기면서 매도를 또 미룹니다. 즉, 하락장에서도 '잃기 싫어서' 못 팔고, 상승장에서도 '덜 벌고 싶지 않아서' 못 파는 거죠. 이 모든 패턴이 바로 손실 회피 심리에서 비롯됩니다.

결과적으로 부동산 시장은 경제학 교과서에서 말하는 '합리적 매도·매수'가 아니라, 감정적 회피, 특히 손실을 직면하기 싫어하는 심리가 강하게 지배하는 시장이 됩니다. 그리고 이 심리가 누적되면 시장 전체가 마치 멈춰 선 것처럼 보이는 '거래 절벽'이라는 현상으로 이어지는 겁니다.

**최희륜:** 맞습니다. 지금 말씀해 주신 '손실 회피'와 관련해서 저는 한 가지 심리를 더 연결해서 보고 있습니다. 바로 **'보유 효과(Endowment Effect)'**[12]라는 개념입니다.

이 보유 효과는 아주 단순하지만, 부동산 시장에서는 생각 이상으로 강하게 나타나요. 보유 효과란, 내가 가지고 있는 물건은 객관적인 시장 가치보다 더 높게 평가하는 인간의 심리적 경향을 말합니다. 쉽게 말해, 내가 가진 것은 더 가치 있어 보이고, 남이 가진 것은 덜 가치 있어 보이는 일종의 심리적 착시죠. 이 현상은 집에서 특히 극명하게 나타납니다.

예를 들어, 집값이 떨어지기 시작해도 많은 사람들이 매도를 하지 못합니다. 왜냐하면 스스로 이렇게 생각하기 때문이죠. **"아니, 우리 집은 이 동네에서 제일 구조가 좋고, 채광도 좋고, 층도 괜찮고, 주인인 내가 제일 잘 알지."** 즉, 내가 가진 집은 절대 싸게 팔 수 없다는 마음이

---

12) Kahneman, D., Knetsch, J. L., & Thaler, R. H. (1990). Experimental Tests of the Endowment Effect and the Coase Theorem.

생기는 겁니다.

객관적인 시세는 이미 떨어졌는데도, 머릿속에서는 여전히 '예전 고점'이 기준점으로 자리 잡고 있어서 그보다 낮은 가격에는 팔 수 없다고 느끼게 됩니다. **그래서 하락장에서는 "지금은 팔 때가 아니야.", "내 집은 원래 값어치가 더 높아."** 이렇게 스스로 위안을 찾으며 매도를 미루게 됩니다. 반대로 상승장에서는 보유 효과가 또 다른 방식으로 작동합니다.

**집값이 오를수록 "이 정도면 됐지, 이제 팔아야지"라고 하면서도 막상 팔려고 보면 마음 한편에서 "잠깐만, 우리 집 정도면 앞으로도 더 오를 수 있지 않을까?", "이렇게 좋은 집을 지금 팔면 나중에 더 비싼 값에 팔 기회를 놓치는 건 아닐까?"[13]** 하는 욕심이 다시 고개를 듭니다.

그래서 상승장에서는 '조금만 더…', '한 번만 더…' 하고 버티다가 오히려 매도 타이밍을 놓치는 경우도 많습니다. 이처럼 부동산 시장에서 보유 효과는 하락장에서는 '나만 손해 보고 팔 수 없다'는 심리, 상승장에서는 '더 오를 수 있다'는 욕망 이 두 가지 형태로 나타납니다.

결국 투자자들은 하락장에서는 못 팔고, 상승장에서는 또 못 파는 상황에 갇히게 됩니다. 이 모든 게 숫자나 공식 때문이 아니라, 우리가 가진 감정과 자존심, 그리고 보유에 대한 애착 때문에 벌어지는 일입니다. 부동산 시장을 이해할 때 이 보유 효과를 함께 고려하면 왜 사람들이 '합리적으로' 행동하지 못하는지, 왜 시장이 극단적으로 움직이는지 조금 더 선명하게 보입니다.

**이성호:** 맞습니다. 그리고 여기서 우리가 절대 빼놓을 수 없는 요소가 하나 있습니다. 바로 한국 부동산 시장의 특수성입니다. 한국의 주거 문화, 자산 구조, 사회적 신념은 다른 나라와 비교해도 정말 독특한 부분이 많습니다.

우선 한국인에게 '아파트'는 단순한 주거 형태가 아닙니다. 아파트는 거의 자산 증식의 가장 확실한 수단, **'평생 재산을 지키는 최종 무기'[14]** 처럼 여겨집니다.

---

13) Genesove, D., & Mayer, C. (2001). Loss Aversion and Seller Behavior: Evidence from the Housing Market. Quarterly Journal of Economics, 116(4), 1233-1260.

14) Ronald, R., & Hirayama, Y. (2009). Home ownership in Japan and South Korea: Beyond asset-based welfare. Housing

왜 그럴까요?

한국 사회에서는 임금 상승률보다 집값 상승률이 더 빠르고, 다른 투자 수단은 위험하고 불안정하다고 느껴지고, 토지나 주식보다 아파트가 훨씬 접근성이 높고, 미래 불안이 큰 사회 구조 속에서 '내 집'이 주는 안정감이 엄청나기 때문입니다.

그래서 사람들은 아파트를 "올라도 단단히 오르고, 떨어져도 결국 다시 오른다"는 식으로 생각합니다. 특히 서울·수도권에 대해서는 거의 종교에 가까운 믿음이 자리 잡고 있죠. 우리가 흔히 말하는 **'서울 불패', '수도권 불패'**라는 말은 단순한 농담이 아니라, 시장 전체를 움직이는 심리적 기반입니다.

이 믿음 체계는 매우 강력해서 악재가 나와도 금방 다시 심리가 회복되고, 규제가 강화돼도 사람들은 '결국에는 오른다'고 생각합니다. 그리고 불확실성이 커질수록, 사회·경제적 리스크가 커질수록 사람들은 오히려 더 '똘똘한 한 채'에 집착하게 됩니다.

즉, 많은 집을 갖고 있는 것보다 좋은 지역의 단 하나의 확실한 집(압도적 입지의 아파트)이 더 중요해지는 거죠. 이 현상이 왜 나오냐면, 불안이 커질수록 사람들은 '확실한 것'에 매달리기 때문입니다.

**경기 침체? → 그러면 더더욱 강남!**

**금리 인상? → 그래서 오히려 안전한 한 채!**

**공급 증가? → 서울은 예외!**

**규제 강화? → 결국 규제 풀리면 다시 오른다!**[15]

이런 식의 논리가 시장에 퍼지면서 심리는 더욱 집중되고, 자본은 더 빠르게 특정 지역으로

---

Studies, 24(5), 599-618.

15) Gennaioli, N., Shleifer, A., & Vishny, R. (2018). A Crisis of Beliefs: Investor Psychology and Financial Fragility. Princeton University Press.

몰립니다. 이런 '똑똑한 한 채' 현상은 단순 트렌드가 아니라 한국인들의 불안 심리, 비교 심리, 미래 불확실성에 대한 방어 본능이 합쳐져 나타나는 종합적 심리 현상이라고 볼 수 있습니다.

그래서 한국 부동산 시장에서는 단순히 "가격", "수요·공급", "금리"만 분석해서는 절대 미래를 읽을 수 없습니다.

**한국 시장은 심리 → 여론 → 흐름 → 가격이 순서대로 움직이는 곳입니다.** 경제가 아니라 심리가 먼저 움직이는 시장, 그게 한국 부동산의 가장 큰 특수성이라고 저는 생각합니다.

**김정남:** 맞습니다. 방금 말씀하신 '똑똑한 한 채' 심리는 사실 아주 인간적인 욕망에서 비롯됩니다. 그 핵심에는 바로 비교 심리, 즉 "남들은 어떻게 살고 있느냐, 나는 그에 비해 어느 위치에 있느냐"를 끊임없이 확인하려는 본능이 자리 잡고 있습니다.

우리는 절대적인 숫자보다 상대적 위치에 더 민감합니다.

**예를 들어,** 내 집의 가격이 실제로는 떨어지지 않았더라도 주변 사람이 더 좋은 입지, 더 좋은 학군, 더 좋은 브랜드 아파트를 샀다는 소문이 들리는 순간 마음이 흔들립니다. 마치 시험 점수를 잘 받아도 옆 사람이 나보다 조금 더 잘 받으면 기쁘지 않은 것과 같은 원리죠. 재미있는 점은 이런 비교 심리가 남녀 사이에서 다르게 나타난다는 것입니다. 전통적으로 여성은 '집'을 가족의 둥지, 즉 안정과 안식의 공간으로 보는 경향이 강합니다. 그러다 보니

- "우리 가족이 편안하게 살 수 있는 공간인가?"
- "이 집이 우리 삶을 대표하는 공간으로서 부끄럽지는 않은가?"

이런 감정적 기준이 중요합니다. 한마디로 집은 '자존심'이자 '가족의 얼굴'이라고 믿는 경우가 많습니다. 반면 남성은 '집'보다는 '차'를 자존감의 상징처럼 여기는 경우가 많습니다. 왜냐하면 차는 매일 밖에서 사람들에게 노출되는 물건이고, 이동하는 공간이자 일종의 "움직이는 집", 즉 자신을 표현하는 확장된 상징물로 보기 때문입니다. 그래서 남성들끼리는 차에 대한

비교, 여성들끼리는 집에 대한 비교가 상대적으로 더 강하게 나타나는 것이죠. 이런 심리적 차이는 부동산 시장에서도 큰 영향을 미칩니다. 집을 구매하거나 유지할 때 각자 중요하게 여기는 기준이 다르기 때문에, 의사결정 과정에서도 서로 다른 감정적 신호를 보고 판단하게 됩니다. 그리고 이 모든 판단의 바닥에는 결국 편견과 오해가 깔려 있는 경우가 많습니다. 사람들은 시장의 진짜 흐름보다, 누군가가 지나가는 말로 던진 말, 인터넷 카페에서 들은 소문, 부동산 중개인의 강한 말투, 카톡 단체방에서 도는 이야기, 이런 것들에 훨씬 더 쉽게 흔들립니다. 이른바 '카더라 통신'이 실제 시장보다 더 큰 영향력을 갖는 겁니다.

**"누가 그 동네 분양 받았다더라."**[16]
**"지금 청약 안 넣으면 5년 뒤엔 못 산다더라."**
**"전문가가 폭등 온다 했다더라."**

이런 말들은 사실 정확한 근거가 없지만, 시장의 심리를 움직이는 데는 너무나 강력합니다. 왜냐하면 사람들은 팩트보다도 '감정적으로 위안을 주는 말'[17], 혹은 '불안을 자극하는 말'에 더 빠르게 반응하기 때문입니다.

그래서 저는 늘 말합니다. 부동산 시장은 숫자의 공간이 아니라 심리적 착각과 오해, 그리고 잘못된 확신이 복잡하게 얽힌 거대한 심리의 장터라고요. 진짜 시장보다 '사람들이 믿는 시장'이 먼저 움직입니다. 그리고 우리는 그 믿음에 기대어 살기도 하고, 그 믿음 때문에 흔들리기도 하죠.

**박향숙:** 네, 지금 말씀하신 내용이 정확히 심리학에서 다루는 중요한 개념들과 연결됩니다. 부동산 시장이 숫자보다 소문과 오해에 더 민감하게 반응하는 이유를 심리학적으로 설명하자면, 그 중심에는 '정보의 비대칭성'이 있습니다. 부동산 시장은 누구나 동일한 정보를 갖고 출발하는 곳이 아닙니다.

---

16)    Festinger, L. (1954). A Theory of Social Comparison Processes. Human Relations, 7(2), 117-140.
17)    Festinger, L. (1954). A Theory of Social Comparison Processes. Human Relations, 7(2), 117-140.

**전문가, 개발사, 건설사, 시공사, 중개업자, 투자자, 실수요자…** 각자 가진 정보의 양도 다르고, 질도 다르고, 속도도 다릅니다. 일반 사람들은 부동산 전용 정보나 전문 데이터에 접근하기 어렵기 때문에 결국 소문, 주변 말, 미디어 기사에 더 크게 의존하게 됩니다. 이런 환경에서 자연스럽게 나타나는 심리가 바로 **'시어서커 환상(Soothsayer's Illusion)'**[18]입니다. 이건 사람들이 누군가가 미래를 정확히 맞힐 수 있다고 믿는 심리적 착각을 말합니다.

예를 들어, 유튜브에서 "집값 2년 뒤 대폭등"이라고 말하는 전문가, 카페에서 "아는 형님이 내부 정보를 갖고 있다"는 말, 중개사의 강한 톤, 언론의 자극적인 제목, 이런 것들이 사람들에게 '예언처럼' 들리면서 심리에 강력하게 들어오게 됩니다. 사람들은 불확실할수록 더 큰 확신을 주는 말에 빠져듭니다. 그 말이 얼마나 근거 있는지보다 심리적으로 "안심"하게 해 주는가, 혹은 "더 불안하게" 만드는가가 더 큰 영향을 미칩니다. 또 하나 흥미로운 심리가 있습니다.

바로 **'칵테일 파티 효과(Cocktail Party Effect)'**입니다. 칵테일 파티처럼 시끄러운 장소에서도 자신의 이름이나 자신이 관심 있는 단어는 신기하게도 귀에 딱 꽂혀 들어오는 현상을 말하죠. 이 효과는 부동산 시장에서도 그대로 나타납니다. 많은 정보가 넘쳐나는 시대이지만, 그 중에서도 **"지금 사야 한다", "여기 곧 개발된다더라", "친구가 돈 벌었다더라", "전세대란 온다더라"**[19]**, "조정 끝났다더라"** 이런 말들만 유난히 정확하게 들리죠. 이건 우연이 아닙니다. 내가 관심 있는 정보만 골라서 듣고, 내가 신경 쓰는 말만 귀신같이 캐치하는 **주관적 선택적 주의(attentional bias)**가 작동하기 때문입니다.

결국 이런 심리들이 결합하면 시장은 **'팩트'**보다 **'팩트처럼 들리는 말'**, 즉 감정적으로 반응하게 만드는 정보에 더 크게 흔들리게 됩니다. 그래서 부동산 시장은 단순히 데이터의 세계가 아니라 **정보의 불균형, 예언에 대한 과도한 의존, 자신에게 유리한 말만 듣는 선택적 주의,** 이 세 가지가 뒤엉켜 만들어 내는 거대한 심리적 공간이 됩니다.


**최희륜:** 이야기를 나누다 보니 자연스럽게 결론이 보이기 시작하는 것 같습니다. 우리가 흔히 부동산 시장을 숫자와 그래프, 공급과 수요, 금리와 지표의 세계라고 생각하지만, 실제로 그 바탕을 이루고 있는 건 훨씬 더 인간적인 요소들입니다.

---

18)    Gigerenzer, G. (2007). Gut Feelings: The Intelligence of the Unconscious. Viking Press.

19)    Kahneman, D. (2011). Thinking, Fast and Slow. Farrar, Straus and Giroux.

결국 부동산 시장은 '거대한 감정의 장터'라는 거죠. 희망이 한쪽에서 시장을 밀어 올리고, 공포가 다른 한쪽에서 가격을 흔들고, 탐욕이 그 사이에서 거래를 가속화하며 숫자와 논리를 완전히 덮어 버리는 곳입니다. 숫자는 차갑지만, 시장을 움직이는 사람은 뜨겁습니다. 그 뜨거움이 바로 감정이고, 그 감정이 가격을 만들고, 그 가격이 다시 사람들의 감정을 자극하는 순환 구조가 계속 이어지는 거죠. 그래서 부동산 시장을 이해할 때 가장 먼저 읽어야 할 것은 데이터가 아니라 사람의 마음, 지표가 아니라 대중의 심리, 정책이 아니라 정책을 받아들이는 해석입니다.

결국 부동산은 경제학 교과서보다 심리학 책을 먼저 펼쳐야 보이는 시장이라는 사실이 다시 한번 확인되는 것 같습니다.


**이성호:** 맞습니다. 그래서 시장을 분석할 때는 단순히 가격 그래프나 거래량만 볼 것이 아니라, '사람들의 심리가 어디로 향하고 있는가'를 측정할 수 있는 지표들을 반드시 함께 봐야 합니다. 그중에서도 가장 대표적인 것이 바로 '부동산 소비심리지수'입니다. 이 지수는 말 그대로, **지금 시장에 참여하고 있는 사람들이**

- **불안한지,**
- **기대하고 있는지,**
- **조심스러운지,**
- **공격적으로 움직이려고 하는지**

이런 심리적 기류를 수치로 보여 주는 도구입니다. 국토연구원에서 발표하는 기준으로는 지수가 100을 넘으면 시장의 심리가 살아 있다, 즉 사람들의 기대감이 어느 정도 회복되어 있고 매수 의사 또한 일정 부분 살아 있다는 뜻입니다.

반대로 100 미만이면 시장 심리가 위축되었다, 즉 불안감이 커지고 매수세가 약해지며 시장 참여자들이 발을 빼고 있다는 신호죠. 이게 왜 중요할까요? 부동산 시장은 숫자가 아니라 심리가 먼저 움직이기 때문입니다.

**사람들의 심리가 살아나는 순간**, 거래량이 붙고, 가격이 오르고, 뉴스가 달라지고, SNS와 카페의 분위기도 확 바뀝니다. **반대로 심리가 꺼지는 시점에는** 수요가 갑자기 얼어붙고, 거래가 멈추고, 가격 하락이 본격화되는데, 이 변화는 늘 데이터보다 심리 지표에서 먼저 나타납니다. 즉, 소비심리지수는 마치 부동산 시장의 체온계와도 같은 역할을 합니다. 열이 오르는지, 식는지, 정상인지, 열이 내릴 조짐이 있는지 미리 보여 주는 거죠. 그래서 저는 항상 말씀드립니다. 투자자는 가격의 끝자락만 바라보면 안 되고, 심리의 방향을 읽어야 시장의 변곡점을 발견할 수 있다. 가격은 결과이고, 심리는 원인입니다. 이 원인이 어떻게 움직이고 있는지를 보지 못하면 시장이 어디에서 꺾이고 어디에서 반등하려는지를 절대 알 수 없습니다.

**박향숙:** 네, 여기에 하나를 더 꼭 기억해야 할 심리가 있습니다. 바로 **'앵커링 효과(Anchoring Effect)'**입니다. 이 효과는 사람의 판단 구조 속에 아주 깊숙이 자리 잡고 있어서, 투자 결정에 치명적인 영향을 주곤 합니다. 앵커링 효과란 간단하게 말해, 처음에 들은 숫자나 과거의 특정 가격이 '기준점(닻)'처럼 마음속에 박혀 버려 이후의 판단에 계속 영향을 미치는 현상입니다.

이걸 부동산 시장에 대입해 보면 정말 자주 보입니다. 예를 들어 한 아파트가 과거 고점에서 12억까지 찍은 적이 있다고 해 봅시다. 그런데 지금 가격은 여러 요인으로 인해 9억까지 떨어졌다고 가정하면, 많은 사람들은 이렇게 말합니다. **"이 아파트는 원래 12억이었어. 지금은 싸진 거지. 언젠가 다시 12억은 갈 거야."** 이 말이 겉으로는 그럴듯해 보이지만, 사실은 과거의 고점에 마음이 고정된 상태, 즉 '앵커링'이 작동하고 있는 것입니다.

문제는, 과거 12억이 정말 적정 가치였는지, 그 시기의 금리·수요·공급·정책 환경이 지금과 같았는지 등 중요한 요소들을 완전히 무시하고 있다는 점이에요. 또 반대로, 처음 들었던 분양가 정보 혹은 남들이 "몇 년 전에는 여기 3억이었대"라고 말한 정보가 계속 마음속 '앵커'처럼 남아 있어서 현재의 상황을 제대로 평가하지 못하는 경우도 많습니다.

즉, 사람은 과거의 숫자를 버리지 못해서 현재를 왜곡해 보는 경향이 있습니다. 특히 부동산처럼 가격이 크게 변동하고, 정보가 비대칭적이며, 감정적 요소가 강하게 작용하는 시장에서는 이 앵커링 효과가 더 크게 나타납니다.

그래서 어떤 사람들은 떨어진 집값을 보고도 "지금은 싸다"고 결론을 내리고, 어떤 사람들은 가격이 오르더라도 "이미 너무 비싸졌다"고 판단해 버립니다. 둘 다 과거에 묶여서 현재를 객관적으로 보지 못하는 거죠. 그래서 합리적인 투자를 위해서는 자신의 심리가 어디에 닻을 내리고 있는지를 먼저 인식해야 합니다.

"내가 지금 참고하는 기준이 과연 객관적인 시장 정보인가? 아니면 과거의 가격에 지나치게 묶여 있는 것인가?" 이 질문을 스스로에게 던지는 것만으로도 심리적 오류를 줄이고 훨씬 더 균형 잡힌 판단을 할 수 있습니다.

결국 부동산 투자는 남보다 먼저 정보를 아는 사람이 아니라, 자신의 심리적 편향을 가장 먼저 인지하는 사람이 유리한 시장이라는 점을 다시 한번 강조하고 싶습니다.

**김정남**: 마지막으로 제가 꼭 강조하고 싶은 부분은, 우리가 부동산에 접근하는 방식 자체를 완전히 바꿔야 한다는 점입니다. 지금까지 많은 투자자들은 가격이 조금만 움직여도 감정적으로 요동칩니다. 올라가면 기분이 좋아지고, 내리면 불안해지고, 어느 순간엔 공포가 쏟아지고…

이런 방식으로는 결국 시장의 파도에 떠밀려 다닐 수밖에 없습니다. 부동산은 단기적으로 보면 가격의 출렁임이 크지만, 중장기적으로 보면 현금 흐름과 실수요 기반의 가치가 훨씬 더 중요합니다. 그래서 저는 늘 이렇게 말합니다. **"수익은 고통의 위자료다."** 그 말은 즉, 시장의 불안, 가격의 흔들림, 심리적 압박을 견디고 자기 원칙을 지키는 고통이 있어야 비로소 수익이라는 보상이 따라온다는 뜻입니다.

부동산 시장에서 흔들리는 대부분의 사람들은 자기 기준이 없기 때문입니다. 기준이 없으면 뉴스에 따라 흔들리고, 주변 말에 따라 뛰어들고, 누가 샀다는 한마디에 불안해지고, 하락장을 견디지 못해 손절하고, 결국 패턴은 반복되죠. 하지만 반대로 자기만의 원칙이 있는 사람은 감정의 파도 속에서도 중심을 잡습니다. 그 원칙은 거창할 필요도 없습니다.

예를 들어, **나는 가격이 아닌 현금 흐름으로 판단한다. 나는 과도한 레버리지는 쓰지 않는다. 나는 상승장에서 무리하지 않는다. 나는 하락장에서 공포에 흔들리지 않는다. 나는 부동산을 '가치'로 보지, '소문'으로 보지 않는다'** 이렇게 단순해 보이지만, 지키기만 하면 시장의 변동성에 덜 흔들리게 해 주는 기준들이 있습니다.

결국 중요한 건 시장의 심리가 아니라 내 심리를 어떻게 관리할 것이냐입니다. 부동산 투자는 남과 싸우는 게 아니라 결국 나와 싸우는 게임이니까요. 심리가 만들어 낸 파도에 계속 흔들릴 것인지, 아니면 자신만의 원칙이라는 '닻'을 내려서 흔들림을 최소화할 것인지는 결국 각자의 선택입니다.

저는 모든 투자자들이 숫자보다 감정이 먼저 움직이는 이 시장에서 자기만의 원칙을 지키며 불필요한 감정 소비를 줄이고, 훨씬 더 건강한 투자자로 성장할 수 있다고 믿습니다.

**최희륜:** 네, 오늘 정말 좋은 이야기들 나눴습니다. 함께해 주신 패널 여러분께 감사드립니다.

오늘 토론을 정리해 보면 결국 한 문장으로 귀결되는 것 같습니다. **"시장을 움직이는 건 숫자가 아니라 사람이다."**[20] 우리는 보통 부동산 시장을 분석할 때 가격 그래프, 거래량, 공급 물량, 금리 변화 같은 숫자들을 먼저 떠올립니다.

물론 이런 데이터들은 중요합니다. 하지만 그 숫자 뒤에서 더 강력하게 작용하는 힘은 언제나 사람들의 심리, 즉 기대·공포·욕망·불안 같은 감정의 흐름입니다. 숫자는 결과이고, 심리는 원인입니다.

그래서 시장을 정확히 이해하고 싶다면 먼저 사람의 마음을 들여다보고, 대중의 흐름을 읽고, 정책이나 뉴스보다 그 뉴스가 어떻게 해석되고 있는지를 봐야 합니다.

심리를 읽으면 시장의 방향이 보이고, 심리를 놓치면 변곡점은 언제나 뒤늦게 발견됩니다. 오늘 토론에서 다룬 여러 심리적 편향들—확증 편향, 손실 회피, 보유 효과, 앵커링, 군중 심리, 더 큰 바보 이론— 이 모든 요소들이 실제 시장에서 강하게 작용합니다. 그리고 그 심리를

---

20) Nickerson, R. S. (1998). Confirmation Bias: A Ubiquitous Phenomenon in Many Guises, Review of General Psychology, 2(2), 175-220.

이해하고 다스리는 것이야말로 부동산 시장의 높은 파도를 넘어가는 첫걸음입니다.

데이터를 보는 눈, 시장을 바라보는 시야, 그리고 자기 자신을 객관화하는 힘을 키우는 데, 오늘의 토론이 작은 도움이 되셨기를 바랍니다. 그럼 오늘의 시간을 마치겠습니다. 다음 2주차에서는 또 다른 주제로 더 깊이 있는 이야기를 나누겠습니다. 함께해 주신 모든 분들께 감사드립니다.

## 1. 시장의 본질

부동산 시장은 숫자와 계산만으로 움직이지 않는다. 표면적으로는 금리·공급·수요가 가격을 결정하는 것처럼 보이지만, 실제로는 인간의 욕망, 불안, 기대, 공포 같은 감정이 더 강한 힘으로 시장 흐름을 지배한다.

## 2. 주요 심리 기제들

**확증 편향(Confirmation Bias)**[21] 사람들은 자신이 믿고 싶은 정보만 선택적으로 받아들이기 때문에 "부동산은 오른다"는 믿음을 가진 사람은 상승 근거만 모으고, "부동산은 떨어진다"는 믿음을 가진 사람은 하락 기사만 찾는다.

**손실 회피(Loss Aversion)**[22] 같은 1만 원이라도 얻는 기쁨보다 잃는 고통이 훨씬 크게 느껴지기 때문에 하락장에서는 "손해 보고 팔 수는 없다"며 매도를 미루며 '존버'가 발생하고, 시장은 급격히 얼어붙는다.

**군중 심리/밴드왜건 효과(Bandwagon Effect)** "남들이 산다"는 말이 불안감을 자극하여 논리보다 심리가 앞서 패닉바잉(영끌)이 나타난다. 더 큰 바보 이론(The Greater Fool Theory)

---

21) Kahneman, D., & Tversky, A. (1979). Prospect Theory: An Analysis of Decision under Risk. Econometrica, 47(2), 263-291.

22) Genesove, D., & Mayer, C. (2001). Loss Aversion and Seller Behavior: Evidence from the Housing Market. Quarterly Journal of Economics, 116(4), 1233-1260.

"나보다 더 비싸게 사 줄 사람이 있을 것"이라는 믿음으로 가치보다 기대에 따라 고점 매수가 이루어지며 시장이 과열된다.


## 3. 한국 시장의 특수성

내 집 = 사회적 지위 + 안전망으로 인식 아파트를 자산 증식의 '가장 확실한 수단'으로 믿는 문화 서울·수도권 불패 신앙 남들이 모두 집을 샀는데 나만 못 산다는 상대적 박탈감이 패닉 바잉과 과도한 가격 상승을 유발한다. 한국의 부동산 시장은 경제 논리보다 정서와 비교심리 가 더 강하게 작용하는 구조다.


## 4. 대응 전략(심리에 흔들리지 않기 위한 원칙)

자신의 심리적 편향을 먼저 인지할 것 앵커링 효과(과거 가격 집착), 후방 거울 효과(과거 상승만 보고 미래도 오를 것이라 판단) 등을 경계해야 한다. 객관적 시장 지표를 병행할 것 부 동산 소비심리지수 등 심리 지표를 함께 보아야 시장의 방향성과 변곡점을 파악할 수 있다. 감정이 아닌 원칙 기반 투자 소문·카더라가 아닌 데이터, 현금흐름, 자신의 기준을 중심으로 판단해야 한다.


## 용어 정리

ㄱ   **거래 절벽***(Dead Market/Liquidity Trap)*
매수자의 "이 가격 이상 못 산다"와 매도자의 "이 가격 이하 못 판다"가 맞서며 거래가 멈춘 상태.

**군중 심리**(*Mass Psychology*)

개인의 감정이 집단으로 증폭되어 과열·침체를 극단으로 몰아가는 힘.

**ㄷ 더 큰 바보 이론**(*The Greater Fool Theory*)

가격이 비싸다는 걸 알아도 "나중에 더 비싸게 사 줄 사람(더 큰 바보)이 있다"는 믿음으로 매수하는 심리.

**ㅂ 밴드왜건 효과**(*Bandwagon Effect*)

남들이 하니까 따라 하는 심리. 부동산에서는 "주변이 다 산다"가 패닉바잉을 촉발.

**보유 효과**(*Endowment Effect*)

내가 가진 집(자산)을 객관적 시세보다 더 가치 있다고 믿어 매도 결정을 미루거나 호가를 고집하는 심리.

**부동산 소비심리지수**(*Real Estate Consumer Sentiment Index*)

시장 참여자들의 불안·기대·조심스러움 같은 "심리 온도"를 수치로 보여 주는 지표(심리가 가격보다 먼저 움직인다는 점에서 선행 신호로 활용).

**ㅅ 상대적 박탈감**(*Relative Deprivation*)

내 상황의 절대값보다 "남들은 샀는데 나만 못 샀다" 같은 비교가 더 크게 작동하는 심리. 영끌·패닉바잉의 강력한 연료.

**손실 회피**(*Loss Aversion*)

이득의 기쁨보다 손실의 고통이 훨씬 크게 느껴져, 하락장에서 "손해 보고 못 판다"로 버티게 만드는 심리.

**ㅇ 앵커링 효과**(*Anchoring Effect*)

과거 고점·처음 들은 가격이 '닻(기준점)'이 되어 현재 판단을 왜곡하는 현상.
예: "원래 12억이었으니 9억은 싸다."

**영끌/패닉바잉**(*Panic Buying*)

불안과 조급함으로 대출을 최대한 끌어 집을 사는 집단적 비이성 행동.

**ㅈ 자기실현적 예언**(*Self-fulfilling Prophecy*)

"오를 거야"라는 믿음이 매수 행동을 만들고, 그 행동이 실제 가격을 올려 믿음이 현실이 되는 구조.

**정보의 비대칭성**(*Information Asymmetry*)

참여자들이 같은 정보를 갖고 있지 않아 소문·카더라·강한 말투에 더 흔들리는 시장 구조.

**ㅎ** **확증 편향**(*Confirmation Bias*)

이미 믿는 결론("부동산은 오른다/내린다")을 지지하는 정보만 찾고 반대 정보는 무시하는 심리.

**후방 거울 효과**(*Rearview Mirror Bias*)

백미러(과거)만 보고 앞으로 운전하듯, 최근 상승·하락 흐름만으로 미래를 단정하는 오류.

예: "2~3년 올랐으니 앞으로도 오를 것."

왜 심리가 시장을 좌우하는가?
Meeting Real Estate and Psychology: Why Does Psychology Determine the Market?

# 심리가 가격을 결정한다

Week 2 : Sentiment Sets Price

# 1. 비이성적 시장의 탄생
## *The birth of an irrational market*

**진행자 최희륜:** 안녕하십니까, 여러분. 2주차 대담에 오신 것을 진심으로 환영합니다.

지난 시간에는 우리가 흔히 '부동산 시장은 숫자로 움직인다'고 생각하지만, 실제로는 그 숫자 너머에 있는 심리와 감정의 흐름이 시장을 훨씬 더 강하게 움직이고 있다는 사실을 확인했습니다.

오늘은 그 연장선에서, 부동산 시장이 왜 때때로 이렇게 비이성적으로 움직이는가? 이 문제를 조금 더 깊이 들어가 보려고 합니다. 우리가 시장을 볼 때 가장 많이 착각하는 것 중 하나가 **"사람들은 합리적으로 행동할 것이다"**라는 전제입니다. 하지만 실제 시장에서는 합리성이 무너지고 감정이 앞서는 순간들이 매우 자주 발생합니다.

**그렇다면 그 결정적인 순간이 언제일까요? 어떤 상황에서 사람들은 이성을 내려놓고 감정과 심리에 따라 움직이게 될까요? 오늘 이 부분을 먼저 짚어 보고 싶은데요.** 이성호 님, 부동산 시장에서 '이성적인 판단이 무너지는 순간'은 언제라고 보십니까?

**이성호:** 부동산 시장은 본질적으로 거대한 감정의 장터라고 생각합니다. 많은 투자자들이 "나는 철저히 이성적으로 판단하고 투자한다"고 말하지만, 실제로 그들의 마음속에서 가장 먼저 작동하는 것은 데이터나 분석이 아니라 감정입니다. 심리학에서는 이를 감정 **우선 작동(Affective Precedence)**이라고 부르는데요,

이 말은 즉, 사람이 어떤 상황을 판단할 때 **감정 → 해석 → 논리** 이 순서대로 반응한다는 뜻입니다. 논리가 먼저가 아니라, 감정이 먼저인 거죠.

예를 들어, 투자자 마음속에는 항상 신뢰, 기대, 불안, 탐욕, 권위에 대한 의존 같은 감정적 신호들이 먼저 움직입니다.

"지금 분위기 보니까 오를 것 같은데…" (기대)

"남들은 다 사는데 나만 뒤처지는 것 아닐까…" (불안)

"이번 기회 놓치면 평생 못 살 것 같다…" (공포)

"친구가 이걸로 돈 벌었다더라." (질투·동조)

"전문가가 상승 온다 했다." (권위 의존)

이런 감정적 신호가 먼저 반응하고, 그다음에 사람들은 그 감정을 합리화할 논리를 붙입니다. 즉, 이미 마음속에서 결론이 난 뒤에 그 결론을 정당화하는 이유를 찾아다니는 방식이죠. 특히 시장이 대세 상승 국면에 진입하면 이 심리는 더욱 강해집니다. 가격이 조금만 오르기 시작해도 투자자들은 곧바로 감정적으로 흔들립니다.

"지금이라도 안 사면 끝이다.", "이 동네는 앞으로 더 오른대."
"모델하우스 줄 섰다더라.", "지금은 대세 상승장이니까 매수해야 한다."

이런 말들에 불안과 조급함이 겹치면서 사람들은 무리를 해서라도 매수하게 됩니다. 대출이 부담돼도, 현금이 부족해도, 심리적으로는 "지금 안 하면 영원히 기회를 잃는다"는 느낌이 들거든요. 문제는 이렇게 감정에 밀려 들어간 자리가 대부분 상투, 즉 고점 근처일 가능성이 높다는 겁니다.

왜냐하면: 감정이 극대화된 순간 불안이 가장 커졌을 때 군중의 열기가 최고조에 달했을 때 "지금 아니면 못 산다"는 분위기가 시장 전체를 뒤덮었을 때 바로 그 시점이 상승장의 마지막 구간이기 때문입니다.

사람들은 그 사실을 모른 채 가장 감정적으로 뜨거운 장면에서 뛰어듭니다. 그래서 저는 "부동산 시장에서는 이성 뒤에 감정이 숨어 있는 것이 아니라, 감정 뒤에 이성이 끌려다닌다." 라고 표현합니다. 우리가 시장을 이해하려면 숫자보다 먼저 사람 마음의 온도를 읽어야 한다는 이유가 바로 여기에 있습니다.

**박향숙:** 그리고 여기에 또 하나 중요한 심리가 있습니다. 사람들은 '아무것도 하지 않는 것'에서 느끼는 불편함과 고통을 잘 견디지 못한다는 점입니다. 이게 바로 심리학에서 말하는 **행동 편향(Action Bias)**입니다. 사람들은 상황이 불안하거나 애매모호하면 가만히 있는 것이 오히려 최선임에도 불구하고 '뭔가라도 해야 한다'는 강박에 사로잡힙니다.

하락장이 오면 특히 이런 심리가 강하게 나타납니다. 집값이 떨어지고 있을 때 이성적으로는 **"지금은 관망해야 할 시기다"**, **"하락은 사이클의 일부다"**, **"더 떨어질 수도 있으니 차분히 지켜보자"**라고 생각해야 하지만, 감정적으로는 완전히 다르게 움직입니다.

**"왜 그때 안 팔았을까?"**, **"아, 팔 걸 그랬어…"**
**"지금이라도 뭔가 해야 하나?"**, **"이대로 아무것도 안 해도 되는 걸까?"**
**"다른 사람들은 뭔가 하고 있는 것 같은데, 나만 멈춰 있는 건 아닌가?"**

이런 생각들이 머릿속에서 끊임없이 맴돌죠. 사람들은 '기다리는 고통'이 실제로 무언가를 잘못 판단하는 고통보다 더 크게 느껴집니다. 그래서 분석이 아니라 조급함이 행동의 기준이 됩니다. 이 조급함이 결국 사람들을 상승장에서는 고점에서 무리한 매수로, 하락장에서는 낙폭 확대 구간에서 성급한 매도로 이끌면서 시장에서 실패하는 패턴을 반복하게 만듭니다.

특히 한국 부동산 시장처럼 변동성이 크고, 뉴스가 과도하게 시장을 자극하며, 주변 사람들의 움직임이 쉽게 퍼지는 환경에서는 이 행동 편향이 더욱 강하게 작용합니다. 그래서 하락장에서는 "아무것도 하지 않는 것"이 가장 이성적인 선택일 때가 많음에도, 행동 편향 때문에 사람들은 오히려 가장 나쁜 판단을 내리는 경우가 흔합니다.

정리하자면, 행동 편향은 "움직이지 않으면 불안하다"는 우리의 본능에서 출발하는데, 이 본능을 제대로 다스리지 못하면 조급함이 시장에서의 실패로 직결됩니다. 그래서 저는 부동산 투자에서 '기다림의 능력'이 가장 중요한 역량 중 하나라고 말하곤 합니다. 기다릴 수 있는 사람만이 심리적 소음 속에서도 시장의 진짜 신호를 들을 수 있기 때문입니다.

**김정남:** 맞습니다. 그리고 흥미로운 점은, 바로 이러한 감정들이 사람마다 서로 다른 심리적 프레임(심리적 해석 틀)을 만든다는 것입니다. 같은 데이터를 보고도 사람마다 완전히 다른 반응을 보이는 이유가 바로 여기에 있습니다. 예를 들어 어느 아파트 가격이 9억에서 7억으로 떨어졌다고 해 봅시다. 이 정보를 접한 사람들의 해석은 크게 갈립니다.

어떤 사람은 이렇게 말합니다. "드디어 저점이 왔다. 지금 사면 기회다!" 이 사람의 심리 프레임에는 '희망', '기대', '오르던 시장의 기억', '낙관'이 깔려 있는 거죠. 하지만 또 다른 사람은 완전히 반대로 해석합니다. "아직 위험하다. 더 떨어질 수도 있다. 지금은 절대 사면 안 된다." 이 사람의 프레임에는 '불안', '상실의 두려움', '하락장 공포', '경계심'이 자리 잡고 있습니다.

같은 숫자, 같은 그래프를 보면서도 전혀 다른 판단을 내리는 이유는 경제적 계산의 차이가 아니라, 심리적 배경이 서로 다르기 때문입니다. 이처럼 부동산 시장에서는 데이터보다 사람의 마음속 프레임이 우선 작동합니다. 그리고 이 프레임이 다르면 사람들의 행동 역시 완전히 달라지죠. 그래서 저는 부동산 거래를 **"경제적 교환이 아니라, 두 심리의 힘겨루기 속에서 성립되는 심리적 협상"**이라고 표현합니다.

매수자는 "그래도 오를 거다, 지금이 기회다"라는 기대와 자신감으로 임하고, 매도자는 "이 가격보다 더 받을 수 있다, 지금은 팔기 아깝다"라는 욕심 또는 두려움을 갖고 협상 테이블에 앉습니다. 결국 거래가 성사되는 순간은 두 사람의 심리적 프레임이 잠시나마 교차하는 지점, 즉 "이 정도면 되겠다", "이 정도라면 타협할 수 있다"라는 심리적 합의가 이뤄질 때입니다.

이처럼 부동산 시장은 표면적으로는 가격이 오르는지 떨어지는지의 문제처럼 보이지만, 실제로는 매수자와 매도자, 두 집단의 심리가 서로 맞부딪히며 만들어내는 결과물입니다. 그래서 부동산을 제대로 보려면 숫자만 분석해서는 절대로 전체가 보이지 않습니다. 그 숫자의 이면에서 움직이는 심리, 프레임, 감정의 역학을 읽어야 비로소 시장의 진짜 방향이 보이기 시작합니다.

## 2. 구매자의 심리: 불안과 욕망, 그리고 사회적 비교의 덫
### *Buyer's Psychology: Anxiety, Desire, and the Trap of Social Comparison*

**진행자 최희륜:** 지금까지의 논의를 보면, 부동산 시장에서는 단순히 가격이나 금리 같은 숫자보다 사람들이 무엇을 느끼는가, 즉 심리적 요인이 훨씬 더 큰 영향을 미친다는 점이 반복해서 확인되고 있습니다.

특히 저는 부동산 구매자 심리를 볼 때 **'안정성(Positive Driver)'과 '불안감(Negative Driver)'** 이 두 가지가 서로 충돌하고 또 보완하는 방식이 시장 움직임의 핵심이라고 생각합니다.

이 두 감정은 겉으로는 반대처럼 보이지만, 실제로는 한 사람의 마음속에서 동시에 작동하면서 매수 판단을 흔들어 놓습니다.

예를 들어, "지금 사면 안정될 것 같다"는 긍정적 신호와 "지금 안 사면 뒤처질 것 같다"는 부정적 신호가 한순간에 몰아치면서 조급함을 만드는 식입니다. 그러면 자연스럽게 이런 질문이 따라옵니다. 과연 안정성과 불안감이라는 두 심리적 힘이 구매자의 행동을 어떻게 자극하고, 어떤 방식으로 시장을 끌고 가는가? 이 부분을 더 깊이 짚어 보고 싶은데요. 김정남 선생님, 안정성과 불안감이라는 두 감정이 구매자의 판단과 행동을 어떤 방식으로 움직인다고 보십니까?

**김정남:** 맞습니다. 주택 구매는 단순히 '물건을 한 번 사는 행위'가 아니라, 사람의 삶의 구조 전체를 다시 설계하는 결정입니다. 그래서 구매자는 언제나 두 가지 감정 사이에서 흔들립니다. 하나는 안정성 욕구(Positive Driver)이고, 다른 하나는 불안감(Negative Driver)입니다.

이 두 요소가 서로 충돌하면서도 동시에 구매자를 앞으로 밀어붙이는 복합적 동력이 됩니다.

먼저 안정성 욕구를 보면, 사람들은 집을 산다는 행위를 단순히 주택 확보가 아니라 삶의 거점 확보, 가족 보호, 장기적 안전판 마련으로 이해합니다.

**내 집이 있으면**

- 이사 걱정이 사라지고,

- 전세 만기 스트레스가 없어지고,

- 아이 학군 문제가 안정되고,

- 노후까지 예측 가능한 삶을 설계할 수 있습니다.


집은 '거주 공간'이 아니라 불확실한 세상 속에서의 개인의 요새 같은 의미를 갖게 되는 거죠. 그래서 사람들은 자연스럽게 "내 집을 가지고 싶다"는 긍정적 동력에 끌립니다. 반면, 동시에 강하게 작동하는 감정은 불안감(Negative Driver)입니다.


**대표적인 불안감들이 있습니다: 가격 상승 불안(FOMO, Fear of Missing Out)**

"지금 안 사면 더 비싸진다.", "기회가 영영 사라질까 봐 두렵다."


**사회적 비교 불안**

"직장 동료는 벌써 샀다는데 나만 뒤처지는 것 아닐까?"

"친구는 신축 샀다더라… 나도 뭔가 해야 하지 않을까?"


**부동산 공포 뉴스의 영향**

"전세 대란 온다더라."

"신축은 계속 오른대."

"앞으로 공급 부족이라는데?"


이 '불안감'은 사실 부정적인 감정이지만, 부동산 시장에서는 역설적으로 구매를 촉진시키는 강력한 추진력이 됩니다. 특히 한국처럼 집이 곧 사회적 지위·안정성·자산 격차를 상징하는 나라에서는 이 불안감이 심리적으로 훨씬 더 강하게 작동하죠. 결국 부동산 구매는 긍정적인 안정 욕구와 부정적인 불안감이 동시에 작용하는 상태에서 이루어집니다. 긍정적 감정은 "집을 사고 싶다"는 마음을 만들고, 부정적 감정은 "지금 당장 사야 한다"는 조급함을 만들고, 이 두 감정의 합이 결국 구매 결정을 어떤 방향으로든 촉발시키는 겁니다. 그래서 저는 주택 구매 결정은 경제학적 계산 결과가 아니라 안정 욕구와 불안 심리의 합성 벡터라고 표현합니다. 이 두 감정이 어느 쪽으로, 얼마나 강하게 작용하느냐에 따라 사람들은 위기에도 매수 버튼을 누르기도 하고, 기회 속에서도 두려워 발을 떼지 못하기도 합니다.

**이성호:** 정말 흥미로운 점은, 이 불안감이 단순히 사람을 주저하게 만드는 감정이 아니라 오히려 행동을 촉발하는 강력한 힘으로 작용한다는 것입니다. 우리가 흔히 말하는 패닉바잉(Panic Buying)이 바로 이런 구조에서 탄생합니다. 사람들은 불안하면 멈춰야 할 것 같지만, 실제로는 불안하면 더 움직이려고 합니다. 특히 부동산 시장에서는 이 심리가 극대화됩니다. 불안감은 사람들에게 이렇게 속삭입니다.

**"지금 안 사면 영영 기회를 놓칠 거야."**
**"다른 사람들은 다 사고 있는데, 나만 뒤처지는 건 아닐까?"**
**"지금이라도 사야 불안이 사라진다."**

이때 마음속에서는 이미 결론이 나 있습니다. **'집을 사야 안정될 것이다.'** 이 믿음은 매우 강력하죠. 그래서 사람들은 불안한 마음을 달래기 위해 집을 산다는 행동을 선택합니다. 여기서 중요한 것은, 이 행동이 경제적 계산의 결과가 아니라 심리를 진정시키기 위한 선택이라는 점입니다.

**이렇게 탄생하는 것이 불안 → 구매 → 안정으로 이어지는 심리적 사이클입니다.**

### 1. 불안(Trigger)

"집값이 또 오를 것 같다."

"남들 다 샀다는데 나만 없네…"

"뉴스 보니 공급 부족이라는데?"

### 2. 구매(Action)

불안을 없애기 위해 집을 삽니다. 이때는 가격보다 심리적 안도감이 더 중요합니다.

### 3. 안정(Relief)

집을 구매하면 불안감이 일시적으로 사라지고, 심리적으로 '내 삶이 안정됐다'는 감정적 포상이 주어집니다. 하지만 이 사이클은 여기서 끝나지 않습니다. 집을 사고 난 뒤, 새로운 감정이 등장합니다.

**바로 새로운 불안입니다.**

**"더 좋은 집으로 갈아타야 하는 것 아닌가?"**
**"이 동네 앞으로 떨어지는 거 아니야?"**
**"주변은 재개발된다는데 우리 집은 괜찮나?"**
**"이제 단지 규모가 더 큰 곳으로 가야 하지 않을까?"**

이렇게 새로운 불안이 등장하며, 사람들은 또다시 '안정'을 향해 움직이게 됩니다. 즉, 부동산 시장에서는 **불안 → 구매 → 안정 → 새로운 불안**이라는 끝없는 루프가 반복되는 것입니다.

이 루프는 개인 한 명의 문제를 넘어 시장 전체의 움직임에도 큰 영향을 미칩니다. 불안이 쌓이면 매수세가 폭발하고, 매수세가 폭발하면 가격이 뛰고, 가격이 뛰면 더 큰 불안이 확산됩니다. 이렇게 심리가 가격을 끌어올리고, 가격이 다시 심리를 자극하며 시장은 비이성적인 방향으로 한참 치솟다가 어느 순간 버티지 못하고 꺾입니다.

그래서 저는 부동산 시장을 **"불안을 연료로 움직이는 심리적 엔진"**이라고 표현합니다. 이 엔진의 작동 원리를 이해하지 못하면 가격의 방향을 절대 읽을 수 없습니다.

**최희륜:** 말씀을 듣다 보니 결론이 점점 선명해지는 것 같습니다. 부동산 시장은 단순히 가격이 오르고 내리는 경제적 장터가 아니라, 안정성을 향한 욕구와 불안에서 벗어나려는 충동이 동시에 작동하는 이중 심리 구조 위에서 움직인다는 점이 드러나네요. 그런데 이 두 감정이 충돌하는 와중에 시장을 더 강하게 흔드는 또 하나의 요소가 있습니다. 바로 사회적 비교 심리입니다. 같은 정보를 보고도 누군가는 "지금이 기회다"라고 판단하고, 다른 사람은 "아직 위험하다"며 움직이지 않는 이유 중 하나가 이미 각자 마음속에 자리 잡은 비교 기준, 즉 남들과의 차이이기 때문이죠. 내가 얼마나 가졌는지보다 다른 사람들은 얼마나 가졌는지를 더 신경 쓰는 심리. 그것이 부동산 시장에서는 매수 타이밍조차 바꿔 버리는 강력한 동력으로 작용합니다. 이 사회적 비교는 때로는 조급함을 낳고, 때로는 불필요한 욕심을 키우며, 심지어는 전혀 합리적이지 않은 행동을 '정상적 선택'처럼 느끼게 만들기도 하죠.

이 지점에서 한 가지 궁금해집니다. 박향숙 선생님, 사회적 비교 심리는 실제로 부동산 구매자들에게 어떤 영향을 미치는지 설명해 주실 수 있을까요?

**박향숙:** 사회적 비교 심리가 부동산 시장에서 매우 강력하게 작동하는 이유는, 사람이 절대적 만족보다 상대적 위치에 훨씬 더 민감하기 때문입니다. 이걸 저는 심리적 박탈감이라고 표현하는데, 이 박탈감이야말로 부동산 시장에서 사람들을 가장 크게 흔드는 감정입니다. 흥미로운 사실은, 사람은 자기 집이 있는 상태에서도 박탈감을 느낄 수 있다는 점입니다.

예를 들어, 이미 주택을 보유하고 있음에도 불구하고 친구나 동료가 더 좋은 입지, 더 좋은 학군, 더 좋은 브랜드의 신축 아파트로 이사했다는 소식을 들으면 설령 본인이 잘 살고 있어도 왠지 불안하고 뒤처진 느낌이 들기 시작합니다.

**"나는 그대로인데 저 사람은 올라갔네…"**
**"우리 집도 좋은데, 왜 갑자기 부족해 보이지?"**
**"나도 저런 집에 살아야 정상인가?"**

이런 감정이 순식간에 스며듭니다. 이게 바로 상대적 비교가 만들어 낸 심리적 흔들림입니다. 왜 이런 현상이 나타날까요? 그 이유는, 한국 사회에서는 집이 단순한 주거 공간이 아니라 사회적 상징이기 때문입니다.

**집은 개인의 성공 여부, 계층적 위치, 경제적 안정성, 가족의 미래, 사회적 평가.** 이 모든 것을 한 번에 보여 주는 사회적 코드로 작동하고 있습니다. 다르게 말하면, 어떤 동네에 사느냐가 '나는 어떤 사람이다'를 설명해 주는 하나의 신호가 되어 버린 거죠. 그래서 우리는 '내 집이 있다'는 사실만으로는 충분히 만족하지 못합니다. 늘 주변과 비교하고, 남들의 기준을 의식하고, 상대적 위치가 흔들릴 때마다 심리적으로 불안과 자존감 하락을 경험합니다.

그 결과, 부동산 시장에서는 논리보다 감정이 훨씬 빠르게 움직이고, 그중에서도 비교 심리가 사람들을 비이성적 행동으로 밀어 넣는 가장 강력한 촉매제가 됩니다. 비교는 불안의 씨앗을 만들고, 불안은 행동을 부추기며, 행동은 다시 시장을 과열시키는 파동으로 이어집니다. 이런 이유로 한국의 부동산 시장은 경제적 장터이면서 동시에 사회적 비교와 자존감의 전쟁터라고도 할 수 있습니다.

**이성호:** 맞습니다. 이 사회적 비교 심리는 단순한 감정적 불편함에서 끝나지 않습니다. 사람들을 무리한 행동으로 실제로 움직이게 만드는 강력한 메커니즘을 갖고 있습니다. 주변 지인이 집을 샀다는 이야기, 직장 동료가 신축으로 갈아탔다는 소식, SNS에서 지인들의 입주 인증샷, 부동산 카페에서 올라오는 청약 성공 후기 이런 정보들을 접할 때마다 사람들 마음속에서 '나만 뒤처질 수 없다'는 강한 심리적 압박이 작동합니다. 이때 중요한 것은, 이 심리가 합리적 비교가 아니라 '상대적 불안'에 의해 촉발된다는 점입니다. "저 사람은 벌써 갔는데 나는 왜 아직 이 상태지?", "학교, 직장, 동네 사람들 다 샀다는데…", "지금 안 사면 앞으로는 더 힘들어진다는데…", "누구는 벌써 집값으로 돈 벌었다더라." 이런 감정은 사람을 침착하게 만들지 않습니다. 오히려 심장은 더 빨리 뛰고, 판단은 더 흐려지죠. 그 순간 사람들은 자기 자금 상황이나 미래의 여력, 금리 부담, 리스크 관리 같은 본질적인 요소들을 거의 보지 못하게 됩니다. 그 대신 '지금이라도 사야 한다'는 감정이 모든 판단을 지배합니다.

그 결과가 무엇일까요? 바로 영끌(영혼까지 끌어모은 대출)입니다. 지금 내 상황으로는 감당이 안 되는 가격임에도 '뒤처질 수 없다'는 심리가 더 강하게 작용해 무리한 레버리지와 대출을 일으키고, 월 소득을 초과하는 부담을 떠안으면서도 "그래도 사야 불안이 멈춘다"[23]는 마음으로 매수를 진행합니다. 이것이 한국 시장에서 패닉바잉(Panic Buying)과 영끌 현상을 촉발한 가장 구조적이면서도 심리적인 원인 중 하나입니다.

특히 한국은 집이 곧 계층 신호·미래 안정성·자산 증식의 상징[24]이라는 사회적 코드가 자리 잡고 있기 때문에 비교 심리는 단순한 감정이 아니라 실제 행동을 밀어붙이는 강제력으로 작동해 왔습니다. 따라서 영끌은 경제적 현상이 아니라 심리적 압력과 사회적 비교가 만들어 낸 집단적 행동 패턴이라고 보는 것이 더 정확합니다.


## 3. 판매자의 심리: 손실 회피와 비합리적인 기대
### *Seller Psychology: Loss Aversion and Irrational Expectations*


**최희륜:** 지금까지 우리는 주로 구매자의 심리를 중심으로 살펴봤습니다. 그런데 시장을 움직이는 또 하나의 축이 있습니다. 바로 판매자, 즉 집을 가진 사람들의 심리죠. 흥미롭게도 판매자의 행동 역시 이성적 계산과는 거리가 멉니다. 가격이 오르면 "더 오를 것 같은데" 하며 매도를 미루고, 가격이 떨어지면 "손해 보고 팔 수는 없지"라며 역시 매도를 미룹니다. 즉, 가격이 오를 때도 안 팔고, 내릴 때도 안 팔고, 심지어 시장이 안정되어도 결정을 미루는 경우가 많습니다. 이 얼마나 역설적인 현상입니까? 그렇다면 질문은 이것입니다. 판매자의 이런 비합리적인 결정 뒤에는 도대체 어떤 심리적 메커니즘이 숨어 있는가? 김정남 선생님, 이 부분 설명해 주시겠습니까?


**김정남:** 판매자 심리에서 가장 강력하게 작동하는 요소는 바로 **소유 효과(Endowment Effect)**입니다. 이건 행동경제학에서 매우 유명한 편향인데, 간단히 말하면 "내가 가진 건 더

---


23) Thaler, R. (1980). Toward a Positive Theory of Consumer Choice. Journal of Economic Behavior & Organization, 1(1), 39-60.

24) Genesove, D., & Mayer, C. (2001). Loss Aversion and Seller Behavior: Evidence from the Housing Market. Quarterly Journal of Economics, 116(4), 1233-1260.

가치 있어 보인다"는 심리입니다. 시장에서는 8억짜리라 평가되더라도, 그 집을 가진 사람에게는 10억, 11억, 혹은 그 이상으로 느껴질 수 있습니다.

왜 이렇게 될까요? 집이라는 자산은 단순한 금전적 가치 이상을 갖고 있기 때문입니다. 그집에서 살아온 시간 수리하고, 꾸미고, 관리했던 기억 가족의 추억 첫 집이라는 상징성 "이 동네는 원래 비싸야 한다"는 개인적 믿음 이런 요소들이 모두 합쳐지면서 그 집은 객관적 가치가 아니라, 주관적 가치로 평가됩니다. 그래서 판매자는 자연스럽게 이렇게 말하게 됩니다.

**"이 정도 가격 아니면 안 팔아."**
**"이 집이 어떤 집인데, 이 가격에 어떻게 팔아?"**
**"지금은 잠깐 가격이 흔들리는 것뿐이야."**
**"수요만 들어오면 금방 다시 오른다니까."**

즉, 소유 효과는 단순히 '내 것이니까 더 좋아 보인다'라는 수준을 넘어, 판매자의 가치 판단 전체를 왜곡하는 중심 심리로 작동합니다. 특히 한국에서는 집이 단순 자산이 아니라 신분적 상징, 자존감, 사회적 위치의 의미까지 갖다 보니 소유 효과가 더욱 강하게 증폭됩니다. 결국 소유 효과 때문에 판매자는 가격이 올라도 "더 오를 것 같다"고 믿고, 가격이 내려도 "이 가격에 팔기는 아깝다"고 생각하며, 적정 가격이 나와도 "조금만 더 기다리면 더 받을 수 있다"고 기대합니다. 이런 태도가 바로 매물 잠김, 거래 절벽, 가격 경직성 같은 현상으로 이어지며 부동산 시장을 더더욱 비이성적으로 만드는 중요한 요인이 됩니다.

**박향숙:** 소유 효과가 판매자의 판단을 왜곡하는 첫 번째 심리라면, 그다음으로 강하게 작용하는 심리는 바로 손실 회피(Loss Aversion)입니다. 손실 회피는 행동경제학의 핵심 개념인데, 사람들은 동일한 금액의 이익보다 동일한 금액의 손실을 훨씬 더 크게, 더 고통스럽게 느끼는 경향이 있다는 뜻입니다. 즉, 1억을 벌었을 때의 기쁨보다 1억을 잃었을 때의 고통이 훨씬 더 크다는 것이죠. 이 심리가 부동산 시장에서 특히 강하게 나타납니다.

예를 들어 집값이 10억에서 8억으로 내려갔을 때, 이 상황을 객관적으로 보면 **"시장 상황이**

**변했으니 이에 맞춰 적정 가격에 매도해야 한다**"라고 판단할 수 있습니다. 하지만 실제 판매자의 마음속에서는 이렇게 작동합니다.

"지금 팔면 2억 손해야…", "이걸 손해 보고 팔라고? 말도 안 돼.", "내가 잘못해서가 아니라 시장이 흔들린 것뿐이야.", "조금만 기다리면 다시 오를 거야." 이처럼 손실을 인정하는 순간이 심리적으로 '내 실패를 인정하는 순간'처럼 느껴지기 때문에, 사람들은 최대한 그 고통을 뒤로 미루고 싶어 합니다. 그 결과 어떤 현상이 나타날까요?

### ① 하락장에서 매물 잠김이 발생한다

가격이 떨어지면 매물이 늘어나는 것이 아니라 오히려 매물이 사라집니다. 사람들이 매도를 미루기 때문입니다. "지금은 팔 타이밍이 아니다.", "이제 곧 반등할 거다.", "손실 보고 팔 바에는 버티겠다." 이렇게 되면 거래가 멈추고, 시장 전체는 거래 절벽에 빠지게 됩니다.

### ② 하방 경직성(Downward Rigidity)[25]이 생긴다

손실 회피는 시장에 가격의 경직성을 만들어 냅니다. 가격이 떨어지고 있는 상황에서도 판매자는 매도 희망 가격을 쉽게 낮추지 않습니다. 왜냐하면 "이 가격 아래로는 절대 못 팔지"라는 기준이 이미 마음속에 잡혀 있기 때문이죠. 이 기준은 경제적 논리가 아니라 감정적 고통 회피에서 비롯된 것입니다. 그 결과, 시장은 수요·공급이 맞지 않는데도 가격 조정이 더디게 진행됩니다.

### ③ 심리 때문에 하락장이 더 길어지고 더 깊어진다[26]

판매자가 손실 회피 심리 때문에 매도를 미루면 미룰수록 가격 조정은 자연스러운 방식이 아니라, '한꺼번에, 급격하게' 나타납니다. 즉, 매도자들이 버티다 버티다 더는 버틸 수 없을 때 쏟아지기 때문에 시장 충격이 더 크게 나타나는 것이죠.

결론, 손실 회피 심리는 판매자가 "합리적 가격"이 아닌 "내 마음속 최소한의 가격"에 집착


25) Kahneman, D., & Tversky, A. (1979). Prospect Theory: An Analysis of Decision under Risk. Econometrica, 47(2), 263-291.
26) Genesove, D., & Mayer, C. (2001). Loss Aversion and Seller Behavior: Evidence from the Housing Market. Quarterly Journal of Economics, 116(4), 1233-1260.

하게 만들고, 그 집착이 결국 시장의 거래 절벽, 가격 경직성, 하락장 장기화, 급격한 조정으로 이어지게 됩니다. 그래서 판매자의 행동을 이해하려면, 단순히 가격 차트를 보는 것이 아니라 그 뒤에서 작동하는 손실을 인정하고 싶지 않은 인간의 감정적 본능을 이해해야 합니다.

**이성호:** 맞습니다. 손실 회피 심리 위에 더해지는 것이 바로 사회적 비교에 따른 체면 심리입니다. 이 두 가지가 결합하면 판매자의 호가는 더 비합리적으로 변하게 됩니다. 판매자들은 단순히 "얼마에 팔아야 경제적으로 유리한가?"만 고민하는 것이 아닙니다. 그보다 훨씬 더 강하게 작동하는 것은 **"내 체면이 어떻게 보일까?"**, **"남들은 나를 어떻게 평가할까?"**라는 사회적 시선입니다.

실제로 시장에서는 흔히 이런 심리가 나타납니다.

**"옆집은 9억에 팔았다니까, 나는 9억 5천은 받아야지."**
**"동창은 그 가격에 팔았다는데 내가 그보다 적게 받으면 체면이 서나?"**
**"직장 동료가 1억 더 받고 팔았다던데… 난 그보다 싸게 팔 수 없지."**
**"이 가격에 팔았다가 나중에 주변 사람들이 뭐라고 할까?"**

즉, 판매자는 시장 가격보다 사람들의 말, 비교, 체면을 더 의식하게 됩니다. 이 심리는 판매자에게 **심리적 저항선(Resistance Line)**을 만듭니다. "이 가격 아래로는 팔면 안 된다"는 선이죠. 문제는 이 저항선이 경제적 근거가 아니라 사회적 비교와 체면에서 비롯된다는 것입니다. 그 결과 판매자는 시장 가격보다 훨씬 높은 호가를 붙이고 다음과 같은 악순환이 나타납니다.

### ① 시장 가격보다 비싼 호가가 늘어난다

판매자들은 "주변보다 더 받아야 한다"는 생각에 시장 가격 대비 5%~10%, 혹은 그 이상 높은 가격을 부릅니다. 실제 거래는 8억인데, 호가는 8억8천, 9억, 심지어 9억5천, 이런 비합리적 호가가 쌓이기 시작합니다.

### ② 매물이 실제로는 '있는 것 같지만 없는 시장'이 된다

매물은 많은데, 실제로 팔릴 수 있는 매물은 거의 없는 상태가 됩니다. 이게 바로 중개업자들이 말하는 '보이지 않는 매물 잠김'입니다.

### ③ 거래가 끊기면서 시장은 더욱 경직된다

판매자들은 체면 때문에 가격을 못 내리고, 매수자들은 비싼 호가를 보고 접근조차 하지 않으며, 결과적으로 거래 절벽이 더 심해집니다.

### ④ 판매자는 비합리적 호가를 유지하다 시간이 갈수록 더 큰 손실을 본다

처음에는 "조금 기다리면 누군가 사겠지"라고 생각합니다. 하지만 시간이 지날수록 금리·경기·심리 상황이 악화되면 결국, "내려서 팔 수밖에 없는 상황"이 되어 버립니다. 이때 판매자는 더 큰 충격을 받습니다. "그때 팔걸", "너무 높게 욕심낸 게 아니었나" 이렇게 뒤늦은 후회가 찾아옵니다.


## 4. 심리 충돌의 결과: 시장의 변곡점과 예측의 중요성
### *The Outcomes of Psychological Conflict: Market Inflection Points and the Importance of Forecasting*


**최희륜:** 정리해 보면, 부동산 거래는 겉으로는 가격 협상처럼 보이지만, 사실 그 이면에서는 구매자의 FOMO(기회 상실 공포)와 판매자의 손실 회피 심리가 정면으로 충돌하는 과정입니다. 두 감정 모두 '불안'에서 출발하지만, 매수자는 "지금 안 사면 끝이다"라는 불안 때문에 가격을 따라 올라가고, 매도자는 "지금 팔면 손해다"라는 불안 때문에 가격을 내리지 않습니다.

즉, 시장의 양쪽 참여자가 모두 불안에 휩싸여 있지만, 그 불안이 서로 정반대 방향으로 밀어붙이기 때문에 심리적 간극이 점점 더 커지게 됩니다. 그렇다면 이 간극은 실제 시장에서 어떤 결과를 만들어낼까요? 박향숙 님, 이 심리적 충돌이 가져오는 시장의 현상들에 대해 설명해 주시겠습니까?


**박향숙:** 맞습니다. 이 심리적 충돌이 바로 가격 협상을 어렵게 만들고, 시장 전체를 얼어붙게 하는 핵심 요인입니다. 부동산 시장에서는 숫자보다 심리적 기준선이 더 강하게 작동합니다. 구매자는 본인의 소득, 대출 한도, 심리적 부담을 기준으로 "이 가격 이상은 절대 못 산다"는 **심리적 한계선(Price Ceiling)**[27]을 설정합니다.

반면 판매자는 소유 효과와 손실 회피, 체면 심리에 묶여 "이 가격 이하는 절대 못 판다"는 **심리적 저항선(Price Floor)**을 굳게 고수하죠. 문제는 이 두 선이 현실에서는 거의 만나지 않는다는 것입니다.

즉, 구매자의 한계선은 내려가고 판매자의 저항선은 올라가며 양쪽 심리가 서로 반대 방향으로 움직이기 때문에 가격 협상은 그냥 어려운 정도가 아니라 사실상 불가능한 구조가 되어 버립니다. 이렇게 되면 시장은 자연스럽게 다음 현상으로 이어집니다. 협상 자체가 진입되지 않는다. 서로의 기준이 너무 멀기 때문에 대화 자체가 안 된다. 구매자는 집을 보러 와도 가격을 듣고 바로 돌아간다. "이 가격이면 안 사." 판매자는 매수자 제안을 보고 냉소적으로 반응한다. "그 가격이면 나도 안 팔아." 결과적으로 '관심은 있지만 거래는 없다'는 특이한 상황이 발생한다.

즉, 시장이 멈춘다. 이게 바로 우리가 흔히 말하는 **거래 절벽(Dead Market)**[28]입니다. 여기서 중요한 점은 거래 절벽이 공급 부족이나 가격 과열 같은 경제적 원인 때문이 아니라, 실제로는 구매자의 심리적 한계선과 판매자의 심리적 저항선이 서로 만나지 않는 '심리적 간극'에서 출발한다는 점입니다.

그래서 부동산 시장에서는 객관적 가격이 아니라, 양쪽의 심리적 지점이 얼마나 좁혀지느냐가 거래 성사 여부를 결정하는 가장 중요한 요소가 됩니다.


27)  Thaler, R. (1985). Mental Accounting and Consumer Choice. Marketing Science, 4(3), 199-214.

28)  Case, K. E., & Shiller, R. J. (1988). The Behavior of Home Buyers in Boom and Post-Boom Markets. New England Economic Review, Federal Reserve Bank of Boston.

**이성호:** 맞습니다. 이 심리적 충돌은 단순한 개인의 문제를 넘어, 부동산 시장 전체의 흐름을 결정하는 핵심 동력입니다. 시장 상황에 따라 이 충돌이 어떻게 나타나는지 보면 정말 선명하게 드러납니다.

### ① 상승기: 불안과 탐욕이 서로 가격을 끌어올리는 '가속 효과'

상승기에는 매수자와 매도자 모두 심리가 과열됩니다. 하지만 그 과열의 이유는 서로 다릅니다.

### 매수자의 심리

"지금 안 사면 영영 못 산다." (FOMO)

"더 늦기 전에 잡아야 한다."

"다들 사는데 나만 뒤처질 수 없다."

이 불안과 조급함은 매수자에게 평소보다 더 높은 가격을 감수하게 만드는 심리적 가속 페달 역할을 합니다.

### 매도자의 심리

"더 오를 텐데 지금 팔기엔 아깝지."

"이 동네는 이제 10억은 기본이지."

"이 가격은 시작이다, 아직 상승 여력이 있다."

이 기대감과 욕심은 매도자에게 호가를 계속 올리게 만드는 심리적 가속 장치가 됩니다. 결과적으로 상승기에는 구매자의 불안과 판매자의 탐욕이 서로를 자극하면서 가격이 자연스러운 상승 속도를 넘어 과도하게 밀어 올려지게 됩니다. 이것이 바로 우리가 흔히 말하는 **거품(Bubble)**의 형성 메커니즘입니다. 즉, 거품은 경제 요인만으로 생기는 것이 아니라 양쪽의 심리가 동시에 과열되면서 생기는 '심리적 버블'인 것입니다.

## ② 하락기: 관망 vs 손실 회피가 만나 '거래 실종'이 발생한다

하락기에서는 양쪽 심리가 극단적으로 보수적으로 변하며, 가격 조정이 자연스럽게 이루어지지 못하게 됩니다.

### 매수자의 심리

"지금 사면 바보다.", "더 떨어질 거야.  최소 1년은 기다려야지."
"하락은 초입이다.  지금 살 이유가 없지."

매수자들은 하락장에서 아예 시장 참여를 중단하는 경향을 보입니다.

### 매도자의 심리

"지금 팔면 손해야… 차라리 버티겠다.", "지금은 잠깐 조정일 뿐, 다시 오를 거야."
"이 가격에 어떻게 팔아, 말도 안 돼."

손실 회피 심리 때문에 매도자는 가격을 내리지 않습니다.

그 결과, 매수자는 "더 떨어질 때까지 기다린다" 매도자는 "이 가격 이하로는 못 판다" 이 두 심리가 충돌하면서 시장에 거래 실종(거래 절벽)이 발생합니다.

여기서 핵심은, 하락기 가격 하락이 장기화되는 이유가 바로 이 심리적 충돌 때문이라는 점입니다. 경제 논리로 보면 가격이 떨어지면 거래가 늘어야 정상인데, 부동산 시장에서는 심리 때문에 오히려 거래가 완전히 멈춰 버립니다. 결국 하락장은 경제적 요인보다 판매자의 버티기 심리와 매수자의 관망 심리로 인해 더 길고 더 피로하게 이어지게 됩니다.

### 결론

**상승기에는 매수자의 불안(FOMO) + 매도자의 탐욕 → 거품 형성**

**하락기에는 매수자의 관망 + 매도자의 손실 회피 → 거래 실종 & 하락 장기화**

즉, 부동산 가격 사이클의 핵심은 경제가 아니라 양쪽 참여자의 심리 충돌 양상이 어떻게 변하느냐에 달려 있습니다.

**최희륜:** 지금까지는 매수자와 매도자의 심리 충돌을 다뤘다면, 이번에는 시장에서 또 하나 중요한 축인 투자자와 실수요자 간의 심리 충돌을 살펴볼 필요가 있습니다.

상승기와 하락기에 따라 투자자의 판단 기준과 실수요자의 행동 기준이 달라지고, 두 집단이 시장에서 만들어내는 힘의 균형 역시 크게 달라지죠. 결국 시장이 어느 방향으로 움직이느냐는 이 두 집단의 심리가 어떻게 충돌하고 협력하느냐에 따라 달라집니다. 자, 그렇다면, 투자자와 실수요자의 심리 구조는 어떻게 다르고, 시장 상황에 따라 그 충돌 양상은 어떻게 달라지는지, 김정남 선생님 설명을 부탁드립니다.

**김정남:** 맞습니다. 투자자와 실수요자는 같은 시장에 존재하지만, 애초에 움직이는 심리 구조가 완전히 다르기 때문에 같은 상황에서도 정반대의 행동을 하고, 그 과정에서 시장에는 강한 심리적 충돌이 발생하게 됩니다.

### ① 상승기 - 공격적 투자 vs 뒤늦은 실수요자 진입
상승장에서는 투자자가 먼저 시장을 끌어올립니다.

### 투자자의 심리
**"지금 들어가면 ○억은 먹는다.", "이 흐름은 당분간 계속된다."**
**"빚을 내서라도 지금 사야 한다."** 투자자에게 집은 이익을 실현하기 위한 금융상품이기 때문에 가격이 오르는 흐름만 보이면 굉장히 공격적으로 움직입니다. 자산을 여러 채로 늘리고, 전세를 끼고 사고, 레버리지까지 총동원하죠.

### 실수요자의 심리

"전부 오르고 있는데 왜 나만 집이 없지?", "지금 안 사면 평생 못 사겠다."

"이제는 나도 뛰어들어야 한다." 실수요자는 원래 조심스럽지만, 너무 오르는 가격을 따라
잡기 위해 뒤늦게 시장에 뛰어듭니다. 이 체면과 불안 기반의 진입이 결국 투자자의 상승 배
팅에 기름을 붓게 되고, 가격은 실제 가치보다 더 위로 밀려 올라가며 버블이 강화됩니다. 즉,
투자자가 불을 붙이면 실수요자가 바람을 넣는 구조가 되는 거죠.


## ② 하락기 - 탈출 시도하는 투자자 vs 기다리며 버티는 실수요자

하락장에서는 두 집단의 행동이 완전히 바뀝니다.


### 투자자의 심리

"지금 손절하면 덜 잃는다.", "더 떨어지기 전에 일단 빠져야 한다.", "시장은 다시 살아났을
때 들어가면 된다." 투자자는 손실을 줄이기 위해 빠르게 출구 전략을 실행합니다. 수익이 사
라진 시장에서 버틸 이유가 없기 때문이죠.


### 실수요자의 심리

"조금만 기다리면 더 떨어질 텐데…", "지금 사면 바가지 쓰는 거 아닐까?", "바닥을 확인한
뒤에 움직이자." 실수요자는 하락장이 오면 구매를 늦추고 관망 모드로 들어갑니다. 집을 살
때 특정 금액을 기준으로 하는 심리적 앵커링 때문에 "조금 더 싸게 살 수 있다"는 희망이 생
기죠. 결국 시장에는 투자자는 도망가고, 실수요자는 기다리는 구조가 나타나며 거래가 거의
사라집니다.


## ③ 심리적 치킨 게임[29] - '누가 먼저 움직이느냐'의 싸움

하락장에서 시장은 일종의 심리적 치킨 게임으로 변합니다.

**투자자:** "내가 먼저 낮추고 팔 이유가 없다. 다른 매도자들이 먼저 무너져라."

---

29) Tversky, A., & Kahneman, D. (1974). Judgment under Uncertainty: Heuristics and Biases. Science, 185(4157), 1124-1131.

**실수요자:** "내가 먼저 비싸게 살 이유가 없다. 더 떨어질 때까지 버티자."

양쪽 모두 상대가 먼저 양보하길 기다리면서 시장을 멈춰 세우는 상태가 됩니다. 이 치킨 게임이 길어지면 거래 절벽, 가격 경직성, 하락 장기화, 심리적 혼란이 나타나죠.


**결론**

**상승기에는**

**투자자의 탐욕 + 실수요자의 불안 → 가격 폭등**


**하락기에는**

**투자자의 탈출 심리 + 실수요자의 지연 심리 → 거래 붕괴 & 심리적 치킨 게임**

결국 시장은 숫자가 아닌 두 집단의 심리 충돌과 타이밍 게임으로 움직인다는 것이 핵심입니다.


## 5. 심화 분석 및 결론: 비이성적 시장과 심리적 방어 기제
### *In-Depth Analysis and Conclusion: Irrational Markets and Psychological Defense Mechanisms*


**최희륜:** 결론적으로 오늘 우리가 확인한 것은 단 하나입니다. 부동산 시장은 숫자와 데이터로만 움직이는 곳이 아니라, 인간이 자신을 불안에서 해방시키기 위해 끊임없이 선택하고 행동하는 심리의 무대라는 점입니다.


**매수자는**

**"지금 사지 않으면 기회를 놓칠지 모른다"는 불안에서 벗어나기 위해 움직이고,**

**매도자는**

**"지금 팔면 손해를 볼지 모른다"는 두려움에서 벗어나기 위해 버티며,**

투자자와 실수요자 모두 각자의 방식으로 심리적 안전지대를 찾기 위해 움직일 뿐입니다. 즉, 부동산 시장의 모든 결정은 **불안 → 행동 → 재해석 → 다시 불안**[30]이라는 순환 고리 속에서 이루어지며, 이 심리적 에너지가 시장의 상승, 하락, 정체까지 모두 만들어 냅니다.

결국 부동산 시장의 핵심 동력은 경제적 계산이 아니라 "인간이 불안을 줄이기 위해 어떤 선택을 하는가"에 있습니다. 심리를 읽는 사람만이 시장의 흐름을 읽을 수 있고, 심리를 다스리는 사람만이 시장에서 살아남을 수 있습니다.

**박향숙:** 그렇습니다. 우리는 종종 부동산을 '자산' 혹은 '투자 수단'으로 이야기하지만, 실제로 사람들에게 집이란 그 이상의 의미를 갖습니다. 집은 단순한 공간이 아니라 **심리적 안전망(Psychological Safety Net)**입니다. 그래서 불안이 커질수록 사람들은 오히려 더 강하게 집을 원하게 되고, 이 욕구는 시장에서 강한 수요로 분출됩니다. 문제는 이러한 불안 기반의 행동이 **심리적 왜곡(Psychological Distortion)**을 만들어 낸다는 점입니다.

## 하락장에서 나타나는 심리 1 - 인지 부조화(Cognitive Dissonance)

특히 하락장에서는 사람들이 자신의 판단 오류를 인정하기 어려워지며 강한 인지 부조화가 발생합니다.

**"내가 산 집이 잘못된 선택일 리 없어.", "일시적인 조정이야, 곧 회복될 거야."**
**"나는 고점에 산 게 아니다, 시장이 잠시 흔들리는 것뿐이다."**

집값이 계속 떨어지고 있다는 사실을 머리로는 알고 있지만, 그 사실을 인정해 버리면 자기 자신에 대한 신뢰가 무너질까 두렵기 때문에 스스로에게 불편한 현실을 차단하고 편한 믿음을 고수하려는 심리적 방어 기제가 작동합니다. 이것이 인지 부조화입니다.

---

30)  Shiller, R. J. (2015). Irrational Exuberance (3rd ed.). Princeton University Press.

## 하락장에서 나타나는 심리 2 - 희망적 사고(Wishful Thinking)

인지 부조화는 자연스럽게 희망적 사고(Wishful Thinking)로 이어집니다.

**"곧 정부에서 대책 나올 거야.", "금리도 떨어질 거니까 다시 오를 거야."**
**"우리 아파트는 입지가 좋아서 괜찮아.", "하락은 다들 말만 그렇지, 실제로는 금방 회복될 거야."**

현실이 나빠질수록 이 희망적 사고는 더욱 강해집니다. 왜냐하면 객관적 현실보다 그 믿음에 의존해야 마음이 편해지기 때문입니다. 결국 집값이 떨어질수록 반등을 기대하는 심리는 오히려 더 커지게 되고, 이 희망적 사고는 적절한 매도 시점을 놓치게 만들며 하락장의 충격을 더 크게 만듭니다.

### 결론

하락장에서는 **불안 → 인지 부조화 → 희망적 사고**의 심리 연쇄가 나타납니다.
즉,
현실을 부정하고, 기존 믿음을 강화하고, 객관적 근거보다 희망에 기대며, 상황을 더 악화시키는 선택을 하게 되는 것입니다. 이 심리적 구조를 이해하지 못하면 투자자는 적절한 대응을 놓치고, 실수요자는 심리적 혼란 속에서 올바른 결정을 내리기 어려워집니다. 집이 '심리적 안전망'인 만큼, 하락장에서는 아이러니하게도 가장 불안한 시기에 가장 낙관적인 심리가 등장하는 역설적 현상이 벌어지는 것입니다.

**이성호:** 맞습니다. 여기에 하나 더 중요한 요소가 있습니다. 바로 정보의 **비대칭성(Information Asymmetry)**입니다. 부동산 시장은 대표적인 불완전 정보 시장이기 때문에, 참여자들은 정확한 정보보다 흘러다니는 소문, 즉 '카더라 통신'에 더 쉽게 흔들립니다. 사람들은 데이터를 보고 판단한다고 믿지만, 실제로는 자신의 기존 믿음을 강화하는 정보만 선택적으로 받아들이는 **확증편향(Confirmation Bias)**에 매우 취약합니다.

예를 들어,

**"우리 아파트는 곧 재건축된다더라.", "저기 외지인이 몰래 매수하고 있대."**

**"금리 이제 곧 내린다더라.", "부동산 전문가가 상승기 시작됐다고 하던데?"**

이런 말들은 대부분 사실 확인이 어려운 정보임에도 사람들은 이런 '듣기 좋은 이야기'를 더 신뢰합니다. 그리고 이런 정보는 실제로 시장에 강한 심리적 파급 효과를 일으킵니다.

### 왜 사람들은 팩트보다 소문에 더 흔들릴까?

이유는 세 가지입니다.

### 1) 부동산은 고가 자산이기에 불안감이 크다 → 불확실성을 줄여 줄 이야기를 찾는다

금액이 크기 때문에 사람들은 확신을 얻기 위해 '누군가의 말'을 필요로 합니다. 이때 불확실성을 줄여 주는 말이라면 그 출처가 정확하지 않아도 믿어 버립니다.

### 2) 자신의 결정을 정당화할 자료를 찾는다 → 확증편향 작동

사람들은 이미 마음속으로 결정을 내리고 그 결정을 뒷받침하는 정보만 모읍니다. 사고 싶은 사람은 "오를 거다"는 정보만 모으고, 팔고 싶은 사람은 "더 떨어질 거다"는 정보만 모읍니다.

### 3) 집단적 소문은 '사회적 증거(Social Proof)'의 착시를 만든다

여러 명이 비슷한 말을 하면 사람들은 그것을 진실처럼 느끼는 인지적 착각에 빠집니다. 특히 카페·단톡방·유튜브·중개업소 주변에서 도는 말이 심리를 크게 왜곡합니다.

## 결과적으로 시장의 비이성성이 커진다

정보의 비대칭성과 확증편향이 결합하면 시장에는 다음과 같은 현상이 나타납니다. 실거래가는 떨어지는데 호가는 오른다. 나쁜 정보는 무시되고 좋은 소문만 확산된다. 하락장인데도 '반등론'이 돌며 매수 타이밍 착시가 생긴다. 상승장에서도 '폭락론'과 '폭등론'이 동시에 등장하며 혼란이 커진다. 즉, 부동산 시장의 비이성성은 경제적 요인보다 정보를 어떻게 받아들이는가에 의해 더 크게 왜곡됩니다. 결국 사람들은 데이터를 보는 것이 아니라, 자기 마음에 드는 정보만 선택하여 시장을 해석하고, 이 과정이 전체 시장의 심리를 더 불안정하게 만드는 것입니다.

**김정남:** 그래서 결론적으로 말씀드리면, 성공적인 부동산 경영자나 투자자에게 가장 중요한 능력은 단순히 가격 데이터를 읽는 것이 아니라 심리를 수치화한 지표를 해석하는 능력입니다. 부동산 시장은 심리가 가격을 움직이는 시장이기 때문에 심리 흐름을 먼저 읽는 사람이 시장의 변곡점을 가장 빨리 포착합니다. 심리는 가격보다 먼저 움직이고, 가격은 심리의 그림자를 따라 움직이기 때문입니다. 그 대표적인 예가 바로 국토연구원에서 발표하는 '부동산 소비심리지수'입니다. 이 지수는 간단히 말해 "시장 참여자들이 현재 시장을 어떻게 느끼고 있는가?"를 객관적으로 수치화한 것이죠.

**지수 100 이상이면:**

→ 시장의 기대 심리가 살아 있고

→ 매수 우위, 가격 상승 가능성이 높으며

→ 참여자들이 '사도 된다'고 느끼는 국면입니다.

**지수 100 미만이면:**

→ 시장 심리가 위축되고

→ 매도 우위, 가격 하락 혹은 조정 위험이 커지며

→ 사람들은 '지금은 기다리자'라고 판단합니다.

흥미로운 점은, 심리지수는 가격보다 먼저 꺾이고 먼저 반등한다는 겁니다. 그래서 가격 차트만 보는 사람은 항상 뒤늦게 움직이고, 심리 지표를 보는 사람은 변곡점을 선행적으로 읽게 됩니다. 즉, 성공적인 경영자는 가격(결과)을 보고 움직이는 것이 아니라, 심리(원인)를 보고 움직여야 한다는 말입니다. 데이터 분석 능력도 중요하지만, 심리 지표와 시장 감정에 대한 이해 없이는 부동산 시장에서 기민하게 움직이기 어렵습니다. 결국 시장의 본질은 숫자가 아니라 사람이고, 사람의 움직임은 심리가 먼저 만들기 때문에, 심리 지표를 읽는 능력이 미래를 예측하는 가장 강력한 도구가 되는 것이죠.

**최희륜:** 네, 아주 중요한 논점이 정리된 것 같습니다. 우리가 오늘 확인한 핵심은 단순합니다. 부동산 시장을 움직이는 것은 안정성에 대한 인간의 갈망, 그리고 불안에서 벗어나고자 하는 심리적 본능입니다. 집은 경제적 자산으로만 존재하지 않습니다. 집은 가족을 보호하는 울타리이자, 미래에 대한 불안으로부터 자신을 지켜 주는 심리적 안전망입니다. 그래서 사람들은 가격이 아무리 높아도 집을 사려 하고, 가격이 떨어져도 팔지 않으려 하며, 다른 사람이 좋은 집을 사면 나도 따라가야 할 것 같은 비교 심리와 체면 심리까지 작동하게 됩니다. 이러한 구조에서는 단순히 공급을 늘리는 것만으로는 불안이 해소되지 않습니다. 공급 숫자가 늘어나도 "어떤 집이 더 좋으냐", "어디 사는 것이 사회적 지위의 기준이냐"라는 비교 기반의 심리 경쟁은 계속되기 때문입니다. 따라서 주거 안정 정책도 단순한 물량 확대를 넘어 주거의 다양성을 인정하고, 아파트 중심의 서열 구조를 완화하는 제도적 장치가 필요합니다.

예를 들어, 다양한 주거 형태의 사회적 위상 제고, 공공임대나 장기임대의 품격 강화, 지역 기반 커뮤니티의 신뢰 회복, '사는 곳이 곧 신분'이라는 인식을 줄이는 문화 정책이 병행될 때 비로소 사람들의 주거 불안은 줄어들고, 심리적 안정이 강화됩니다.

결국 부동산 시장을 안정시키는 핵심은 집을 '투자 대상'이 아니라, 심리적 안정의 기반으로 바라보게 만드는 사회적 전환입니다. 그래야만 우리가 말하는 공급 정책·금융 정책·세제 정책이 진짜 효과를 거둘 수 있습니다.

**박향숙:** 맞습니다. 우리가 절대 잊어서는 안 될 진리가 하나 있습니다. "부동산 거래란 경제적 계산의 산물이 아니라, 매수자와 매도자 두 심리의 힘겨루기 속에서 탄생한다." 시세, 금리, 공급량 같은 숫자는 표면일 뿐이고 그 아래에는 서로 다른 두 감정이 맞부딪히며 만들어

내는 거대한 심리적 흐름이 존재합니다. 매수자는 불안에서 벗어나기 위해 움직이고, 매도자는 손실을 피하기 위해 버티며, 두 감정이 만나 어느 지점에서 타협될 때 거래가 성립합니다.

즉, 부동산 가격은 논리가 아니라 감정의 균형점, 데이터가 아니라 심리의 교차점에서 결정됩니다. 이 원리를 이해하는 사람만이 시장의 방향을 읽고, 변곡점을 잡고, 위기에서도 흔들리지 않는 의사결정을 할 수 있습니다.

**최희륜:** 오늘 대담을 통해 우리는 부동산 시장을 지배하는 핵심 요소가 수요·공급, 금리·세제 같은 숫자가 아니라, 결국 인간의 심리와 감정이라는 것을 다시 한번 확인했습니다.

불안, 탐욕, 기대, 비교, 손실 회피, 확증편향, 이 복잡한 심리적 동력이 서로 충돌하고 균형을 이루며 부동산 시장의 움직임을 만들어 냅니다. 시장은 곧 사람이고, 사람을 이해하지 못하면 시장을 절대 읽을 수 없습니다. 이 심리의 본질을 이해한 오늘의 대담이 여러분의 부동산 판단에 조금이나마 더 깊은 통찰을 제공했기를 바랍니다.

다음 3주차 대담에서는 '부동산 경영자를 위한 심리적 협상 전략'을 주제로 더욱 실전적인 내용을 준비하여 찾아뵙겠습니다. 시장에서 매수자와 매도자의 심리를 어떻게 읽고, 어떤 언어와 전략으로 협상력을 극대화할 것인지, 구체적인 상황별 심리 대응법까지 다룰 예정이니, 많은 기대 부탁드립니다. 오늘 함께해 주셔서 감사합니다. 다음 시간에 뵙겠습니다.

## 주제: 부동산 시장을 움직이는 심리의 본질

부동산 시장은 경제학 교과서가 설명하는 단순한 수요·공급 구조로 움직이지 않는다. 그 이면에는 매수자·매도자·투자자·실수요자가 서로 다른 불안과 기대를 안고 벌이는 심리적 힘겨루기가 존재한다.

2주차 대담은 이러한 '보이지 않는 감정의 메커니즘'을 깊이 있게 분석했다.

## 1. 부동산 시장의 핵심 동력은 '불안'과 '안정성 욕구'

집은 단순한 자산이 아니라 심리적 안전망이다. 사람들은 불안을 줄이기 위해 집을 사고, 손실을 피하기 위해 집을 팔지 않는다.

**매수자 → FOMO(기회 상실 공포)**

**매도자 → 손실 회피 심리**

**실수요자 → 주거 안정 욕구**

**투자자 → 기대 수익 및 탐욕**

이 네 가지 심리가 시장 흐름을 결정한다.

## 2. 상승기 심리 메커니즘: 불안 + 탐욕 = 과열

상승장에서는 투자자의 탐욕(수익 기대), 실수요자의 불안(FOMO), 이 서로를 자극하며 가격을 비정상적으로 끌어올린다. 투자자가 불을 붙이면, 실수요자가 "지금 안 사면 못 산다"는 공포로 뒤늦게 참여해 버블을 가속화한다.

## 3. 하락기 심리 메커니즘: 관망 + 손실 회피 = 거래 절벽

하락장에서는 매수자는 "더 떨어질 것"이라 관망하고, 매도자는 "지금 팔면 손해"라며 버티면서 양측 모두 움직이지 않아 거래가 사라진다.
　→ 심리적 치킨 게임이 발생
　→ 가격 조정이 자연스럽게 이뤄지지 않고 하락이 장기화됨

## 4. 인지 부조화·희망적 사고가 하락장을 더 악화시킨다

하락기에는 사람들의 심리가 더 불안정해진다.
**인지 부조화:** "내가 비싸게 샀지만 잘못 판단한 것은 아니다."
**희망적 사고:** "금방 반등할 거야, 우리 집은 예외야."
이 심리는 현실을 부정하게 만들고 적절한 매도 시점을 놓치게 한다.

## 5. 정보의 비대칭성과 확증편향이 시장을 왜곡한다

부동산은 '완전한 정보'를 얻기 어려운 시장이다. 그래서 사람들은 데이터보다 소문과 카더

라 통신에 더 쉽게 흔들린다. 듣고 싶은 정보만 듣고, 보고 싶은 것만 보면서 기존 믿음을 강화한다. 이 과정에서 실제 가격과 심리적 가격 간 괴리가 점점 커진다.


## 6. 투자자 vs 실수요자의 심리 충돌

같은 시장이라도 두 집단의 목적과 심리는 완전히 다르다.

**상승장:** 투자자는 공격적 매수 → 실수요자는 뒤늦게 참여 → 가격 폭등

**하락장:** 투자자는 탈출 → 실수요자는 기다림 → 거래 실종

이 충돌이 시장 사이클을 만든다.


## 7. 심리 지표의 중요성: 부동산 소비심리지수

성공적인 부동산 경영자는 가격보다 먼저 움직이는 심리 지표를 읽어야 한다.

**100 이상:** 기대 심리 살아 있음 → 상승 압력

**100 미만:** 심리 위축 → 하락·조정 가능성 커짐

심리는 가격보다 빠르게 변화하므로 변곡점을 읽는 데 필수적이다.


## 8. 정책의 핵심도 '심리 안정화'에 있다

공급 확대만으로는 주거 불안과 비교·체면 심리를 해결할 수 없다.

**필요한 것은:** 다양한 주거 형태의 사회적 위상 제고, 거주 품질 강화, 주거 불안 완화 정책, 지역·주거 계층 간 비교 완화 전략, 심리를 안정시키지 않으면 정책은 효과를 내기 어렵다.

**최종 결론**

부동산 시장은 데이터가 아닌 인간의 마음으로 움직인다. 가격은 심리의 그림자이며, 시장의 흐름을 읽으려면, 사람들의 불안, 기대, 비교, 탐욕을 읽어야 한다. 심리를 이해하는 순간, 시장의 흐름이 보인다.


## 용어 정리

**ㄱ** **가격 바닥선**(*Price Floor*)

판매자 마음속 "이 가격 이하는 절대 못 판다"는 심리적 저항선. 손실 회피·체면 심리와 결합해 가격 경직을 만든다.

**가격 천장선**(*Price Ceiling*)

구매자 마음속 "이 가격 이상은 절대 못 산다"는 심리적 한계선. 협상 결렬·관망을 만드는 핵심 기준.

**거래 실종**(*Transaction Disappearance*)

시장에 매물·수요가 '있는 듯' 보이지만 실제 체결이 거의 없는 상태. 심리 간극이 커질수록 발생.

**ㄴ** **낙폭 확대**(*Drawdown Acceleration*)

하락 흐름이 '연속·가속'되는 구간. 공포·행동 편향이 결합되면 성급한 매도가 늘어 하락이 더 깊어질 수 있다.

**ㄷ** **대세 상승 국면**(*Uptrend Regime*)

상승이 '증거'가 되어 다시 상승 기대를 부르는 단계. 이때 감정 우선 작동과 FOMO가 폭발하기 쉽다.

**ㅁ** **매물 잠김**(*Inventory Lock-in*)

가격이 내려가도 "손해 보고 못 판다"로 매도자가 버티며 매물이 시장에서 사실상 사라지는 현상.

**ㅂ** **불안-구매-안정 루프***(Anxiety → Buy → Relief Loop)*

불안이 매수를 촉발하고, 매수가 일시적 안정감을 주며, 곧 새로운 불안을 낳아 다시 행동을 부르는 반복 구조.

**불완전 정보 시장***(Imperfect Information Market)*

참여자 간 정보 격차가 큰 시장. 부동산은 대표적이며, 소문·권위·단톡방 정보가 과도한 영향력을 갖는다.

**비이성적 시장***(Irrational Market)*

합리적 계산보다 불안·탐욕·비교·체면 같은 감정이 가격과 거래를 주도하는 시장 상태.

**ㅅ** **사회적 비교***(Social Comparison)*

절대값보다 "남들은 어디 사나"가 기준이 되는 심리. 영끌·갈아타기·무리한 레버리지를 촉발하는 강력한 촉매.

**사회적 증거***(Social Proof)*

"여러 사람이 말하니 사실일 것"처럼 느끼는 착시. 카페·단톡방·유튜브에서 반복되면 확신이 강화된다.

**소유 효과***(Endowment Effect)*

내 집을 객관적 시세보다 더 높게 평가하는 편향. "이 집이 어떤 집인데"라는 언어로 나타난다.

**손실 회피***(Loss Aversion)*

손실의 고통이 이익의 기쁨보다 더 크게 느껴져, 하락장에서 매도 지연·가격 경직·거래 절벽을 만든다.

**심리적 안전망***(Psychological Safety Net)*

집이 단순 주거가 아니라 "불안으로부터 나를 지키는 요새"로 작동하는 상태. 불안이 커질수록 수요가 폭발할 수 있다.

**심리적 왜곡***(Psychological Distortion)*

현실보다 '믿고 싶은 방향'으로 시장을 해석하는 현상. 소문, 확증 편향, 인지 부조화가 촉진한다.

**심리적 치킨 게임**(*Psychological Chicken Game*)

매수자는 "더 떨어지면 살게"/매도자는 "더 받으면 팔게"로 서로 먼저 움직이길 기다리며 시장이 멈추는 상황.

**심리적 프레임**(*Psychological Frame*)

같은 데이터를 보고도 사람마다 다른 결론이 나오는 '해석 틀'. 기대 프레임 vs 공포 프레임이 대표적.

**ㅇ** **이중 심리 구조**(*Dual-Driver Structure*)

안정 욕구(Positive Driver)와 불안(Negative Driver)이 동시에 작동해 매수 결정을 가속시키는 구조.

**인지 부조화**(*Cognitive Dissonance*)

"내 판단이 틀렸을 리 없다"는 마음이 불편한 현실(하락)을 부정하게 만드는 심리적 방어.

**ㅈ** **저항선**(*Resistance Line*)

판매자 마음속 "여기 아래로는 못 판다"는 선. 체면·비교·손실 회피가 강하면 더 위로 올라간다.

**정보의 비대칭성**(*Information Asymmetry*)

전문가·중개·개발 주체와 일반 참여자 간 정보 격차. '카더라'가 힘을 갖는 근본 배경.

**조급함(기다림의 고통)**(*Impatience/Waiting Pain*)

가만히 있으면 더 불안해져 행동을 택하게 만드는 심리. 행동 편향과 결합해 실수를 키운다.

**주관적 가치 평가**(*Subjective Valuation*)

집을 돈이 아니라 기억·자존감·상징으로 평가해 가격 판단이 왜곡되는 현상.

**ㅊ** **체면 심리**(*Face-saving Psychology*)

"남들보다 낮게 팔면 체면이…" 같은 사회적 시선이 가격 결정을 왜곡하는 심리. 호가 과대·매물 잠김을 강화한다.

**ㅎ** **하방 경직성**(*Downward Rigidity*)

하락 국면에서도 호가가 잘 내려오지 않는 현상. 손실 회피 + 소유 효과 + 체면 심리의 결합 결과.

### 행동 편향*(Action Bias)*

불확실할수록 "뭔가라도 해야 한다"는 강박. 상승장엔 고점 추격, 하락장엔 성급 매도로 이어지기 쉽다.

### 확증 편향*(Confirmation Bias)*

듣고 싶은 정보만 골라 믿는 편향. 소문·유튜브·단톡방과 결합하면 시장 비이성성을 키운다.

"나는 고점에 산 게 아니다,
시장이 잠시 흔들리는
것뿐이다."

# 부동산 가격 형성에 작용하는 대중심리의 힘

Week 3: The Power of Public Psychology in
Real Estate Price Formation

# 1. 부동산의 대중 심리

*The public psychology of real estate*

**진행자 최희륜:** 지난 시간에는 매수자와 매도자 개개인의 불안, 탐욕, 그리고 손실 회피 심리가 어떻게 거래를 만들고 막는지 논의했습니다. 하지만 이 개별적인 심리들이 집합체를 이루어 시장 전체를 뒤흔드는 순간이 있습니다. 오늘 4주차 대담의 주제는 바로 '부동산 가격 형성에 작용하는 대중심리의 힘'입니다. 김정남 님 개개인의 심리가 어떻게 대중심리라는 거대한 힘으로 전환됩니까?

**김정남:** 네, 사실 부동산 시장에서 가장 무서운 힘은 '개인의 심리'가 아니라, 그 수많은 개인들이 동시에 같은 감정을 느낄 때 발생하는 **대중심리(Mass Psychology)**[31]입니다. 개별 심리는 처음에는 작고 조용합니다.

누군가 불안을 느끼고, 누군가 기대감을 품고, 또 누군가는 손실을 두려워하죠. 하지만 이 감정들이 주변 사람들과의 비교, 소문, 뉴스, SNS, 커뮤니티를 통해 서로 증폭되면, 어느 순간 '개인의 감정'이 아니라 하나의 움직이는 집단적 에너지로 바뀌게 됩니다. 그 전환 과정에는 몇 가지 중요한 메커니즘이 작동합니다.

## 1) 사회적 증거(Social Proof): "다른 사람들이 한다면 나도 해야 한다"

사람들은 부동산처럼 불확실성이 큰 시장에서 정확한 판단보다 다수의 행동을 더 신뢰합니다.
**"다들 산대.", "이번에 동료도 샀다더라.", "우리 동네는 이제 더 오른대."**
**"전문가도 상승기라고 하던데?"**
이렇게 특정 행동이 다수에게서 포착되면, 그 자체가 일종의 '정답처럼' 작용합니다. 그래서 개인의 작은 불안이 사회적 증거를 통해 **집단적 FOMO(대규모 패닉바잉)**로 번져 나갑니다.

---

31)  Cialdini, R. B. (2009). Influence: Science and Practice (5th ed.). Pearson Education.

## 2) 정서 전염(Emotional Contagion):[32] 감정은 말보다 빠르게 퍼진다

심리는 바이러스처럼 전염됩니다. 특히 부동산처럼 생애 최대 자산이 걸린 문제일수록 감정의 전염 속도는 훨씬 더 빨라집니다. 누군가 "떨어진대"라고 말하면 공포가 확산되고, 누가 "더 오른대"라고 말하면 기대감이 폭발합니다.

이때 중요한 것은 사실 여부가 아니라 감정의 강도입니다. 감정이 먼저 번지고, 사실은 나중에 따라옵니다. 이 정서 전염이 강해지면, 개인의 불안이 대중적 공포로, 개인의 기대가 대중적 탐욕으로 확장됩니다.

## 3) 확증 편향의 집단화: '보고 싶은 것만 보게 만드는 필터링'

개인은 자기 믿음을 강화하는 정보만 받아들이는데, 이 확증편향이 집단 규모에서 발생하면 시장은 한 방향으로 쏠립니다. 상승장에서는 '상승 뉴스'만 보이고 하락장에서는 '폭락 뉴스'만 보입니다.

즉, 같은 시장에서 가격은 그대로인데도 대중의 심리만 한 방향으로 기울어지는 착시 현상이 만들어집니다. 개인의 착시가 모여 **대중 착각(Mass Delusion)**[33]'이 되는 것이죠.

## 4) 정보의 비대칭 → 대중심리의 가속장치

부동산 시장은 정확한 정보가 없고, 소문이 많습니다. 이 구조 자체가 대중심리를 폭발적으로 키웁니다. 카더라, 온라인 글, 지인들의 말이 객관적 데이터보다 더 강하게 작용하면서 집단적 오해·집단적 공포·집단적 탐욕이 폭발합니다. 결국 대중심리는 경제 숫자가 아니라, 사람들의 감정이 동시적으로 같은 방향으로 움직일 때 발생하는 흐름입니다.

---


32)  Cialdini, R. B. (2009). Influence: Science and Practice (5th ed.). Pearson Education.

33)  Shiller, R. J. (2017). Narrative Economics. American Economic Review, 107(4), 967-1004.

## 결론

개인의 불안·탐욕·기대·손실 회피는 처음에는 조용한 물결처럼 시작하지만, 사회적 증거 정서 전염, 확증편향의 집단화, 정보의 비대칭이 네 가지 요소가 맞물리는 순간 그 물결은 파도가 되고, 파도는 결국 시장을 뒤흔드는 대중심리라는 거대한 힘으로 변합니다. 그래서 부동산 시장에서 가장 위험한 것은 경제가 아니라, 대중의 감정이 한 방향으로 움직이는 순간입니다.

**박향숙:** 네, 대중심리를 이해할 때 반드시 기억해야 할 핵심 개념이 바로 **'자기실현적 예언(Self-fulfilling Prophecy)'**입니다. 부동산 시장에서는 사람들이 특정 방향을 '믿는 순간' 그 믿음이 행동을 만들고, 그 행동이 실제 시장을 변화시키며 결국 믿음이 현실이 되는 구조가 반복됩니다.

### 1) "집값은 무조건 오른다" → 믿음 → 행동 → 실제 상승

상승장에서는 사람들이 다음과 같이 생각합니다. "부동산은 안전자산이다.", "우리나라 집값은 절대 안 떨어진다.", "지금 안 사면 평생 못 산다." 이 믿음이 강해지면 사람들은 조금이라도 늦기 전에 집을 사려 하고, 심지어 대출·영끌·갭투자가 동시에 폭발합니다. 이 '대중의 동시적 매수 행동'이 실제 공급 부족을 만들어 가격을 끌어올립니다. 즉, **믿음 → 매수 증가 → 가격 상승 → 믿음 강화 → 더 큰 매수** 이 순환 고리가 이어지며 예언이 현실이 되는 것입니다.

### 2) "집값이 곧 폭락한다" → 공포 → 매도 → 실제 폭락

반대로 하락기에는 공포가 훨씬 빠르게 전염됩니다. "부동산 끝났다.", "정부 대책 때문에 더 떨어진다.", "금리 때문에 패닉셀 나온다더라." 이 말들이 퍼지면 투자자는 빨리 탈출하려 하고, 매수자는 관망하며 손을 떼고, 소유자는 불안에 매물을 내놓기 시작합니다. 그러면 시장에는 매도는 많은데 매수는 사라진 상태, 즉 가격을 지탱할 수 없는 구조가 만들어집니다. 그 결과 가격은 실제로 하락하고, 대중의 공포는 더욱 강화됩니다. 즉, **공포 → 매도 증가 → 가격 하락 → 공포 강화 → 더 큰 매도** 하락장에서도 예언이 현실이 되는 패턴이 반복되는 것이죠.

### 3) 부동산 시장은 '심리적 집단 실험장'

부동산처럼 불확실성이 크고 고가의 자산이며, 장기 보유가 기본인 투자처에서는 심리적 기대가 특히 크게 작용합니다. 상승장에서는 "기대"가 가격을 만들고 하락장에서는 "두려움"이 가격을 만들며 심리는 숫자보다 먼저 움직이고, 숫자는 심리를 따라 움직입니다. 그래서 부동산 시장은 경제 시장이면서도 동시에 대규모 심리 실험장이 되는 것입니다.

### 결론

대중심리가 위험한 이유는 실제 상황보다 믿음이 시장을 더 크게 움직이기 때문입니다.

믿음이 오르면 가격도 오르고, 공포가 커지면 가격도 떨어지며, 결국 심리가 시장을 앞서고 가격은 그 뒤를 따라옵니다. 그래서 부동산 시장에서는 경제 지표보다 대중의 감정이 더 강력한 힘을 갖게 되는 것이죠.

**이성호:** 맞습니다. 이것이 바로 부동산 시장을 움직이는 가장 원초적 힘, 즉 **탐욕(Greed)과 공포(Fear)**의 사이클입니다. 이 두 감정은 언제나 교대로 시장을 지배하며, 대중심리를 극단으로 몰고 가는 핵심 에너지입니다.

### 1) 상승기: 탐욕이 이성을 압도하는 단계

시장이 상승하기 시작하면 대중은 숫자나 현실보다 기대와 희망을 더 크게 바라보기 시작합니다.

**"지금 안 사면 기회 없다."**

**"더 오를 테니 지금이 마지막 기회다."**

**"주변 사람도 다 샀다는데 나만 못 사면 안 된다."**

이때는 가격이 비싸 보이지도 않고, 대출 부담이 크게 느껴지지도 않습니다. 탐욕이 강해지면 사람의 인지체계 자체가 달라져 위험을 축소하고 가능성을 과대평가하는 **과확신(Overconfidence)**[34] 상태가 됩니다. 탐욕이 지배하면 사람들은 스스로를 "계산적 투자자"라고 생각하지만, 사실은 감정에 의해 행동하는 군중의 일부가 되어 있습니다.

## 2) 전환점: 기대가 '과도한 확신'으로 변할 때

탐욕은 단순한 욕심이 아니라 "나는 틀릴 리 없다"는 착각으로 이어집니다. 이때 시장은 미세한 호재나 루머에도 과대반응합니다. 작은 조짐도 폭등 신호로 해석하고, 모든 뉴스가 상승론으로 보이기 시작하죠. 탐욕의 절정은 "지금이 고점인지조차 질문하지 않는 순간"입니다. 대중심리가 최고조에 이르면 사람들은 조정이 오리라는 경고를 귀담아듣지 않습니다.

## 3) 하락기: 공포가 시장을 압도하는 단계

하지만 하나의 작은 악재가 등장하면, 탐욕으로 쌓인 기대감이 한순간에 무너집니다. 이때 대중은 "손실이 더 커지기 전에 탈출해야 한다"는 강렬한 본능적 공포에 지배됩니다.

**"지금 안 팔면 큰일 난다."**

**"이번엔 진짜 끝일 수 있다."**

**"남들보다 먼저 나가야 한다."**

---

34)　Shiller, R. J. (2000). Irrational Exuberance. Princeton University Press.

공포는 탐욕보다 훨씬 빠르게 전염됩니다. 상승장의 매수세는 천천히 늘어나지만 하락장의 매도세는 폭발적으로 확산됩니다. 그래서 "상승장은 계단, 하락장은 엘리베이터"라고 하죠. 공포는 항상 탐욕보다 빠릅니다.

## 4) 극단적 감정의 반복 = 사이클의 본질[35)

탐욕과 공포는 단순한 감정이 아니라, 부동산 시장의 사이클을 만들어 내는 핵심 동력입니다. 탐욕이 가격을 비정상적으로 끌어올리고, 공포가 가격을 비정상적으로 끌어내리며, 이 두 감정의 반복이 부동산 시장의 전형적인 "사이클"을 형성합니다.

즉, 시장은 '합리적 균형점'을 향해 움직이는 것이 아니라 탐욕과 공포라는 양극단 사이를 오가며 요동치는 구조를 가지고 있습니다. 개인은 "나는 이성적으로 판단한다"고 생각하지만, 대중 속에 들어가면 그 감정 흐름에 자연스럽게 휩쓸리게 됩니다.

## 결론

탐욕과 공포는 대중심리의 시작이자 끝입니다. 탐욕은 상승을, 공포는 폭락을 만들고, 이 두 감정이 교대로 시장을 흔들며, 부동산 가격의 큰 파동을 만들어 냅니다. 따라서 시장을 읽는 핵심은 데이터보다 대중의 감정 변화 속도와 방향을 읽는 것입니다.

## 2. 대중심리를 움직이는 네 가지 엔진
### The Four Engines That Drive Public Psychology

**진행자 최희륜:** 대중심리는 여러 심리적 엔진을 통해 시장에 영향을 미칩니다. 4주차 자료를 보니 크게 네 가지 형태가 분석되어 있더군요. 이성호 선생님 이 네 가지 엔진에 대해 설명

---

35)　Barberis, N., Shleifer, A., & Vishny, R. (1998). A Model of Investor Sentiment. Journal of Finance, 53(1), 307-343.

해 주시겠어요?

**이성호:** 네, 맞습니다. 4주차 자료에서 정리된 바대로, 대중심리가 부동산 시장을 움직이는 핵심 동력은 크게 네 가지 심리 엔진으로 구성됩니다. 각 엔진은 개별적으로 작동하기도 하지만, 대부분 동시에 중첩되며, 시장의 상승·폭등·조정·폭락을 만들어 내는 근원적 힘이 됩니다. 제가 하나씩 설명드리겠습니다.

## 1) 기대 엔진(Expectation Engine)

**"오를 것이다" vs "떨어질 것이다"라는 믿음 자체가 가격을 만든다**

기대 엔진은 대중심리의 출발점입니다. 사람들은 미래를 어떻게 예상하느냐에 따라 현재 행동을 결정합니다.

**상승기:** "앞으로 더 오른다"는 기대 → 매수 러시 → 가격 상승

**하락기:** "더 떨어진다"는 기대 → 매수 중단·관망 → 가격 하락 가속

즉, 기대 자체가 가격의 방향을 미리 형성하는 선행 심리입니다. 실제로 가격이 움직이기 전에 심리가 먼저 움직이는 이유가 여기에 있습니다.

## 2) 모방 엔진(Herd & Bandwagon Engine)

"남들이 움직이니까 나도 따른다" 모방 엔진은 군중심리(Herd Behavior)의 핵심입니다. 불확실성이 큰 시장일수록 사람들은 합리적 판단보다 "다수가 하는 행동"을 더 신뢰합니다.

**"친구가 샀다더라"**

**"직장 동료도 투자했다더라"**

**"요즘 다들 어디 산대"**

이런 정보는 데이터보다 더 강하게 사람을 움직입니다. 모방은 개별적 움직임을 대규모 행동으로 증폭시키면서 상승장에는 광풍을, 하락장에는 패닉셀을 만들어 냅니다.

### 3) 공포 · 탐욕 엔진(Fear & Greed Engine)

시장을 위아래로 극단적으로 흔드는 감정의 양대 축 탐욕은 "더 벌고 싶다"는 감정, 공포는 "더 잃기 싫다"는 감정입니다.

**탐욕 지배 시:** 매수 과열 → 가격 과대 상승 → 버블 형성
**공포 지배 시:** 매도 압박 → 거래 실종 → 급락 및 장기 하락

탐욕은 천천히, 공포는 매우 빠르게 움직입니다. 그래서 상승장은 계단, 하락장은 엘리베이터라고 부르는 것이죠. 탐욕과 공포의 반복 순환이 바로 부동산 시장의 사이클(순환 구조)을 만듭니다.

### 4) 정보 엔진(Information Engine)

'팩트'보다 '소문'과 '카더라'가 더 빨리 퍼지고 더 크게 움직인다. 부동산은 정보 비대칭성이 큰 시장입니다. 모든 정보가 공개되지 않고, 소문이 사실보다 빨리 퍼지죠. 이 엔진은 다음과 같은 요소로 구성됩니다.

**확증편향:** 듣고 싶은 정보만 듣는다.

**소문 기반 의사결정:** "누가 그러더라"가 팩트보다 강하다.

**정서 전염:** 공포 · 희망은 숫자보다 먼저 퍼진다.

언론 · 유튜브 · 커뮤니티의 과장된 서사 구조 결국 정보 엔진은 시장 심리를 확대 · 증폭 · 왜곡하며, 대중심리가 한 방향으로 쏠리도록 만드는 가속 장치 역할을 합니다.

**정리**

네 가지 심리 엔진은 다음과 같이 시장을 움직입니다.


**기대 엔진 → 미래에 대한 믿음이 방향을 만든다.**

**모방 엔진 → 집단 행동이 가격을 밀어 올리거나 끌어내린다.**

**공포 · 탐욕 엔진 → 극단적 상승 · 하락 사이클을 만든다.**

**정보 엔진 → 심리를 왜곡하며 군중 흐름을 가속한다.**


이 네 가지가 합쳐질 때 대중심리는 단순한 감정이 아니라 부동산 가격을 움직이는 가장 강력한 동력이 됩니다.


## 3. 역사 속 대중심리의 그림자: 거품과 붕괴
### *The Shadow of Mass Psychology in History: Bubbles and Crashes*


**진행자 최희륜:** 대중심리는 이론이 아니라 역사를 통해 증명됩니다. 박향숙 선생님, 부동산 시장의 역사적 사건에서 대중심리가 어떻게 작용했는지 사례를 통해 분석해 주시죠.


**박향숙:** 네, 말씀하신 대로 대중심리는 '이론'이 아니라, 실제 역사적 사건에서 반복적으로 증명된 가장 강력한 시장의 실체입니다. 부동산 시장의 역사적 사건들을 살펴보면, 대중심리가 어떻게 가격을 띄우고 붕괴시키는지 매우 명확하게 드러납니다.

### 사례 1

2006~2008 미국 서브프라임 버블과 붕괴 - "탐욕의 집단화 → 공포의 집단화" 미국 서브프

라임 사태는 탐욕과 공포가 어떻게 대중심리를 통해 시장 전체를 붕괴로 몰고 가는지 보여 주는 대표적인 사건입니다.

**탐욕 단계**

그 당시 대중은 이렇게 믿었습니다.

**"부동산은 절대 안 떨어진다."**

**"대출받아 집 두세 채 사는 건 당연하다."**

**"지금 안 사면 기회를 놓친다."**

이 믿음은 곧 집단적 매수 행동으로 이어졌고, 집값은 급격히 상승했습니다.

**공포 단계**

그러나 금리가 인상되고 연체가 증가하자
집단적 심리는 순식간에 뒤집혔습니다.

**"지금 팔지 않으면 더 떨어진다."**

**"부동산 시장이 무너질 수 있다."**

하락 공포가 확산되자, 매도 행렬이 이어지며, 버블이 붕괴했습니다. **탐욕 → 군중 매수 → 거품 → 공포 → 군중 매도 → 붕괴** 이 사이클이 대중심리가 시장을 어떻게 뒤흔드는지 명확히 보여 줍니다.

## 사례 2

2020~2021 한국 패닉바잉 - "FOMO의 대규모 확산" 한국에서도 2020~2021년에 역대급 패닉바잉이 벌어졌습니다. **코로나 초기 금리 인하 → 풍부한 유동성 → 자산가치 상승**

**기대**[36]이 구조에서 심리는 아주 빠르게 확산되었습니다.


**집단적 기대 심리**


**"영원히 집 못 산다."**
**"지금이 마지막 기회다."**
**"전세가 오르니 매매로 갈아타야 한다."**


특히 2030세대는 지인·직장 동료의 매수 경험을 보며, 심리적 압박을 강하게 받았습니다. 결과적으로 가격은 기본 펀더멘털을 초과하는 속도로 폭등했고, 이는 기대·모방 엔진이 동시에 폭발한 전형적인 형태입니다.

## 사례 3


일본 1980년대 후반 버블 - **"과신과 집단 착각(Mass Delusion)"**[37] 일본의 부동산 버블도 자기실현적 예언과 대중 심리가 만든 결과입니다.


**당시 일본 대중은 이렇게 말했습니다.**
**"도쿄 땅값은 계속 오른다."**
**"부동산이 곧 국가 경쟁력이다."**
**"부동산 없는 사람은 뒤처진다."**


이 과신이 집단화되면서 일본은 세계에서 가장 큰 부동산 버블을 겪게 됩니다. 그러나 거품

---

36) Kindleberger, C. P., & Aliber, R. Z. (2011). Manias, Panics, and Crashes: A History of Financial Crises (6th ed.). Palgrave Macmillan.

37) Glaeser, E. L., Gyourko, J., & Saiz, A. (2008). Housing Supply and Housing Bubbles. Journal of Urban Economics, 64(2), 198-217.

이 꺼지자 30년 넘는 장기 침체(잃어버린 30년)에 빠졌죠. 이 풍선이 터진 이유도 역시 심리였습니다. 믿음이 깨지는 순간, 군중 행동이 한 방향에서 반대로 뒤집히면서 붕괴 속도는 상승기보다 훨씬 빠르게 발생했습니다.

**사례 4**

2010년대 후반 한국 지방 집값 폭락 - "공포의 지역 집중화" 수도권 상승기와 다르게 지방에서는 인구 감소와 공급 과잉이 겹치며 공포심리가 급속도로 확산되었습니다.

**"지방 부동산 끝났다."**
**"지금 안 팔면 영영 못 판다."**
**"전세 놓기도 힘들다."**

이 공포는 단기간에 급락을 만들어 냈고, 매수자가 사라진 채, 매도만 쌓이며 시장 붕괴 속도가 매우 빨라졌습니다. 지역별 심리의 불균형이 가격을 극단적으로 갈라놓은 대표적인 사례입니다.

**결론**

이 모든 역사적 사례가 증명하는 것은 단 하나입니다. 부동산 가격은 경제가 먼저 만드는 것이 아니라, 대중의 심리가 먼저 만들고, 경제는 그 심리의 결과를 뒤따라갈 뿐이다. 탐욕이 집단화되면 버블이 되고, 공포가 집단화되면 붕괴가 됩니다. 대중심리를 이해하지 못하면, 시장 변곡점을 절대로 읽을 수 없습니다.

# 4. 대중심리는 왜 가격의 선행지표인가?

## *Why Is Mass Psychology a Leading Indicator of Prices?*

**진행자 최희륜:** 마지막으로, 가장 중요하고 실용적인 내용입니다. 이성호 선생님, 부동산 가격은 금리, 정책 같은 거시 경제 지표를 따르는데, 왜 대중심리가 가격 변동에 선행하는 지표로 작용하는 것입니까?

**이성호:** 대단히 중요한 질문입니다. 부동산 시장을 실제로 움직이는 것은 금리·정책·공급·유동성 같은 거시 경제 지표이지만, 가격의 방향이 먼저 꺾이고, 먼저 반등하는 시점은 항상 '대중심리'가 선행합니다. 이유는 크게 네 가지입니다.

## 1) 사람은 '미래 기대'를 보고 행동하고, 데이터는 '과거 결과'를 보여 준다

금리, 세제, 공급 통계 같은 거시 지표들은 이미 발생한 과거의 결과(Result)입니다. 발표되는 시점에는 이미 시장이 반응한 뒤인 경우가 많죠. 반면 가격을 실제로 움직이는 매수·매도 결정은 대중이 미래를 어떻게 예상하는지(Expectation)에 의해 결정됩니다. 즉, 거시 지표는 뒤돌아보는 백미러이고, 대중심리는 앞으로 가는 방향을 미리 가리킵니다. 그래서 심리가 항상 가격보다 먼저 움직이는 선행 인디케이터가 됩니다.

## 2) 부동산은 고가 자산이기 때문에 '심리적 임계점'이 먼저 무너진다

집은 매우 큰 금액이 걸린 자산이기 때문에 사람들은 작은 징후에도 크게 반응합니다.
예를 들어,

**"금리가 곧 오른 뒤 떨어진다더라."**

**"규제가 완화될 것 같아."**

**"외지인 매수가 들어온대."**

이런 기대 변화가 생기면 사람들은 실제 정책 발표 전에 이미 움직입니다. 정책·금리가 발표되기 전에 대중의 행동이 먼저 반영되며 가격이 선행적으로 움직이는 이유입니다.

## 3) 군중행동은 작은 신호에서도 폭발한다[38] → 가격이 심리에 민감하게 반응

대중심리는 언제나 '집단화'되며, 한 방향으로 쏠리면 작은 자극에도 폭발합니다.

**상승 전환기:** "살아난다는 분위기"만 나와도 매수세 폭발

**하락 전환기:** "위험하다는 소문"만 나와도 매수세 실종

이처럼 시장은 데이터 변화가 아니라 심리 변화에 즉각 반응합니다. 금리가 실제로 변하기 전에 금리 인하 기대감만으로도 시장이 먼저 반응하는 이유도 여기에 있습니다.

## 4) 가격은 심리의 그림자 — 심리 없이 가격 변동은 없다

결국 부동산 가격을 만드는 것은 '얼마나 많은 사람이 사려고 하는가(매수 심리)'와 '얼마나 많은 사람이 팔려고 하는가(매도 심리)'의 싸움입니다. 이 싸움은 항상 **심리 변화 → 거래 변화 → 가격 변화** 순서로 이루어집니다. 즉, 심리가 먼저, 가격은 나중입니다. 거시 지표가 시장에 영향을 주는 것은 심리를 자극하기 때문이지, 심리 없이 가격을 움직일 수는 없습니다. 그래서 시장 전환점을 찾고자 할 때 가장 먼저 봐야 하는 것이 금리도, 정책도, 공급도 아니라 대중의 심리 변화입니다.

## 결론

경제는 결과이고, 가격은 반응이며, 심리는 원인입니다. 거시 지표는 이미 일어난 일을 말

---

38)　Shiller, R. J. (2017). Narrative Economics. American Economic Review, 107(4), 967-1004.

하고, 대중심리는 앞으로 일어날 일을 말합니다. 그래서 대중심리가 부동산 가격의 최강의 선행지표가 되는 것입니다. 심리를 읽는 사람만이 진짜 변곡점을 읽고 상승장의 초입과 하락장의 초입을 잡을 수 있습니다.

**김정남:** 네, 정확합니다. 경제 예측이 어려운 가장 큰 이유는 경제 자체가 숫자가 아니라 인간의 심리로 움직이는 시스템이기 때문입니다. 심리 변화는 눈에 보이지 않지만, 경제 지표나 가격 변동보다 항상 먼저 움직여서 시장의 방향을 결정합니다. 대중의 심리가 바뀌면 그 심리는 반드시 행동의 변화로 이어지고, 행동이 바뀌면 시간이 지난 뒤 거래량과 가격에 반영됩니다. 이 과정은 다음과 같은 순서를 가집니다.

## 1) 심리 변화

"오를 것 같다", "위험하다"는 기대 변화가 먼저 나타난다.

## 2) 행동 변화

매수 증가·매수 중단·매도 증가 등 실제 의사결정에 반영된다.

## 3) 거래량 변화

심리 변화 후 몇 개월 뒤부터 거래량이 증가하거나 급감한다.

## 4) 가격 변화

거래량 변화가 축적된 뒤 가격은 뒤늦게 움직인다. 결국 가격은 심리의 '지연된 그림자'에 불과합니다. 부동산 심리지표는 실제 가격보다 최대 1~2년 선행 흥미로운 점은, 이미 여러 연구에서 소비 심리지표가 가격보다 훨씬 앞서 움직인다는 사실이 확인되었다는 것입니다.


국토연구원 소비심리지수[39](국토연구원 K-REMAP(케이-리맵) Korea Real Estate Market Analysis Pressure Index)
한국은행 주택가격전망 CSI
KB 매수우위지수
주택시장 심리지수
부동산 관련 텍스트·SNS 분석 기반 심리지표


이런 심리 지표들은 가격 급등·조정·반등의 방향을 대략 6개월~24개월, 즉 1~2년 정도 앞서서 나타내는 경향이 있습니다.

예를 들어, 2020~2021년 가격 폭등 전에는 매수심리 지표가 1년 이상 먼저 과열 구간에 진입했습니다. 2022년 하락 전환 직전에도 가격 하락보다 6~12개월 먼저 심리지표가 붕괴했습니다. 이 말은 곧, 심리 변화는 가격 변화보다 훨씬 정확하고 훨씬 빠른 '경보 신호'라는 의미입니다.


## 왜 심리가 가격보다 훨씬 먼저 움직이는가?


그 이유는 아주 간단합니다. 정책은 발표되어야 영향을 준다. 금리는 결정되어야 움직인다. 공급은 건설되어야 시장에 나온다. 가격 데이터는 확정되어야 보인다. 하지만 심리는 오늘도 지금 이 순간부터 바뀐다. 사람들은 미래를 예상해 움직이고, 그 움직임이 가격 변화를 이끌기 때문에 심리는 언제나 원인, 가격은 항상 결과로 나타납니다.


---

39)　국토연구원. (2020). K-REMAP을 활용한 부동산 시장 조기경보체계 연구. 세종: 국토연구원.

## 결론

부동산 시장을 예측하려면 가격을 보는 것이 아니라 심리를 먼저 봐야 합니다. 심리지표는 가격보다 더 정확하고 더 빠르게 움직이는 가장 강력한 선행지표이며, 대중심리는 실제 경제보다 먼저 다음 사이클의 방향을 알려주는 미래의 신호라고 할 수 있습니다.

**박향숙:** 그렇습니다. 그래서 부동산 경영자, 투자자, 정책 담당자 모두가 반드시 심리 지표를 읽는 능력을 갖춰야 합니다. 앞에서 말씀드린 것처럼 가격은 심리의 그림자일 뿐입니다. 심리가 먼저 움직이고, 가격은 그 심리를 따라 움직이기 때문에 심리지표는 시장을 '선행적으로' 예측하는 가장 강력한 도구입니다. 특히 다음 세 가지 지표는 현장에서 활용도가 높고, 선행성이 가장 뚜렷하게 나타납니다.

### 1) 부동산 소비심리지수
### (국토연구원 K-REMAP(케이-리맵) (Korea Real Estate Market Analysis Pressure Index)

"매달 발표되는 시장 심리의 종합 진단서" 이 지표는 매수·매도 의향, 가격 전망, 경기 기대, 거래 의지를 복합적으로 반영하여 심리의 온도를 수치화한 것입니다.

**100 이상: 매수 심리 활발 → 상승 압력**
**100 미만: 심리 위축 → 하락·관망**

무엇보다 중요한 점은 이 지표가 실제 가격보다 6개월~1년 이상 먼저 움직인다는 것입니다. 그래서 시장 전환점을 찾을 때 가장 먼저 확인해야 하는 지표입니다.

## 2) 주택 매매 호가(매도자 희망가격)

"매도자의 기대심리가 반영된 시장의 선행 신호" 실제 거래가 이루어지기 전 가장 먼저 움직이는 가격이 바로 호가입니다. 호가는 경제적 현실보다 매도자의 기대, 시장 분위기, 주변 소문, 심리적 기준선이 더 많이 반영된 심리 기반 가격입니다.

특히 다음과 같은 신호가 중요합니다.

**실거래가 정체 + 호가 반등 → 상승 기대 심리 시작**

**호가 급락 + 실거래가 유지 → 심리 붕괴 초기 단계**

즉, 호가는 심리 변화의 가장 민감한 지표입니다.

## 3) 경매시장 지표(낙찰가율 · 입찰가수 등)

"저가 매물에 대한 수요 심리를 보여 주는 선행 지표" 경매시장은 가장 민감하고 가장 현실적인 수요자 심리가 먼저 반영되는 시장입니다. 낙찰가율 상승 → "이 정도면 저점"이라고 판단하는 수요가 늘어나는 신호

**낙찰가율 하락 + 입찰자 수 급감** → 시장 심리 위축, "아직 바닥이 아니다"는 판단 확산

**입찰 경쟁률 급등** → 저가 매수세 살아나며 반등의 초기 흐름 경매 시장은 일반 시장보다 2개월~6개월 정도 앞서 움직이는 경향이 있어 반등 · 침체의 초기 신호를 가장 빨리 포착할 수 있습니다.

## 핵심 결론

부동산 시장을 선행적으로 예측하려면 거시 지표나 가격보다 먼저 심리의 방향을 읽어야 합니다. (심리는 원인, 가격은 결과, 심리는 즉각 반응, 가격은 지연 반응, 심리 변화가 축적된

뒤 가격 변화가 따라옴) 따라서 부동산 **소비심리지수 → 호가 → 경매 지표** 이 세 가지를 함께 읽을 줄 아는 경영자가 진정으로 시장의 미래를 한발 앞서 예측할 수 있습니다.

**진행자 최희륜:** 결론적으로, 대중심리는 시장의 모든 거시 경제 요인들을 집단적으로 해석하고, 이 해석이 행동을 만들며, 이 행동이 가격에 선행하는 거대한 힘이라는 것을 확인했습니다. 부동산 경영자는 이 심리의 변곡점을 읽어 내는 통찰력을 갖춰야만 성공할 수 있을 것입니다. 오늘 대담에 참여해 주셔서 감사합니다.

## 주제: 매수자·매도자의 심리 구조와 시장을 움직이는 감정 메커니즘

부동산 시장에서 실제 가격을 움직이는 것은 금리나 공급이 아니라, 매수자와 매도자의 심리 충돌입니다. 3주차에서는 이 두 집단의 심리가 어떻게 작동하고, 왜 시장을 비이성적으로 흔드는지 깊이 분석했습니다.

### 1. 매수자의 심리: 안정성과 불안의 이중 메커니즘

매수자는 두 가지 심리로 동시에 움직입니다. **Positive Driver(안정성 욕구)** "내 집을 가져야 이사가 안정된다.", "가족이 살 기반을 마련해야 한다.", "전월세 불안에서 벗어나고 싶다." **Negative Driver(불안·FOMO)** "지금 안 사면 영원히 못 산다.", "지인들은 다 샀는데 나만 뒤처진다.", "가격이 계속 오를 것 같다."

**결과:** 이 두 감정이 결합해 패닉바잉, 영끌 같은 비이성적 행동을 만든다. 특히 FOMO는 상승장에서는 폭발적으로 심리를 밀어 올리는 핵심 요인이다.

### 2. 사회적 비교가 매수 심리를 폭발시키는 원리

한국에서는 집이 '신분·성공·안정'의 상징입니다. 그래서 사람들은 절대적 안정보다 상대적 위치에 훨씬 민감합니다. 친구가 집을 사면 불안 지인이 신축으로 이사 가면 박탈감 나만 못 산다는 생각이 조급증을 유발이 비교심리가 매수자의 심리를 **'촉발 장치(trigger)'**처럼 작동한다.

## 3. 매도자의 심리: 보유 효과 + 손실 회피 + 체면 가격

매도자는 가격이 오를 때도, 떨어질 때도 팔기 어렵다. **보유 효과(Endowment Effect)** "내가 가진 집은 더 가치 있어 보인다." **손실 회피(Loss Aversion)** "지금 팔면 손해다. 언젠가 오를 거다." **체면 가격(Social Face Price)** "지인보다 싸게 팔면 체면이 없다.", "누구는 10억에 팔았다는데 난 최소 그 이상 받아야 하지 않나?"

**결과:** 하락장에서는 매물이 잠기고 거래가 실종된다. 상승장에서는 욕심이 생겨 호가를 더 높게 부르게 된다.

## 4. 매수자와 매도자의 심리 충돌이 만드는 시장 현상

매수자는 "이 이상은 못 사겠다." 매도자는 "이 이하는 못 팔겠다." 이 두 심리는 서로 반대 방향으로 움직이며 다음과 같은 결과를 만든다.

**상승기:** 매수자의 불안(FOMO) + 매도자의 욕심 → 가격이 비정상적으로 밀어 올려짐 → 거품 형성 가능성 증가

**하락기:** 매수자의 관망(더 떨어질 것) 매도자의 버티기(손실 회피) → 거래가 멈추고 시장이 얼어붙음 → 심리 충돌이 시장 변곡점을 만든다.

## 5. 투자자 vs 실수요자: 서로 다른 심리의 치킨게임

상승장에서는 투자자: 공격적 매수, 단기 차익 실수요자: 뒤늦은 불안 매수(FOMO)

하락장에서는 투자자: 손실 최소화를 위해 탈출, 실수요자: 더 떨어질 것 같아 관망

결국 두 집단의 심리적 계산 차이가 시장에 '심리적 치킨게임'을 형성하며 가격 방향과 반등 타이밍을 좌우한다.


## 6. 하락장에서 나타나는 심리적 왜곡

하락장에서는 다음 심리적 오류가 심해진다.


인지 부조화: "내가 산 집이 잘못될 리 없다."

희망적 사고: "곧 반등할 것이다."

확증편향: 좋은 뉴스만 선택적으로 받아들임

정보 비대칭: 소문·카더라에 쉽게 흔들림


시장의 비이성성은 하락장에서 가장 극대화된다.

### 종합 결론

3주차의 핵심은 단 하나로 정리할 수 있다. 부동산 거래는 숫자가 아니라, 매수자와 매도자 두 심리의 힘겨루기 속에서 결정된다. 심리를 이해하지 못하면 시장의 방향도, 가격의 변곡점 도, 기회도 절대 파악할 수 없다.

**ㄱ** **군중행동*(Herd Behavior)***

개인의 판단보다 집단의 행동을 더 안전한 '정답'으로 보고 따라가는 행동 양식(대중심리의 기본 형태).

**기대 엔진*(Expectation Engine)***

"오를 것이다/떨어질 것이다"라는 미래 믿음이 먼저 형성되고, 그 믿음이 매수·관망·매도를 촉발해 가격 방향을 선행적으로 만든다는 메커니즘.

**ㄷ** **대중 착각*(Mass Delusion)*** [40]

개인의 착시가 누적돼, 시장 전체가 한 방향 해석만 "현실"로 믿는 집단적 착각 상태.

**대중심리*(Mass Psychology)***

개별 감정이 모여 집단적 에너지로 전환된 상태. 가격·거래량을 '설명'이 아니라 '구동'하는 힘으로 작동한다.

**ㅁ** **모방 엔진*(Herd & Bandwagon Engine)*** [41]

"남들이 움직이니까 나도"라는 심리가 매수 광풍/패닉셀을 증폭시키는 가속장치.

**ㅂ 밴드왜건 효과*(Bandwagon Effect)***

어떤 행동이 '대세'로 보이는 순간, 그 행동이 더 커지는 현상. 부동산에선 막차 심리와 결합해 과열을 만든다.

**ㅅ** **사이클: 탐욕·공포 순환*(Greed-Fear Cycle)***

상승기엔 탐욕이 위험을 축소하고, 하락기엔 공포가 손절·탈출을 가속해 상승은 완만, 하락은 급격해지는 전형적 순환.

**선행지표*(Leading Indicator)***

결과(가격)보다 먼저 움직여 전환점 신호를 주는 지표/현상. 3주차에선 "대중심리" 자체가 선행지표라는 논리로 전개됨.

---

40)   Case, K. E., & Shiller, R. J. (1988). The behavior of home buyers in boom and post-boom markets. NBER Working Paper.

41)   Genesove, D., & Mayer, C. (2001). Loss aversion and seller behavior. Quarterly Journal of Economics, 116(4), 1233-1260.

**ㅈ**  **자기실현적 예언**(*Self-fulfilling Prophecy*)[42]

"오를 거야/폭락할 거야"라는 믿음이 행동을 만들고, 그 행동이 가격을 바꿔서 믿음이
현실이 되는 구조.

**정보 엔진**(*Information Engine*)

팩트보다 서사·소문·콘텐츠의 확산 구조가 시장 감정을 증폭시키며, 심리가 한 방향
으로 쏠리게 만드는 동력('정보 유통 구조' 자체를 뜻함).

**주택가격전망 CSI**(*Housing Price Outlook CSI*)

한국은행 등에서 활용되는 주택가격 전망 심리 지표(CSI 계열). "앞으로 오를지/내릴지"
에 대한 기대가 숫자로 나타난다.

**ㅋ**  **K-REMAP**(*Korea Real Estate Market Analysis Pressure Index*)

국토연구원에서 언급되는 부동산 시장 압력·심리 분석 프레임/지표 체계로, 시장의
'심리 압력'을 진단하는 용도로 소개됨.

**ㅎ**  **호가**(*Asking Price/List Price*)

실거래 이전에 먼저 움직이는 기대심리 기반의 가격. "실거래가 정체 + 호가 반등/급락"
같은 조합이 심리 변화를 읽는 힌트가 된다.

---

42)  국토연구원. (2017). 주택시장 심리지표와 가격 변동의 관계 분석. 세종: 국토연구원.

3주차
부동산 가격 형성에
작용하는 대중심리의
힘

# 매수/매도 시점 판단에서 나타나는 심리적 오류 (확증편향, 과잉확신)

Week 4 : Psychological errors in the timing of buying/selling(Evidence bias, overconfidence)

**진행자 최희륜:** (3주차 대중심리 논의에 이어) 지난 시간에는 대중심리가 어떻게 거품과 폭락을 만들어 내는지 분석했습니다. 이제 시점을 개개인의 매수/매도 결정 순간으로 좁혀 보겠습니다. 아무리 냉정하게 투자 원칙을 세워도, 막상 가격이 오르내리면 그 원칙이 쉽게 무너집니다. 오늘 5주차 주제는 '매수/매도 시점 판단에서 나타나는 심리적 오류', 특히 확증편향과 과잉확신입니다. 이성호 선생님 투자에서 심리적 오류가 왜 이렇게 치명적입니까?

**이성호:** 치명적이라는 표현이 정말 딱 맞습니다. 투자에서 심리적 오류가 위험한 이유는, 잘못된 판단이 단순한 '실수'에서 끝나는 것이 아니라, 시점 선택을 완전히 망가뜨리기 때문입니다. 사실 돈을 벌기 어렵게 만드는 건 금리도 아니고 정책도 아니고 공급도 아닙니다. 가장 큰 적은 우리 마음속의 편향과 감정, 즉 인간의 인지적 한계입니다. 왜 이렇게 위험할까요?

## 1) 가격 움직임은 즉각적이지만 인간의 심리 반응은 항상 늦다

시장은 하루 만에 반등하거나 폭락할 수 있습니다. 하지만 인간의 심리는 그 변화를 인정하고 받아들이는 데 시간이 걸립니다.

**가격이 오를 때 → "이 정도는 거품이 아니야"**
**가격이 떨어질 때 → "잠깐 조정이지, 다시 오를 거야"**

이처럼 심리는 변화를 인정하지 않고 뒤늦게 반응합니다. 그래서 최고의 매수·매도 타이밍을 놓치게 됩니다.

## 2) 확증편향이 '잘못된 믿음'을 스스로 강화한다

**확증편향(Confirmation Bias)**은 투자자들이 자신이 믿고 싶은 정보만 골라 듣고, 반대되는 증거는 무시하는 심리입니다. 가격이 떨어지는데도

**"이제 곧 반등한다더라.", "전문가 누구는 오른다 했다."**
**"작년에도 이랬다가 다시 올랐잖아."**

이런 식으로 '심리적 필터'를 만들어 자신의 기대를 스스로 강화합니다. 그 결과, 손절해야 할 때 버티고, 사야 할 때 두려워서 못 삽니다.

### 3) 과잉확신은 '근거 없는 자신감'을 만들어 시점을 망가뜨린다

**과잉확신(Overconfidence Bias)**은 투자자가 자신의 판단 능력을 과대평가하는 오류입니다.

**"나는 지난번에도 맞췄다.", "이 정도 차트는 보면 안다."**
**"이번엔 느낌이 좋다."**

특히 부동산은 규모가 크기 때문에 단 한 번의 과잉확신이 수천만 원~수억 원의 손실로 이어질 수 있습니다. 무서운 점은, 과잉확신은 상승기에는 더 과감하게 매수하게 만들고, 하락기에는 더 위험한 홀딩(버티기)을 부추긴다는 것입니다. 즉, 시장의 리스크가 커질수록 과잉확신은 인간을 더 위험한 선택으로 내모는 구조입니다.

### 4) 심리적 오류는 '타이밍'을 왜곡하기 때문에 치명적이다

투자의 핵심은 언제 사고 언제 파느냐, 즉 시점입니다. 그런데 심리적 오류는 시점을 왜곡합니다. 상승 초기에는 두려워서 못 사고, 상승 후반에는 뒤늦게 뛰어들고, 하락 초기에는 인정하지 못하고 버티고, 바닥 근처에서는 공포 때문에 못 사죠. 즉, 심리적 오류는 시점을 항상 거꾸로 잡게 만듭니다. 그래서 투자 성과가 엉망이 되고, 같은 돈·같은 정보·같은 시장에서도 결과가 나쁘게 나오는 것입니다.

**결론**

투자에서 심리적 오류가 치명적인 이유는 '실수를 하게 해서'가 아니고, 투자를 반드시 잘못된 시점에서 하게 만들기 때문입니다. 확증편향은 잘못된 신념을 강화하고, 과잉확신은 자신의 판단을 수정하지 못하게 하고, 두 편향은 시장의 변화보다 항상 늦게 움직이도록 만듭니다. 그래서 투자자에게 가장 어려운 싸움은 시장과의 싸움이 아니라 자기 자신과의 싸움입니다.

## 1. 확증편향: 보고 싶은 것만 보는 필터
### *Confirmation Bias: Filters that only see what you want to see*

**진행자 최희륜:** 첫 번째 오류인 **확증편향(Confirmation Bias)**에 대해 깊이 파고들어 보겠습니다. 박향숙 선생님, 확증편향의 정의와 이것이 투자 결정에 어떻게 작용하는지 설명해 주시죠.

**박향숙:** 확증편향이라는 것은 결국 정보의 편식입니다. 사람이 이미 마음속으로 결론을 내려놓으면, 그 결론을 지지하는 정보만 선택적으로 받아들이고 그 결론을 흔드는 정보는 의식적으로든 무의식적으로든 걸러 내는 심리적 경향이죠. 우리는 "나는 객관적으로 판단한다"고 믿지만, 실제로는 내가 보고 싶은 것만 보고, 듣고 싶은 것만 듣는 경우가 훨씬 많습니다. 그래서 확증편향은 '믿고 싶은 정보만 믿는 인간 본성'이라고도 표현합니다.

### 매수 시 나타나는 확증편향

집을 사기로 마음먹는 순간, 매수자는 자신의 결정을 정당화해 줄 증거 모으기 작업을 시작합니다. 역세권, 초등학교 근접, 신축 이미지, 주변 상권 개발 계획, 이런 긍정적 요소만 눈에 들어옵니다. 반대로 협소한 주차장, 층간소음 리뷰, 관리비 폭증, 낡은 배관, 단지 내 교통 동선 문제, 이런 부정 요소는 시야에서 자동으로 사라지죠. 금리가 오르든, 전세가격이 떨어지든, 정부 규제가 강화되든 상관없이 "이 집은 괜찮아. 내가 보기에 이건 기회야."라고 결론을 이미 내려 버립니다. 즉, 사기로 마음먹은 순간부터 객관성은 급격히 사라지는 것입니다.

## 매도 시 나타나는 확증편향

매도자에게도 확증편향은 똑같이 작동합니다. 다만 방향만 반대죠. 매도자는 보통 "내 집은 반드시 이 가격 이상 받아야 한다"는 심리적 기준선(Anchor)을 설정해 놓습니다.

**그래서**, "○○ 구역 재개발 긍정 검토", "향후 교통 호재 가능성", "근처 단지 호가 상승" 이런 뉴스만 마음속에서 크게 울립니다.

반면, 금리 인상, 거래량 감소, 실거래가 하락, 인구 유출, 같은 하락 신호는 의도적으로 외면하게 됩니다. 그래서 매도자 스스로는 "아직 때가 아니다"라고 느끼지만, 실제 시장에서는 이미 가격이 꺾이고 있어도 그 사실을 제때 받아들이지 못하는 경우가 많습니다.

**결과적으로**, 매수자는 사도 되는 이유만 찾고, 매도자는 팔지 않아도 되는 이유만 찾습니다. 그리고 두 사람 모두 자신의 판단은 객관적이고 합리적이라고 착각합니다.

## 결론

확증편향의 진짜 무서움은 사람을 '눈멀게' 한다는 것입니다. 잘못된 방향으로 가고 있음에도 스스로는 옳다고 믿고 계속 가도록 유도합니다. 그래서 확증편향은 매수·매도 시점 판단을 왜곡시키는 가장 강력하고 위험한 심리적 오류라고 할 수 있습니다.

**김정남:** 확증편향의 가장 흥미롭고도 무서운 점은, 같은 시장, 같은 데이터, 같은 뉴스를 보면서도 주택을 가진 사람과 가지지 못한 사람이 전혀 다른 해석을 내린다는 점입니다. 즉, 주택 소유 여부가 개인의 '심리적 이해관계'를 결정하고, 이 이해관계가 곧 현실을 바라보는 프레임(frame)을 만들어 버립니다.

## 1) 집값 상승론자(유주택자)의 확증편향

유주택자는 기본적으로 자산 방어·가치 상승이라는 심리적 이해관계가 있습니다. 그래서 시장의 뉴스나 데이터를 볼 때, 자신의 자산 가치가 유지되거나 상승한다는 긍정 신호만 크게 확대해서 해석합니다.

**예를 들면:** "서울은 늘 공급이 부족하다.", "신축 수요는 절대 줄지 않는다.", "정부 규제는 이미 바닥까지 왔다.", "이번 조정은 일시적이다. 오히려 매수 적기다."

이런 논리를 선택적으로 수집합니다.

반면, 인구 감소, 가계부채 위험, 금리 인상, 경기 침체, 거래량 급감, 같은 하락 신호는 '일시적 잡음'으로 축소해 버립니다. 즉, '내 자산은 지켜질 것이다'라는 믿음이 현실을 해석하는 기준점이 되는 것입니다.

## 2) 집값 하락론자(무주택자)의 확증편향

무주택자는 반대로 '지금 사면 손해 본다'는 심리적 장벽을 갖습니다. 집을 사지 않은 자신의 과거 선택을 정당화하기 위해 하락 신호만 집중해서 수집합니다. 그래서 다음과 같은 정보가 유독 크게 보입니다.

**"인구 감소 → 장기 하락"**
**"경제 어렵다 → 자산 가격 더 떨어진다"**
**"금리 인상 → 매수 부담 증가"**
**"전세 수요 축소 → 매매 하락 압력"**
**"지방 미분양 증가 → 시장 전체 위험"**

그리고 긍정적 신호는 쉽게 무시합니다.
**"일부 지역 거래 회복", "전세가격 반등", "특정 지역 입주 부족", "정부 정책 변화"**

이런 것들은 "일시적 현상"이라고 치부하죠. 즉, '지금은 사면 안 된다'는 결론을 먼저 만든 뒤 모든 데이터를 그 결론에 맞게 재해석하는 것입니다.

### 3) 왜 소유 여부에 따라 이렇게 다르게 보일까?

이것은 숫자의 문제가 아니라 자기 정체성(identity)과 심리적 이해관계의 문제입니다.

**유주택자: 집값 상승 = 자기 자산 · 성공 · 안정 강화**[43]
**무주택자: 집값 하락 = 상대적 안정 · 기회 · 위안 강화**[44]

각자의 심리적 이해관계가 완전히 다르기 때문에 같은 뉴스라도 자기에게 유리한 방식으로 해석하는 필터를 만들게 됩니다. 그래서 두 집단은 같은 데이터를 보면서도 마치 서로 다른 세계를 살고 있는 것처럼 행동합니다.

### 결론

확증편향은 단순히 '정보를 편식하는 현상'이 아닙니다. 자기 이해관계와 감정이 현실을 재해석하는 과정입니다. 그래서 유주택자는 상승론을, 무주택자는 하락론을 강화하는 경향을 보이며, 이 두 집단의 심리적 간극이 시장 전체의 심리를 분열시키고 정책 · 가격 변동에 대한 해석을 혼란스럽게 만듭니다.

**이성호:** 맞습니다. 확증편향이 단순한 정보 선택 오류가 아니라, 심리 깊숙한 곳에서 비롯되는 정서적 · 인지적 방어기제라는 점이 중요합니다. 확증편향이 심화되는 이유는 크게 세

---

43) Kahan, D. M. (2011). Identity-Protective Cognition and Motivated Reasoning. Yale Law School, Cultural Cognition Project Working Paper.

44) Shefrin, H., & Statman, M. (1985). The Disposition to Sell Winners Too Early and Ride Losers Too Long. Journal of Finance, 40(3), 777-790.

가지로 정리할 수 있습니다.

## 1) 인지 부조화 회피(Cognitive Dissonance Avoidance)[45]

인간은 내가 믿는 것과 현실이 주는 정보가 충돌할 때 강한 심리적 불편함, 즉 인지 부조화를 느낍니다.

예를 들어, "**이 집은 좋은 선택이야.**"라고 믿고 싶은데, "**해당 지역 인구 감소**", "**전세 수요 약화**", "**금리 인상**" 같은 정보가 들어오면 마음이 불편해지죠. 그러면 사람들은 그 불편함을 해결하기 위해 불편한 정보는 무시하고, 편한 정보만 받아들이는 방식으로 '심리적 균형'을 유지합니다. 결국, 현실에 맞추어 생각을 바꾸는 것이 아니라 생각에 맞추어 현실을 필터링하는 방식으로 반응하게 됩니다.

## 2) 자존감 방어(Self-esteem Defense)

투자 판단은 단순한 경제적 선택이 아니라 '나의 판단 능력', '나의 지식', '나의 기준'을 증명하는 심리적 행위입니다. 그래서 자신의 선택이 틀릴 수 있다는 정보가 등장하면 단순히 경제적 손실이 아니라 자존감 손실로 느껴집니다. 그래서 자동적으로 다음과 같은 심리가 작동합니다.

**"내 선택이 틀렸을 리 없다.", "저 뉴스는 과장된 거야."**
**"다른 사람들은 모르지만 나는 다르게 본다."**

즉, 확증편향은 잘못된 결정을 인정하지 않으려는 자기 방어 기제에서 비롯되는 측면도 큽니다.

---

45) Festinger, L. (1957). A Theory of Cognitive Dissonance. Stanford University Press.

### 3) 군중심리 강화(Social Echo-effect)[46]

확증편향은 혼자 있을 때보다 주변 사람들과의 상호작용을 통해 더 심해집니다. 사람은 본능적으로 자신과 비슷한 의견을 가진 사람들과 정보를 공유하려는 경향이 있고, 이는 심리학에서 **"확증의 울림방(Echo Chamber)"**[47]이라고 부릅니다. 유주택자들은 유주택자끼리 모여 "지금이 저점이다"라고 말하고 무주택자들은 무주택자끼리 모여 "곧 폭락한다"고 말합니다. 이렇게 그룹 내부에서 동일한 의견만 반복적으로 듣게 되면 기존 믿음은 더욱 강하게 강화되며 반대 의견은 점점 더 배제됩니다.

### 4) 매몰비용 효과(Sunk Cost Effect): 계약금 이후 확증편향이 폭발한다

부동산에서는 특히 계약금을 지불한 순간 확증편향이 최고조로 치솟습니다. 왜냐하면, 이미 돈을 넣었고, 이미 결정했고, 이미 주변에 이야기했고, 이미 마음속에서 '내 집'이라고 여겨버리기 때문입니다. 이때 집 내부 점검에서 문제가 생겨도,

**"이 정도 문제는 감수할 만해."**

**"수리하면 되잖아."**

**"그래도 위치가 좋아."**

라고 판단하며 자신의 선택을 강하게 정당화합니다. 즉, 매몰 비용이 커질수록 판단의 왜곡도 심해지는 구조입니다.

---


46)  Tesser, A. (1988). Toward a Self-Evaluation Maintenance Model of Social Behavior. Advances in Experimental Social Psychology, 21, 181-227.

47)  Sunstein, C. R. (2001). Echo Chambers: Bush v. Gore, Impeachment, and Beyond. Princeton University Press.

**결론**

확증편향이 강해지는 이유는 단순히 사람의 게으름 때문이 아니라, 심리 깊숙한 곳에서 작동하는 인지 부조화 회피 자존감 방어, 군중 심리 강화, 매몰비용 정당화, 같은 강력한 인간 본능 때문입니다. 그리고 이러한 심리적 기제들은 매수·매도 시점을 객관적으로 판단하는 능력을 심각하게 훼손합니다.


## 2. 과잉확신 편향: 나는 시장 타이밍을 알 수 있다?
### *Excessive Confidence Bias: Can I Know Market Timing?*

**진행자 최희륜:** 다음은 과잉확신 편향(Overconfidence Bias)입니다. 김정남 선생님, 이 편향은 확증편향과 어떻게 결합하며 어떤 위험을 초래합니까?

**김정남:** 과잉확신(Overconfidence)은 부동산 투자에서 가장 치명적인 심리적 오류 중 하나입니다. 말 그대로 투자자가 자신의 지식, 판단, 분석, 예측 능력을 실제보다 훨씬 높게 평가하는 착각이죠. 사람들은 스스로를 합리적 투자자라고 생각하지만, 실제로는 다음과 같은 내적 독백을 하고 있을 때가 많습니다.

**"나는 시장의 흐름을 누구보다 잘 안다."**
**"나는 고점과 저점을 정확히 읽을 수 있다."**
**"이 정도 감이면 충분히 수익 낼 수 있어."**

이런 과잉확신이 문제를 일으키는 가장 큰 이유는, 투자가 불확실성과 확률의 게임임에도 불구하고, 투자자는 마치 확신의 게임이라고 착각해 버리기 때문입니다.

## 1) 과잉확신의 주요 원인

### (1) 자기귀인 편향(Self-serving Bias)

사람들은 투자에서 성공했을 때 "내가 정확히 판단했기 때문"이라고 생각합니다.

반면 실패했을 때는 "운이 나빴다", "정부 정책 때문이다", "언론이 왜곡했다"라고 외부 요인 탓으로 돌립니다. 이런 심리 구조는 스스로의 능력을 과대평가하게 만들고, 실패로부터 배울 기회를 차단합니다.

### (2) 과거 성공 경험의 과도한 일반화

사람은 과거에 몇 번 성공하면, 그것을 자기 능력의 증거로 착각합니다.

**"지난번에 저 아파트 사서 돈 벌었잖아."**

**"그때 내가 상승장을 정확히 맞췄지."**

**"내가 보는 눈이 있다니까."**

하지만 실제로는 그 성공이 운이었는지, 시장 사이클에 편승한 것인지, 우연인지조차 제대로 분석하지 않습니다.

### (3) 높은 낙관주의(Bias Toward Optimism)

투자는 본질적으로 희망을 반영합니다. 그래서 사람들은 미래 수익을 지나치게 낙관적으로 바라보고 위험은 축소해서 인식합니다. 특히 한국처럼 "부동산은 결국 오른다"는 집단적 믿음이 강한 시장에서는 과잉확신이 더욱 쉽게 강화됩니다.

# 3. 과잉확신이 투자에 미치는 실제 영향

## *The Actual Impact of Overconfidence on Investment Decisions*

**과잉확신은 투자자의 행동을 크게 왜곡합니다.**

### 1) 과도한 거래(Overtrading)

"내 판단은 정확하다"는 생각이 강할수록 불필요한 매수·매도를 반복하는 경향이 나타납니다. 이 과정에서 세금, 대출 비용, 취득·보유·양도 비용, 매몰비용이 모두 누적되며 수익률이 급격히 악화됩니다. 연구에서도 "거래가 많을수록 수익률은 낮아진다"는 사실이 반복적으로 확인되죠.

### 2) 위험 과소평가 · 보상 과대평가

과잉확신 투자자는 위험을 실제보다 작게 보고, 보상을 실제보다 크게 봅니다. 그래서 다음과 같은 행동이 나타납니다. 대출 레버리지 과도 사용, 단기 변동성 무시, 지역·상품에 대한 맹신 부동산이 아닌 '나의 판단'을 믿고 투자 결국 **리스크 관리 실패 → 손실 확대**라는 패턴을 반복합니다.

### 3) 분산투자 실패 → 한 종목 몰빵 위험 증가

과잉확신이 강할수록 "내가 선택한 자산이 최고"라는 믿음이 강해져 투자를 한 지역, 한 유형에 집중하게 됩니다. 그 결과, 분산투자가 사라지고, 리스크는 눈덩이처럼 커집니다.

## 4) 시장보다 저조한 성과(Underperformance)

과잉확신 투자자는 항상 시장을 이길 수 있다고 믿습니다. 하지만 실제 연구들은 과잉확신이 강한 투자자일수록 시장 평균보다 낮은 성과를 보인다는 결과를 보여 줍니다. 즉, "나는 특별하다"는 착각이 평범한 실패로 이어지는 것입니다.

## 결론

과잉확신은 심리적 오류 같지만 실제로는 투자 수익률을 갉아먹는 가장 파괴적인 요인입니다. 판단을 흐리고, 위험을 축소시키고, 거래를 늘리고, 분산을 무너뜨리고, 결국 시장보다 나쁜 성과를 남깁니다. 과거의 작은 성공은 미래의 예측 능력을 보장하지 않으며, 투자는 예언이 아니라 확률과 겸손의 게임이라는 사실을 항상 기억해야 합니다.

**박향숙:** 맞습니다. 과잉확신은 단독으로 존재하는 게 아니라, 여러 심리 편향과 서로 연결되어 더 강력하게 작동합니다. 그중에서도 가장 대표적인 것이 **사후 과잉확신 편향 (Hindsight Bias)**입니다. 사후 과잉확신 편향이란, 어떤 사건의 결과를 알고 난 뒤에는 마치 그 결과를 "처음부터 알고 있었다"고 착각하는 현상을 말합니다. 부동산 시장에서도 이런 사례는 무수히 많습니다.

### 1) "그럴 줄 알았어"라는 착각이 만드는 허위 자신감

집값이 오르고 난 뒤에는 사람들이 이렇게 말하곤 합니다.

**"상승할 줄 알았어.", "그때 사는 게 맞았지.", "그게 저점이었잖아."**

반대로 집값이 떨어지고 나면,

"폭락할 줄 알았다니까.", "그때는 너무 고평가였어."

라고 말합니다. 하지만 실제로는 그 당시에는 누구도 확신할 수 없었던 상황이었고, 그런 말을 한 사람도 거의 없었습니다. 즉, 과거의 불확실성은 기억에서 사라지고, 결과만 기억 속에 왜곡되어 남는 것입니다. 이 착각이 스스로의 예측 능력을 과대평가하게 만들며 과잉확신을 더 강화합니다.

## 2) 사후 과잉확신 편향은 '학습'을 방해한다

투자에서 중요한 것은 잘된 이유와 잘못된 이유를 정확히 분석하는 것인데, 사후 과잉확신 편향은 이 분석 과정을 무너뜨립니다.

예를 들어, 운이 좋았던 성공을 "내 판단이 정확했다"는 증거로 해석하거나, 명백히 잘못된 투자도 "원래 위험한 시장이었어"라며 외부 요인 탓으로 돌려 본질적인 문제를 돌아보지 않게 만듭니다. 결과적으로 실수에서 배울 기회가 사라지고, 같은 패턴의 실수를 반복하게 됩니다.

## 3) 부동산 시장에서 특히 위험한 이유

부동산은 규모가 크고, 결정 후 되돌리기 어렵기 때문에 사후 과잉확신 편향이 만들어 내는 왜곡은 더 치명적입니다.

예를 들어, 한 번 성공하면 "나의 투자 감각은 검증되었다"고 느끼고, 레버리지를 과도하게 쓰거나, 상승장에서 무리하게 갈아타기를 시도합니다. 실패하면 "이건 내가 잘못한 게 아니다"라며 적절한 손절 시점조차 놓쳐 버립니다. 즉, 결과를 정확히 기억하지 못하는 것이 미래의 잘못된 결정을 기초부터 설계해 버리는 셈입니다.

**결론**

사후 과잉확신 편향은 단순히 "착각" 수준에서 끝나는 문제가 아니라, 자기 분석 능력을 마비시키고, 실패를 외면하게 하고, 과거를 미화시키고, 미래의 위험 감수성을 떨어뜨리며 과잉확신을 구조적으로 강화하는 투자 실패의 악순환을 만드는 심리적 엔진입니다.

부동산처럼 큰 자금이 걸린 시장에서는 이 편향을 의식적으로 경계하지 않으면 무의식적으로 같은 패턴의 실수를 반복하게 됩니다.

**이성호:** 네, 과잉확신은 매수·매도 시점 판단에서 가장 위험한 결과를 낳는 편향입니다. 특히 부동산처럼 큰돈이 걸린 시장에서는 그 파급력이 훨씬 더 크죠. 실제 사례를 보면 과잉확신이 어떻게 의사결정을 망가뜨리는지 아주 명확하게 드러납니다.

## 1) 영끌 투자 - "지금 아니면 영원히 못 산다"는 과잉확신

상승장에서 사람들이 가장 먼저 빠지는 함정이 바로 이 과잉확신입니다.

**"앞으로 계속 오를 것이다.", "지금 안 사면 평생 기회를 놓친다.", "정부가 어떻게든 잡아 줄 것이다."**

이러한 '미래 상승에 대한 확신'이 심리를 압도하면서 불안이 과잉확신으로 바뀝니다.

**그 결과** 소득 대비 과도한 대출, 돈이 없어도 대출·부채로 매수, 여유자금을 모두 주택에 올인, 이런 비합리적 행동이 나타나며, 나중에 금리가 올라가거나 가격이 조정되면 부담은 고스란히 본인이 지게 됩니다. 즉, 영끌은 불안이 만든 행동이 아니라 과잉확신이 만든 결론입니다.

## 2) 고점 추격 매수 - "아직 더 오른다"는 과잉 자신감

가격이 이미 상당히 올랐음에도 "고점이 아니다"라고 믿는 심리가 강해지는 것도 과잉확신의 전형적인 패턴입니다.

**"지난달보다 올랐으니 다음 달도 오른다.", "전문가들도 상승 여력 있다고 하더라."**
**"지금 비싸 보여도 나중엔 싸게 보일 것."**

이런 식으로 스스로의 믿음을 합리화하죠. 이것은 주로 상승 후반기에 나타나는 행동인데, 대부분의 투자자들은 상승 초입이 아니라 상승 후반에 매수합니다. 왜냐하면, 과잉확신이 "지금이 마지막 기회"라는 확신을 만들어 매수 버튼을 누르게 하기 때문입니다.

**그 결과:** 많은 투자자들이 꼭대기 근처에서 진입하고 이후 조정장에서 큰 손실을 경험하게 됩니다.

## 3) 하락기 버티기 - "바닥이다, 곧 반등한다"는 근거 없는 확신

하락장에서는 과잉확신이 다른 방향으로 작동합니다.

**"더 떨어질 곳이 없다."**
**"이 정도면 바닥이다."**
**"정부가 곧 대책을 낸다."**
**"역대 가격 흐름을 봐도 다시 오르게 되어 있다."**

이렇게 스스로를 설득하며 명확한 하락 신호를 보면서도 매도를 미룹니다. 이때의 과잉확신은 자기 자산을 지키기 위한 심리적 방어기제가 결합되어 더 강력해집니다. 문제는, 이러한 확신이 매도 타이밍을 결정적으로 망가뜨린다는 점입니다. 적절한 선에서 손절해야 할 때 "곧 반등한다"며 버틴다. 추가 하락이 이어져 손실 폭이 커지면 더더욱 현실을 인정하지 못한다. 결국 반등보다 훨씬 더 깊은 지점에서 공포 매도를 하게 되는 경우가 많다. 즉, 과잉확신은 시장이 아닌 '자기 자신을 믿으면서' 손실을 눈덩이처럼 키우는 가장 위험한 심리입니다.

**결론**

과잉확신은 투자자 스스로를 속이게 만들고, 그 결과 매수·매도 타이밍이 정반대로 움직이게 됩니다. 상승장에서 너무 늦게 사고 하락장에서 너무 늦게 팔게 되는 이유가 바로 이것입니다. 투자자가 시장에서 반복적으로 실수하는 이유는 실력이 부족해서가 아니라, 이 심리적 오류가 강력하게 작동하기 때문입니다.

## 4. 심리적 오류의 복합 작용과 교훈
### *The complexities and lessons of psychological error*

**진행자 최희륜:** 확증편향과 과잉확신은 종종 결합하여 더 큰 문제를 만듭니다. 이 심리적 오류가 집단적으로 작용한 2021년 '영끌 투자' 사례를 분석해 주시죠.

**박향숙:** 2021년 '영끌' 현상은 확증편향이 개인 수준을 넘어 집단적으로 폭발한 대표적인 사례입니다. 그 시기 투자자들은 "집값은 앞으로도 계속 오른다"는 단 하나의 결론을 먼저 내려놓고, 그 믿음을 뒷받침하는 정보만 선택적으로 받아들였습니다.

**"서울은 공급이 부족하다."**
**"전세가격이 오르니까 매매도 오를 것이다."**
**"2030도 다 사는데 나도 사야 한다."**

이런 식으로 긍정적인 전망은 적극적으로 소비하면서, **정작 시장 전환을 예고하던 신호들**, 한국은행의 금리 인상 경고, 가계부채 위험 지적, 과열지역 지정 확대, 거래량 감소 시작 같은 부정적 신호들은 무시하거나 별 의미 없는 신호로 축소해 버렸습니다. 이게 바로 집단적 확증 편향의 전형적 작동 구조죠.

**김정남:** 여기에 FOMO, 즉 포모 증후군(기회상실 공포)이 확증편향을 더 폭발적으로 키웠습니다.

**"나만 뒤처지는 것 아닐까?", "지금 안 사면 평생 못 사는 것 아닐까?"**

이런 감정적 압박이 커지면서 투자자는 스스로의 결정을 검증하지 못하고, '긍정적 뉴스만 찾는 모드'로 전환됩니다. 그 결과 시장 전체가 이성보다 감정이 앞선 상태, 일종의 **집단 최면 (hypnotic buying)** 상태가 되면서 2021년의 비정상적인 과열이 만들어졌습니다. 하지만 2022년 금리 인상기가 오자 심리는 정반대의 방식으로 작동했습니다. 가격이 떨어지기 시작했음에도 "곧 반등할 거야.", "지금 팔면 손해니까 버티자.", "정부가 대책 내면 다시 오른다."

이런 **과잉확신과 손실 회피(Loss Aversion)**가 결합하면서 투자자들은 매도 타이밍을 계속 놓쳤습니다. 특히 하락 초기에 결정을 미루면 미룰수록 손실은 기하급수적으로 커지는데도 사람들은 자신의 판단이 틀렸다는 사실을 인정하지 못해 심리적 '버티기 모드'로 들어갔습니다.

**결국:** 상승장에서는 확증편향 + FOMO가 → 무리한 매수를 유발했고, 하락장에서는 과잉확신 + 손실 회피가 → 매도를 미루며 손실을 더욱 확대했습니다.

즉, 2021년의 영끌과 2022년의 버티기 실패는 동전의 양면처럼 서로 다른 심리 오류이지만 결과는 똑같이 위험했다는 것이 핵심입니다.

**이성호:** 심리적 오류를 극복한다는 것은 단순히 "착각을 하지 말자" 수준이 아닙니다. 인간의 심리는 구조적으로 편향을 만들기 때문에, 의식적으로 훈련하지 않으면 누구나 같은 실수

를 반복하게 됩니다. 따라서 투자자가 이 함정을 극복하기 위해서는 다음 네 가지 노력이 반드시 필요합니다.

## 1) 균형적인 시각 갖기 - "내 의견의 반대 증거도 적극적으로 찾기"

확증편향을 줄이는 핵심은 내가 가진 생각을 지지하는 정보만 찾는 게 아니라, 내 생각을 반박하는 정보도 의도적으로 찾아보는 태도입니다.

**예를 들어:** "상승할 것 같다"는 판단이 들면 → "왜 떨어질 가능성도 있을까?"를 스스로 질문해 보기, "이 지역은 무조건 좋다"라고 느껴지면 → 반대 근거를 찾아 균형 맞추기 이렇게 스스로에게 반대 질문을 던지는 연습을 해야 합니다. 결국 좋은 투자자는 자기 의견을 확인하는 사람이 아니라, 자기 의견을 검증하는 사람입니다.

## 2) 객관적인 데이터 활용 - 감정 대신 지표를 보며 시장과 거리 두기

심리에 휘둘리지 않기 위해서는 의도를 가진 감정적 뉴스나 주변 소문에 의존해선 안 됩니다. 객관적 지표는 감정을 바로잡아 주는 '안전벨트' 역할을 합니다.

**대표적으로:** 금리 흐름, 거래량 변화, 매수우위지수(KB), 부동산 소비심리지수(HSI), 경매 낙찰가율 변화, 입주·미분양 지표, 이러한 지표는 사람의 감정이 아닌 시장 참여자의 실제 행동을 반영하기 때문에 심리보다 훨씬 신뢰할 수 있습니다. 감정은 항상 현재를 과장하지만, 데이터는 언제나 시장의 평균적 판단을 보여 줍니다.

## 3) 사전 원칙 수립 - "시점 판단을 감정이 아니라 규칙으로 하기"

심리 오류의 80%는 순간의 감정 때문에 발생합니다. 그래서 가장 확실한 방법은 감정이 생기기 전에 게임의 룰을 정해 두는 것입니다.

**예를 들어**

**매수 기준:** "○○지표가 이 수준이면 진입", "소득 대비 감당 가능한 레버리지 한도 설정"

**매도 기준:** "목표 수익률 △% 도달하면 매도", "손실 △% 발생 시 감정과 상관없이 정리"

즉, 감정이 아닌 '원칙'이 매수·매도를 결정하게 해야 합니다. 사전 원칙을 세우는 순간 투자는 '즉흥'이 아니라 '시스템'이 됩니다.

## 4) 겸손한 태도 - "나는 틀릴 수 있다"는 인식이 최고의 리스크 관리"

과잉확신을 극복하는 가장 강력한 방법은 바로 **지적 겸손(Intellectual Humility)**입니다. 나는 시장을 완벽히 알지 못한다. 예측은 항상 틀릴 수 있다. 과거 성공은 미래 능력을 보장하지 않는다. 시장은 내 기대보다 훨씬 큰 변수들로 움직인다. 이 마음가짐이 있어야 손절을 인정할 수도 있고, 반대로 예기치 않은 기회를 잡을 수도 있습니다. 또한 결과 중심 사고가 아니라, 당시의 정보로 최선을 다한 '과정 중심 사고'를 해야 자기 분석이 가능해지고 실제로 성장하게 됩니다.

## 결론

심리적 오류는 원천적으로 피할 수 있는 것이 아니라, '관리'해야 하는 대상입니다. 균형적 시각으로 본인 생각을 검증하고, 객관적 데이터로 감정을 보정하고, 사전 원칙으로 결정을 자동화하며, 겸손함으로 과잉확신을 제어하는 것, 이 네 가지가 갖춰질 때 비로소 투자자는 시장과 자신을 이길 수 있습니다. 투자에서 최고의 실력은 지식을 많이 아는 것이 아니라, 심리를 통제할 줄 아는 능력입니다.

**진행자 최희륜:** 네, 오늘 대담을 통해 우리는 부동산 투자자가 어떻게 객관성을 잃고, 심리적 오류의 굴레 속에서 잘못된 의사결정을 하게 되는지 그 심리적 경로를 매우 명확하게 확인할 수 있었습니다.

확증편향으로 인해 자신이 보고 싶은 정보만 선택하고, 과잉확신으로 인해 자신의 판단을 지나치게 신뢰하며, 손실 회피로 인해 불리한 상황을 인정하지 못하고 버티는 심리는 결국 잘못된 시점 선택 → 과도한 리스크 → 손실 확대라는 동일한 결과로 이어집니다. 이 과정에서 가장 중요한 통찰은 하나입니다. 시장을 이기려는 사람보다 자기 자신을 이길 줄 아는 사람이 결국 시장에서 살아남는다. 부동산 시장은 숫자보다 마음이 먼저 움직이는 공간이고, 투자는 지식의 싸움이 아니라 심리의 싸움이라는 점을 우리는 다시 한번 확인했습니다. 따라서 성공적인 투자자는 자신의 확신을 의심할 줄 알고, 자신과 반대 의견을 기꺼이 받아들일 수 있는 지적 겸손과 균형 감각을 갖춰야 합니다. 이 두 가지 능력이야말로 불확실성의 시장에서 흔들리지 않고 생존하는 핵심 덕목입니다. 오늘 대담이 여러분에게 심리적 편향을 스스로 점검하고 통제하는 데 실질적 도움이 되었기를 바랍니다. 다음 5주차에서는 '정보·미디어 환경이 투자자의 심리를 어떻게 조작하는가'라는 주제로 더욱 심도 있는 논의를 이어 가겠습니다. 오늘 함께해 주셔서 감사합니다.

## 주제: 대중심리가 부동산 가격 형성에 미치는 힘

부동산 시장은 개인의 판단이 모여 만들어지는 집합적 공간입니다. 그러나 개인 심리는 합리적이지 않으며, 이 심리들이 모이면 시장 전체를 흔드는 **대중심리(Mass Psychology)**가 형성됩니다. 4주차에서는 이 대중심리가 어떻게 가격을 만들고, 거품과 폭락까지 초래하는지를 집중적으로 분석했습니다.

### 1. 대중심리란 '개인의 감정이 집단으로 증폭된 힘'

개개인의 기대·불안·탐욕이 모이면 시장은 단순한 숫자 조합이 아니라 감정의 파도로 움직이게 됩니다.

**상승기:** 기대와 탐욕 → 군중 매수

**하락기:** 공포와 회피 → 군중 매도

이 흐름은 경제 지표보다 빠르게 움직이며 시장 전환점을 만드는 핵심 변수입니다.

### 2. 심리가 가격보다 앞서 움직인다(선행성)

부동산 가격은 금리·정책이 아니라, 대중의 미래 기대에 의해 먼저 움직입니다. **심리 변화 → 행동 변화 → 거래량 변화 → 가격 변화** 이 순서로 진행되기 때문에 심리지표는 가격보다 6

개월~2년 앞서 움직입니다.

 **대표적 선행 지표:** 부동산 소비심리지수(HSI), 매수우위지수, 주택 매매 호가, 경매 낙찰가율 이 지표들의 변동은 가격 전환의 선행 시그널입니다.

## 3. 대중심리의 4가지 엔진이 가격을 밀어 올리고 떨어뜨린다

시장 참여자들의 심리에는 네 가지 핵심 엔진이 작동합니다. 기대 엔진(Expectation Engine) "오를 것 같다/내릴 것 같다"는 미래 예측이 가격보다 먼저 움직입니다. 모방 엔진(Herding & Imitation) 주변이 사면 따라 사고, 주변이 팔면 따라 파는 군중 심리가 집단 행동을 만듭니다. 이야기 엔진(Narrative Engine) "○○호재", "신축 프리미엄", "똘똘한 한 채" 같은 스토리가 대중의 믿음을 만들어 냅니다. 감정 엔진 (Emotional Engine) 탐욕·불안·질투·박탈감·패닉 등이 폭발적으로 행동을 유도합니다. 이 네 가지 엔진은 상승기에는 기대·탐욕을 키우고, 하락기에는 공포·회피를 확산시키며 가격의 방향을 결정합니다.

## 4. 역사적 사례로 검증된 대중심리의 힘

대중심리는 단순 이론이 아니라, 다음과 같은 실제 역사에서 증명되었습니다. 2006~2008 미국 서브프라임 버블 → 탐욕의 집단화 → 공포의 집단화 → 붕괴, 2020~2021 한국 패닉바잉 → FOMO 집단 확산 → 영끌 → 과열, 2022 금리 인상기 한국 부동산 하락 → 과잉확신 + 손실회피 → 늦은 매도, 1980년대 일본 버블 → 과신·착각 → 장기 침체, 모두 심리가 먼저 움직였고, 가격은 그 뒤를 따라 움직였습니다.

## 5. 심리 충돌이 시장의 변곡점을 만든다

대중심리는 매수자·매도자의 충돌을 통해 시장 전환점을 만듭니다.

**매수자:** FOMO + 안정성 욕구

**매도자:** 보유효과 + 손실회피

상승기에는 두 심리가 가격을 밀어 올리고, 하락기에는 두 심리가 동시에 시장을 얼어붙게 합니다. 결국 시장은 '두 심리의 대결'로 움직입니다. 숫자가 아니라 사람의 감정이 방향을 정합니다.

### 종합 결론

4주차의 핵심은 하나입니다. 부동산 가격은 경제 지표가 만드는 것이 아니라 먼저 움직이는 대중심리가 만드는 것이다. 심리는 가격의 원인이며, 가격은 심리의 결과입니다. 따라서 부동산 시장을 예측하려면 과거 가격이 아니라 대중심리의 변화를 먼저 읽어야 합니다. 심리 변화는 언제나 가격보다 빠르게 움직이며 시장 전환의 가장 강력한 신호가 됩니다.

### 용어 정리

**ㄱ**

**겸손한 태도(Intellectual Humility)**

"나는 틀릴 수 있다"를 전제로 두고, 예측을 과신하지 않으며 리스크 관리·손절·검증을 가능하게 만드는 투자자의 핵심 태도.

**과도한 거래(Overtrading)**

"내 판단이 맞다"는 확신 때문에 필요 이상으로 사고팔아 세금·수수료·대출비용이 누적되고, 결과적으로 수익률이 깎이는 행동 패턴.

**ㄴ  낙관주의 편향**(Optimism Bias/Bias Toward Optimism)[48]

미래 수익은 크게, 위험은 작게 보는 경향. 특히 상승장에서는 "결국 오른다" 확신으로 레버리지·추격매수가 쉬워진다.

**ㅁ  매몰비용 효과**(Sunk Cost Effect)

계약금·중도금·시간·체면을 이미 투입했다는 이유로, 상황이 불리해져도 결정을 바꾸지 못하고 버티거나 합리화하는 현상.

**ㅅ  사후 과잉확신 편향**(Hindsight Bias)

결과를 알고 나면 "원래 내가 알고 있었다"고 느끼는 착각. 성공은 실력으로, 실패는 외부 탓으로 해석하게 만들어 학습을 방해한다.

**ㅈ  자기귀인 편향**(Self-serving Bias)

성공은 "내 덕", 실패는 "환경 탓"으로 돌리는 경향. 과잉확신을 강화하고, 실수의 원인 분석을 막는다.

**자존감 방어**(Self-esteem Defense)

투자 판단이 '나의 능력'과 연결되면서, 틀렸다는 신호를 받아들이기 어려워지는 심리. 반대 증거를 배척하는 방향으로 편향을 키운다.

**집단 최면 매수**(Hypnotic Buying)[49]

상승 서사·주변 압박·커뮤니티 분위기 속에서, 개인이 검증을 멈추고 감정적으로 매수 버튼을 누르는 집단적 과열 상태.

**ㅇ  언더퍼포먼스**(Underperformance)

시장 평균 성과보다 낮은 결과. 과잉확신으로 거래 과다·분산 실패·리스크 과소평가가 누적되면 자주 발생한다.

**영끌**(All-in Leverage)

소득 대비 감당 가능한 범위를 넘어 대출을 극대화해 매수하는 행동. '불안'이 '확신'으로

---


48)  Janis, I. L. (1972). Victims of Groupthink: A Psychological Study of Foreign-Policy Decisions and Fiascoes. Houghton Mifflin.

49)  Loewenstein, G. (2000). Emotions in Economic Theory and Economic Behavior. American Economic Review, 90(2), 426-432.

바뀌는 순간 나타나는 대표적 위험 패턴.

**울림방**(*Echo Chamber/Social Echo-effect*)

나와 비슷한 의견만 반복적으로 듣는 환경. 집단 내부에서 확신이 강화되고 반대 정보
가 차단되어 편향이 고착된다.

**인지 부조화 회피**(*Cognitive Dissonance Avoidance*)

내 믿음("좋은 선택이야")과 현실 정보("하락 신호")가 충돌할 때 생기는 불편함을 줄이
려고, 불편한 정보를 무시·축소하는 반응.

군중 심리 ⟶ 불안
확증 편향 ⟶ 매수
다시 군중 심리 강화

# 희소성과 손실 회피 심리가 주택거래에 미치는 영향

Week 5 : How scarcity and loss avoidance sentiment affect housing transactions

**진행자 최희륜:** 5주차 심리적 오류 논의에 이어 저희는 지난 시간에 투자자들이 흔히 저지르는 확증편향과 과잉확신이라는 심리적 오류를 분석했습니다. 이제 이러한 오류를 촉발하는 근본적인 시장 심리로 시야를 넓혀 보겠습니다. 바로 희소성과 손실 회피입니다. 이 두 가지 심리는 부동산 거래의 성패를 좌우하는 가장 강력한 동력입니다. 박향숙 선생님, 부동산에서 '희소성'은 어떤 의미를 갖습니까?

**박향숙:** 희소성은 부동산 심리에서 가장 강력한 동력 중 하나입니다. 경제학에서는 공급이 제한되고 수요가 유지될 때 가격이 상승한다고 설명하지만, 심리학에서는 희소성 자체가 사람의 의사결정을 왜곡시키고, 행동을 과감하게 만들며, 위험 감수성을 높이는 강한 자극으로 작용합니다. 즉, 부동산에서의 희소성은 단순히 "매물이 적다"는 의미가 아니라, '지금 이 기회를 놓치면 다시는 같은 선택을 할 수 없다'는 감정적 압박입니다. 이 감정이 매수자의 판단력을 흐리고 평소에는 하지 않을 선택까지 하게 만드는 것이죠.

## 1) 물리적 희소성 - 공급 제한이 만드는 심리적 프리미엄

부동산은 기본적으로 공급이 즉시 늘어날 수 없는 자산입니다. 특히 다음 조건을 가진 지역에서는 희소성이 극대화됩니다. 도심 핵심 입지, 강남·서울 주요 권역, 학군 중심 지역, 해안·산·수변 등 자연환경 제한 지역, 재건축·재개발로 공급이 잠시 닫힌 지역, 이 물리적 희소성은 단순한 공급 부족을 넘어서 "누구나 원하지만 아무나 가질 수 없다"는 심리적 프리미엄을 형성합니다. 이때 매수자는 이미 비교를 통해 스스로를 설득하게 됩니다. "이 동네는 원래 매물이 잘 안 나와.", "여긴 공급이 늘 수 없으니까 무조건 오른다." 결국 매수자는 가치의 문제가 아니라 희소성 자체에 가격을 지불하게 됩니다.

## 2) 상대적 희소성 - '남들은 다 가지고 있는데 나만 없다'는 불안

더 중요한 것은 심리적 희소성입니다. 사람들은 어떤 자산의 절대적인 희소성보다 "내가 그 자산을 가진 사람 중 하나인지"를 훨씬 더 중요하게 생각합니다.

예를 들어, 직장 동료가 집을 샀다, 친구가 신축 아파트로 이사했다, 부모가 "요즘 애들은 집부터 있어야 한다"고 말합니다. 이런 사회적 비교는 희소성을 '기회 독점의 상징'으로 만들어버립니다. 그 결과, 매수자는 이렇게 생각합니다. "집을 가진 사람은 기회를 잡은 사람", "나는 아직 기회를 못 잡은 사람", "집 없는 상태로 남는 건 위험하다" 즉, 희소성은 사회적 불안과 개인적 열등감을 자극해 구매 행동을 강하게 밀어붙입니다.

## 3) 시간적 희소성 - "지금 아니면 다시 못 사"라는 압박

희소성은 시간과 결합할 때 가장 강력해집니다. 금리 인하 기대, 개발 발표 임박, 입주 물량 감소 시점, 규제 완화 흐름 이런 신호가 등장하면 투자자는 "시간이 나에게 불리하다"라고 느끼게 되고, 이 감정이 충동적 매수, 영끌, 고점 추격으로 이어집니다. 이 심리를 행동경제학에서는 'Scarcity Mindset(희소성 사고)'라고 부르며, 논리적 분석보다 행동이 먼저 튀어나오는 상태라고 설명합니다.

## 4) 희소성은 손실 회피와 결합하여 폭발적 행동을 만든다

희소성 하나만으로도 시장을 움직이지만, 여기에 **손실 회피(Loss Aversion)**가 결합하면 투자자들은 거의 이성을 잃습니다. "지금 안 사면 손해다!", "이 기회를 놓치면 평생 후회한다!", "내 선택이 뒤처지는 건 감당할 수 없다!" 희소성 → 불안, 불안 → 손실 회피, 손실 회피 → 과감한 매수 이 연쇄 작용이 2021년 패닉바잉과 영끌을 만들어낸 핵심 메커니즘입니다.

## 핵심 결론

부동산에서 '희소성'은 단순한 공급 부족이 아니라 강력한 심리적 동력입니다. 기회를 놓치고 싶지 않다는 불안, 남들보다 늦는다는 사회적 압박 고유 입지에 대한 프리미엄 욕구, 시간적 긴박감에서 오는 충동 이 모든 것이 결합해 희소성은 합리적 판단이 아닌 감정 주도 매수를 유발합니다. 따라서 희소성을 이해하는 것은 부동산 시장에서 심리를 읽고, 가격의 흐름을 예측하며, 과열의 전조를 파악하는 데 반드시 필요한 핵심 요소입니다.

**김정남:** 이 희소성이 사람들의 심리를 자극하는 방식은 심리학에서 말하는 '결핍의 심리학(Scarcity Psychology)'으로 정확하게 설명할 수 있습니다.

사람은 어떤 자원이 부족하다고 느끼는 순간, 그 가치를 실제보다 과도하게 높게 평가하는 경향을 보입니다. 즉, 희소성은 단순한 상태가 아니라 사람의 인지 구조를 왜곡시키는 강력한 자극입니다. 결핍을 느끼는 순간 인간의 사고는 두 가지 방향으로 급격히 이동합니다.

집착(Fixation), 불안(Anxiety) 그리고 이 두 감정이 결합되면 시장에서 매우 강력한 행동으로 이어집니다.

## 1) 결핍이 '가치 부풀리기'를 유발한다

무언가가 부족해 보이면 그 자산의 '실제 가치'보다 '심리적 가치'가 먼저 상승합니다. 예를 들어, "이 동네는 매물이 거의 없대.", "전세는 계속 줄어든다더라.", "신축은 이제 더 못 들어온대." 이런 말을 들으면 사람들은 그 자산이 희귀한 보석처럼 특별하다고 느끼기 시작합니다. 실제 분석보다 '감정적 희소성 프리미엄'이 먼저 붙는 것이죠.

## 2) 결핍은 '미래 상실에 대한 불안'[50]을 증폭시킨다

결핍의 심리학이 가장 위험한 이유는 희소성이 단순히 가치를 올리는 정도가 아니라 사람의 불안을 직접 자극한다는 점입니다.

"지금 안 사면 다시는 기회가 안 올 수도 있어.", "남들은 다 사는데 나만 놓칠까 봐 무섭다.", "매물 한두 개 나오면 바로 거래된대." 이 불안은 매우 강한 '행동 압력'을 만들고, 이는 곧 판단

---

50)　Mullainathan, S., & Shafir, E. (2013). Scarcity: Why Having Too Little Means So Much. Times Books.

보다 행동이 먼저 튀어나오는 상태를 의미합니다.

즉, 분석 → 결정 → 행동의 흐름이 불안 → 행동 → 나중에 합리화로 뒤바뀌게 되는 것입니다. 이 단계에서 사람들은 위험을 최소화하려는 판단을 완전히 잃어버리죠.

### 3) "지금 아니면 못 산다"는 절박함이 매수폭발을 촉발한다

결핍의 심리는 사람을 시간 압박(Time Pressure) 속으로 끌어넣습니다. 이 시간 압박이 바로 투자 시장에서 패닉바잉과 영끌을 일으킨 핵심 동기입니다. 정확히 말하면, 결핍 → 불안 → 시간 압박 → 충동적 매수의 과정입니다.

2021년 영끌 현상 재건축 규제 직전의 매수 폭발 규제 지역 해제 직후의 매수 쏠림 공급 부족 지역에서 전세 대란 후 매매가 폭등 이 모든 현상은 희소성이 '지금 아니면 끝'이라는 심리적 착각을 만든 결과입니다. 특히 부동산은 대체제가 드물기 때문에 이 절박함은 더욱 과장됩니다.

### 4) 결핍의 심리학은 가격 상승을 '가속화'한다[51]

중요한 점은 희소성이 단순히 매수를 유도하는 것이 아니라 가격 상승을 스스로 증폭시키는 엔진 역할을 한다는 것입니다. "매물 없다더라 → 빨리 사야 함 → 수요 증가 → 가격 상승 → 매물 더 줄어듦 → 더 높은 불안"이 순환 구조는 완전한 자기 강화 루프(Self-reinforcing loop) 입니다. 즉, 희소성은 부동산 가격을 움직이는 가장 강력한 가속 장치입니다. 희소성 → 불안 → 매수 → 더 큰 희소성 → 더 큰 불안 → 가격 폭등이 구조는 시장 과열기마다 반복되는 공식 이기도 합니다.

### 핵심 결론

희소성은 부동산 시장에서 단순한 공급 부족이 아니라 인지 왜곡 + 불안 + 행동 압박을 동

---

51)    Cialdini, R. B. (2009). Influence: Science and Practice. Pearson Education

시에 만들어 내는 가장 강력한 심리적 촉발 요인입니다. 결핍을 느끼는 순간 사람들은 가치를 과대평가하고, 실제보다 위험을 낮게 보고, 지금이라는 시간을 과도하게 높게 평가합니다. 그래서 희소성은 부동산 거래의 방향뿐 아니라 속도까지 결정짓는 심리적 가속 엔진이라고 볼 수 있습니다.


## 1. 손실 회피 심리: 매도자가 매물을 잠그는 이유
### *Loss Aversion: Why Sellers Hold Back Their Properties*

**진행자 최희륜:** 희소성이 '매수자'의 심리를 자극한다면, 손실 회피(Loss Aversion) 심리는 주로 '매도자'의 행동을 지배합니다. 이성호 선생님 손실 회피 심리란 무엇이며 매도자의 결정에 어떻게 작용합니까?

**이성호:** 손실 회피 심리는 행동경제학의 아버지 대니얼 카네만이 '프로스펙트 이론'에서 제시한 핵심 개념으로, 사람은 동일한 크기의 이득보다 손실에서 두 배 이상의 고통을 느낀다는 사실을 의미합니다. 이 원리는 부동산 시장에서 유난히 강하게 나타납니다. 왜냐하면 부동산은 금전적 가치뿐 아니라 감정·정체성·사회적 지위를 함께 담고 있는 자산이기 때문입니다.

### 1) 하락장에서 매도자가 움직이지 않는 이유: 손실을 인정할 수 없는 고통

집값이 떨어지면 매도자는 손실을 확정하는 순간의 심리적 충격을 견디기 어려워합니다. "지금 팔면 손해잖아.", "조금만 기다리면 다시 오를 거야.", "내가 산 가격 밑으로 팔 순 없어." 이런 심리는 단순한 낙관이 아니라 **고통 회피(Escape from psychological pain)**입니다. 즉, 사람은 실제 돈이 손해 나는 것보다 '내가 손해를 봤다'는 사실을 인정하는 것 자체를 더 고통스럽게 느낍니다. 그래서 하락기에는 매도자들이 집을 시장에서 거두고 매물을 잠그면서 거래 자체가 얼어붙습니다. 이것이 바로 **하방 경직성(Price Stickiness)**의 근본 원인입니다.

## 2) 매도자는 왜 호가를 낮추지 않을까? — '내가 산 가격'이라는 심리적 닻

손실 회피 심리는 앵커링 효과(Anchoring Effect)와 결합하며 더 강해집니다.

매도자에게는 "내가 샀던 가격"이 기준점(Anchoring)으로 작용합니다.

"최소한 내가 산 가격은 받아야지.", "이 가격보다 싸게 팔면 손해가 확정되잖아.", "이번에 떨어졌다고? 난 인정 못 해." 이 심리적 기준점 때문에 시장 가격이 아무리 하락해도 호가 조정은 매우 느립니다.

## 3) 소유 효과까지 결합하면 매도자는 더 강하게 버틴다

**소유 효과(Endowment Effect)**는 사람이 자신이 가진 물건의 가치를 실제보다 높게 평가하는 경향입니다. 집에서는 이 효과가 극대화됩니다.

왜냐하면, 그 집에서의 추억, 가족의 시간, 위치·환경에 대한 애착, 내가 투자했던 노력, 인테리어·수리 비용이 모든 것이 심리적 가치로 더해지기 때문입니다. 그래서 매도자는 이렇게 생각합니다. "이 집은 다른 집이랑 같아선 안 돼.", "이 정도 가치는 충분히 받아야 한다.", "요즘 시세가 떨어졌어도 내 집은 예외야." 그 결과, 시장가보다 높은 비현실적 호가가 형성됩니다.

## 4) 손실 회피 + 소유 효과 = '거래 절벽'의 구조적 원인

두 심리가 결합하면 하락장에서 이런 일이 벌어집니다. 매수자는 "더 떨어질 것 같아"라고 관망 매도자는 "여기서 팔면 손해"라고 버팀, 서로 간극이 좁혀지지 않음, 거래가 멈춰 버림(거래절벽), 가격이 천천히, 길게, 반복적으로 떨어지는 구조 형성 이것은 경제적 이유가 아니라, 심리적 이유로 발생하는 시장의 마비 상태입니다. 즉, 하락기는 경제의 위기라기보다 심리의 위기입니다.

## 핵심 결론

손실 회피 + 소유 효과는 부동산 시장에서 가장 강력한 '가격 경직성'과 '거래 절벽'을 만드는 원인입니다. 가격이 떨어져도 팔지 않음. 호가는 시장 가격보다 위에서 움직임, 하락장이 길어지는 근본 원인 매도자의 희망적 사고가 시장 조정을 지연 결국 더 큰 손실을 유발하는 역설적 결과 따라서 시장을 예측하려면 경제 지표만 보는 것이 아니라, 매도자의 심리적 저항선을 이해해야 합니다.

**박향숙:** 바로 이 심리적 작용 때문에 하락장에서는 아주 흥미로운 — and 위험한 — 현상이 나타납니다. 가격이 분명히 떨어지고 있음에도 불구하고 거래량이 극단적으로 줄어드는 현상, 즉 '거래 절벽'이 발생하는 것이죠. 그 이유는 단순히 시장 참여자가 줄어서가 아니라, 매도자들이 손해를 확정하는 고통을 피하기 위해 매물을 시장에서 잠가 버리기 때문입니다. 하락장 매도자의 심리를 좀 더 구체적으로 살펴보면 이렇습니다. "지금 팔면 손실이 확정돼 버리잖아.", "조금만 더 기다리면 다시 오를 수 있어.", "내가 산 가격 이하로는 절대 못 팔아." 이런 심리는 모두 손실회피 심리와 소유효과가 결합된 결과입니다.

시장 가격이 내려가도 매도자는 자신의 기준 가격(앵커)에 묶여 있기 때문에 현실을 인정하기보다 시간을 돌리는 선택, 즉 '버티기'를 선택합니다. 문제는 이 '버티기'가 시장 전체에 확산되면서 다음과 같은 구조적 문제가 발생한다는 것입니다. 매도 희망가격은 여전히 높음, 매수자는 더 떨어질 거라 생각하고 관망 서로의 기대치가 맞지 않음, 거래 자체가 성립하지 않음, 시세는 천천히 더 떨어지고 하락기가 길어짐. 이러한 현상은 경제학적 요인보다 심리적 요인이 훨씬 더 강한 영향력을 행사하는 결과입니다. 그래서 하락장에서는 실제 가격 낙폭보다 거래 절벽이 먼저 오고, 거래 절벽이 하방 경직성을 강화하고, 하방 경직성이 다시 하락 기간을 길게 늘려 버립니다. 결국 하락장의 본질은 "가격 하락"이 아니라 "심리적 저항선이 형성된 집단적 버티기"입니다. 이 집단 심리가 시장의 회복 속도를 지연시키고, 오히려 하락을 더 길고 고통스럽게 만드는 역설적인 결과를 낳게 됩니다.

## 2. 희소성과 손실 회피의 결합: 시장의 변곡점
### *The Combination of Scarcity and Loss Aversion: Market Inflection Points*

**진행자 최희륜:** 이 두 가지 심리가 만나면 시장에서 어떤 폭발적인 혹은 정체적인 결과를 만들어 냅니까? 김정남 선생님, 시장 상황별로 분석해 주시죠.

**김정남:** 희소성과 손실 회피 심리가 결합하면 시장은 매우 극단적인 움직임을 보이게 됩니다. 두 심리 모두 강력한 감정 기반 동력인데, 상승장과 하락장에서 그 조합이 정반대의 행동을 촉발하기 때문입니다.

이를 표로 정리하면 다음과 같습니다.

| 시장 상황 | 결합되는 심리 | 투자자 행동 변화 | 최종 결과 |
|---|---|---|---|
| 상승장 | 희소성 + 손실 회피<br>(기회 손실에 대한 공포) | "안 사면 기회를 잃는다!"<br>→ FOMO · 추격매수 · 영끌 | 거품 형성, 가격 폭등 |
| 하락장 | 손실 회피 + 희소성 기대<br>('내 집은 예외' 심리) | "지금 팔면 손해가 확정된다!"<br>→ 매물 잠김 · 버티기 | 거래절벽,<br>가격 하방 경직성 |

상승장에서는 기회의 희소성이 부각되고, 하락장에서는 손실 회피가 강화되기 때문에 두 심리의 조합은 시장의 안정성을 완전히 깨뜨립니다. 다시 말해, 희소성은 상승장을 과열시키고, 손실 회피는 하락장을 경직시킨다. 이 두 심리가 서로 다른 장에서 서로 다른 방향으로 극단적 변동을 만들어 냅니다.

**이성호:** 맞습니다. 상승장에서는 '희소한 매물을 놓치면 엄청난 손해를 본다'는 심리가 투자자의 행동을 걷잡을 수 없게 만들죠. 특히 여기서 중요한 부분은 사람들은 실제로 돈을 잃는 손실보다 '기회를 놓치는 손실'을 더 크게 느낀다는 점입니다.

이를 행동경제학에서는 기회비용에 대한 손실 회피라고 부릅니다. 바로 이 심리가 희소성

효과와 결합하면 FOMO(기회 상실 공포)가 극단적으로 폭발합니다.

가장 대표적인 사례가 바로 2020~2021년 수도권 청약시장입니다. 신규 아파트 공급은 제한적, 브랜드 신축은 더 희소, 정부 규제로 공급 불확실성 증가, 저금리로 매수 여력 증가 "지금 안 사면 평생 못 산다"는 대중심리 확산 이 요인들이 충돌하면서 서울·수도권 청약 경쟁률이 수백 대 1까지 폭등했습니다. 여기에는 단순한 수요 증가가 아니라 희소성(신축·입지) + 손실 회피(FOMO)가 결합된 강력한 심리적 폭발이 있었습니다. 결국 사람들은 상품 자체의 가치보다 "놓치는 것에 대한 공포" 때문에 더 공격적으로 움직인 겁니다.


**박향숙:** 하락장에서는 심리의 작용 방향이 완전히 반전됩니다. 매수자는 불안과 공포로 관망하지만, 매도자는 손실을 절대 인정하지 않으려는 심리가 더욱 강해집니다. 특히 한국 시장에서는 "이 지역은 똘똘한 한 채라서 언젠가 다시 오른다"라는 희소성 기반의 믿음이 깊게 자리 잡고 있습니다. 이 믿음은 단순한 기대가 아니라 **과잉확신(Overconfidence)**의 형태로 나타납니다. 여기에 손실 회피(Loss Aversion)가 결합하면 매도자의 행동은 다음과 같은 패턴을 보입니다.


## 1) '희소성 과잉확신' → 현실 가격을 인정하지 않음[52]


매도자는 하락장이 와도 이렇게 생각합니다. "이 지역은 특별해서 금방 회복할 거야.", "여긴 다른 동네와 달라. 떨어질 리 없어.", "신축·역세권·학군은 희소하니까 버티면 반드시 오른다." 이 믿음은 실제 데이터보다 자신이 가진 집의 '희소성 신화'를 더 신뢰하는 상태입니다. 정확히 말하면, 희소성을 시장 전체의 희소성이 아니라 내 집만의 희소성으로 착각하는 심리적 오류이죠.

---

52)   Kahneman, D., Knetsch, J. L., & Thaler, R. H. (1991). Anomalies: The Endowment Effect, Loss Aversion, and Status Quo Bias. Journal of Economic Perspectives, 5(1), 193-206.

## 2) 손실 회피 × 희소성 과잉확신 → 과도한 호가 형성[53]

이 두 심리가 결합하면 매도자는 현실과 동떨어진 호가를 고집합니다.

"이 가격 이하로는 절대 못 팔아.", "한 번 떨어졌다고 이렇게 싸게 팔 수는 없어.", "작년에 옆집이 13억에 팔렸는데, 나는 최소 12억은 받아야지." 그러나 이미 시장은 11억, 10억으로 내려가 있는 상황이죠. 그럼에도 매도자는 하락한 시세가 아니라 과거 가격(앵커)에 집착합니다. 여기에 "희소하니까 다시 오를 것"이라는 믿음이 결합해 현재 가치를 인정하지 않는 '심리적 거부감'이 만들어집니다. 이로 인해 매도 희망가격은 실제 시세보다 훨씬 높게 유지됩니다.

## 3) 그 결과, 시장 가격이 '제대로 하락하지 못하는' 기형적 구조 발생

**매수자** → 더 떨어질 것 같아 관망

**매도자** → 손실 확정을 피하려 매물 잠금 + 높은 호가 고집

이 두 흐름이 만나면 다음 현상이 나타납니다. 거래는 급감 실거래가가 쌓이지 않음, 호가는 하락을 거부 시장가격이 현실보다 높게 유지됨, 하락장은 길어지고 깊어짐. 즉, 하락장에서는 심리적 저항이 가격의 자연스러운 조정을 왜곡합니다. 가격이 "떨어지지 않는 것처럼 보이는" 기현상이 생기는 이유도 경제적 펀더멘털이 아니라 바로 이 심리적 장벽 때문입니다.

## 핵심 결론

하락장에서는 희소성 과잉확신 + 손실 회피가 결합해 다음 결과를 만듭니다. 매도자가 시장 가격을 인정하지 않음, 비현실적으로 높은 호가 유지 매물이 잠기며 거래 절벽 발생 시세 조정이 지연되고 하방 경직성 강화 실제 가치보다 높은 가격이 '불안정하게' 유지됨. 즉, 하락장의 본질은 '가격 하락'이 아니라 **손실 회피에 의한 심리적 경직성**입니다.

---

53)  Genesove, D., & Mayer, C. (2001). Loss Aversion and Seller Behavior: Evidence from the Housing Market. Quarterly Journal of Economics, 116(4), 1233-1260.

# 3. 결론 및 심리 관리 전략: 편향을 이기는 통찰력

*Conclusion and Psychological Management Strategies: Insights to Overcome Biases*

**진행자 최희륜:** 희소성과 손실 회피라는 강력한 심리가 우리를 어떻게 비이성적인 결정으로 이끄는지 명확하게 알게 되었습니다. 그렇다면 이제 중요한 질문입니다.

이런 심리적 편향을 극복하고 변동성 높은 시장에서 냉정한 판단을 유지하기 위한 가장 근본적인 교훈은 무엇일까요? 김정남 선생님, 먼저 말씀해 주시죠.

**김정남:** 결국 가장 중요한 것은 손실을 인정하는 태도입니다. 투자에서 손실은 예외가 아니라 과정의 일부이며, 숙명적인 통과 의례입니다. 문제는 손실이 발생하는 것이 아니라 손실을 인정하지 않으려는 우리의 태도입니다. "조금만 기다리면 오를 거야.", "내 집만큼은 예외야.", "이 정도 조정은 일시적일 뿐이야." 이런 생각들은 현실을 왜곡합니다. 그러나 손실을 인정하고 매도하는 용기는 장기적으로 훨씬 더 큰 손실과 기회비용을 막아 줍니다. 때로는 손실을 확정 짓고 시장에서 한 발 물러나는 것이 다음 기회를 위한 가장 현명한 출발점이 됩니다. 투자자는 자신의 심리를 다루는 사람이 되어야 합니다. 시장을 이기는 사람보다 자기 자신을 이길 수 있는 사람이 살아남습니다.

**이성호:** 여기에 한 가지를 더 강조하고 싶습니다. 우리는 심리적 편향을 완전히 없앨 수 없습니다. 하지만 객관적 데이터로 그 영향을 상쇄할 수는 있습니다. 즉, 감정이 아니라 숫자와 사실을 기반으로 사고하는 연습이 필요합니다. 이를 위해 다음과 같은 지표들이 중요합니다.

**실거래가 추이:** 희망 호가가 아니라 실제 거래된 가격,
**미분양 물량:** 수요·공급의 즉각적 불균형을 보여 주는 핵심 신호
**입주 물량:** 향후 공급 압력을 예측하는 선행 지표
**금리 추세:** 자금 조달 환경을 결정하는 가장 직접적 요인

**경매 낙찰가율:** 시장 저점 심리를 반영하는 심리 지표

이런 객관적 지표들을 차분히 확인하면 희소성에 대한 과잉 믿음이나 손실 회피 심리에 휘둘릴 가능성을 크게 줄일 수 있습니다. 결국 핵심은 심리를 인식하고, 데이터를 통해 그것을 견제하는 투자 자세입니다.

**박향숙:** 마지막으로 정말 중요한 것은 관점 전환, 즉 프레이밍(Framing)입니다. 우리는 대부분 의사결정을 '손실 기준'으로 바라보는 경향이 있습니다. "지금 팔면 얼마를 잃을까?", "지금 안 사면 어떤 기회를 놓칠까?", 이런 식으로 잃는 것에 초점이 맞춰져 있죠. 하지만 손실 중심의 관점은 판단을 왜곡하고 우리를 손실 회피의 늪에 가두는 가장 위험한 심리적 함정입니다. 그래서 투자자는 사건을 바라보는 틀 자체를 바꾸는 연습, 즉 프레이밍 전환이 반드시 필요합니다.

## 1) "잃을 것"에서 "얻을 것"으로 시야를 바꿔야 한다

손실 회피는 본능이라 피할 수는 없습니다. 하지만 관점을 바꾸면 그 영향력을 약화시킬 수 있습니다.

예를 들어,

**손실 프레임(비이성적 선택 유도)**[54]

"지금 팔면 5천만 원 손해야.", "국면이 나쁘지만 손실을 인정하기는 싫어.",

"내가 산 가격보다 낮게 파는 건 절대 못 해."

**이득 프레임(합리적 선택 유도)**

"지금 매도하면 더 큰 손실을 막을 수 있다.", "손해를 확정해도 자본을 안전하게 보존할 수

---

54)  Kahneman, D., & Tversky, A. (1979). Prospect Theory: An Analysis of Decision under Risk. Econometrica, 47(2), 263-291.

있다.", "지금 정리하면 더 좋은 기회에 투자할 수 있다." 부동산 시장에서 이 단순한 프레임 전환은 매몰 비용 편향을 약화시키고 심리적 부담을 줄이는 데 매우 효과적입니다.

### 2) 프레이밍 전환은 실제 투자 행동을 변화시킨다

프레이밍 전환을 통해 사람들은 '손실을 피하는 행동'을 '미래의 이득을 위한 선택'으로 재정의하게 됩니다. 이렇게 되면 **버티기 → 전략적 정리, 집착 → 객관적 평가, 희망적 사고 → 데이터 기반 판단**으로 전환되며 심리적 유연성이 생깁니다.

결국 이는 시장 변동성을 견딜 수 있는 투자자로 성장하는 데 필수적인 훈련입니다.

### 3) 하락장일수록 '미래 기회 프레임'을 가져야 한다

특히 하락장에서는 '손실 프레임'에 갇히면 다음과 같은 악순환이 생깁니다.

손실 회피 → 관망 아닌 버티기 → 시장 왜곡 → 더 큰 손실 그러나 프레이밍을 바꾸면 하락장은 오히려 다음 기회를 준비하는 시간이 됩니다.

현금 유동성 확보, 시장의 바닥 신호 관찰 다음 사이클의 유망 지역 분석 즉, 하락장은 위험 회피의 시기가 아니라 기회를 준비하는 시기로 재정의됩니다.

### 핵심 결론

프레이밍의 힘은 단순한 심리 기술이 아닙니다. 손실 회피로 인해 비이성적 선택을 반복하는 투자자가 냉정하고 전략적인 투자자로 변화하기 위한 가장 실용적이고 강력한 심리적 도구입니다. "손실이 두려운 순간, 질문을 바꿔라. '무엇을 잃을까?'가 아니라, '이 선택을 통해 무엇을 얻을 수 있을까?'로." 이 관점 전환이 투자자의 심리를 구하고, 결국 자산을 지키게 됩니다.

**진행자 최희륜:** 네. 오늘 논의로 우리는 다시 한번 확신하게 되었습니다. 부동산 시장은 단순히 매물과 금리, 공급과 수요로 움직이는 기계적 장치가 아니라, 인간의 욕망과 불안, 기대와 두려움이 실시간으로 충돌하고 분출되는 심리적 공간이라는 사실입니다. 5주 동안 이어진 대담을 통해 우리는 매수자·매도자의 심리, 대중심리가 시장을 움직이는 메커니즘, 확증편향·과잉확신·손실 회피 등 투자를 왜곡시키는 심리적 오류들, 그리고 이 오류들이 실제 거래와 가격 변동에 어떤 영향을 미치는지 지금까지보다 훨씬 입체적으로 이해할 수 있었습니다. 결국 성공적인 투자는 심리적 편향을 인식하고, 객관적 데이터를 통해 그 편향을 견제하며, 냉정한 원칙으로 스스로를 통제할 수 있는 힘에 달려 있습니다. 시장을 읽는다는 것은 숫자를 읽는 것이 아니라 '사람'을 읽는 것입니다. 그리고 사람을 이해한다는 것은 내 안의 감정과 편향을 먼저 이해하는 데서 출발합니다. 오늘까지 이어진 5주차 심리 분석 대담에 깊이 있는 통찰을 나눠 주신 모든 분들께 진심으로 감사드립니다. 여러분의 참여가 이 대담을 훨씬 더 풍부하고 체계적으로 만들었습니다. 다음 시간에는 지금까지 다룬 심리적 인사이트를 실제 투자 전략에 어떻게 적용할 것인지, 또 시장의 변곡점을 포착하는 실전적 사고법을 중심으로 더 깊은 논의를 이어 가겠습니다.

함께해 주셔서 감사합니다. 다음 시간에 다시 뵙겠습니다.

## 주제: 매수·매도 시점 판단에서 나타나는 심리적 오류 - 확증편향과 과잉확신

### 1. 매수·매도 판단은 '심리전'이다

부동산 투자자는 가격 변동 앞에서 감정적 압박을 강하게 받습니다. 이때 대부분의 판단 오류는 '심리적 편향'에서 비롯됩니다. 특히 확증편향과 과잉확신은 시장 참여자 모두를 오판으로 이끄는 핵심 요인입니다.

### 2. 확증편향 - 보고 싶은 것만 보는 위험

확증편향(Confirmation Bias)이란 자신의 믿음과 일치하는 정보만 선택하고 반대되는 정보는 무시하는 '정보 편식' 현상입니다.

**매수자의 경우**

장점만 보고 단점을 외면한다. 금리 인상, 경기 둔화 등 위험 신호를 간과한다.

**매도자의 경우**

"집값은 다시 오른다"는 기사만 찾아본다. 하락 신호를 인정하지 않는다. 유주택자·무주택자 간 시각의 극명한 차이도 확증편향의 산물입니다.

## 3. 과잉확신 - "나는 시장을 안다"는 착각

과잉확신(Overconfidence)은 자신의 판단 능력을 실제보다 과대평가하는 편향입니다.

대표적인 행동: 고점 추격 매수, 영끌 투자, 하락장 "이제 바닥이다" 착각, 근거 없는 반등 기대. 이는 위험을 과소평가하고, 보상을 과대평가하는 투자 행동을 유발합니다.


## 4. 손실 회피 - 매도 결정을 망치는 최대의 심리

손실 회피(Loss Aversion)는 동일한 금액의 손실을 이득의 두 배 이상 고통스럽게 느끼는 심리입니다.


**매도자 행동 왜곡**

하락장에서도 "손해를 인정하기 싫다"며 매도 거부 시장이 더 나빠지는데도 버티기 호가만 유지하고 실제 시세는 외면, 이 때문에 하락장에서는 거래절벽·하방 경직성이 지속됩니다.


## 5. 희소성과 결합하면 시장이 왜곡된다

희소성(Scarcity) × 손실 회피는 상승장과 하락장에서 정반대의 극단적 행동을 만듭니다.

**상승장:** "지금 안 사면 기회를 놓친다(FOMO)" 청약·매수 과열, 추격매수, 영끌

희소성이 가격을 폭등시키는 엔진이 됨

**하락장:** "내 집은 희소하니 버티면 오른다" 매물 잠김, 과도한 호가, 거래 절벽

즉, 두 심리의 조합이 시장을 비정상적으로 흔들어 놓습니다.

## 6. 프레이밍 전환 - 심리적 오류에서 벗어나는 핵심 전략

손실 중심의 관점에서 벗어나 판단의 틀 자체를 바꾸는 것이 중요합니다.


**손실 프레임**

"지금 팔면 얼마를 잃지?"

**이득 프레임**

"지금 정리하면 더 큰 손실을 막을 수 있지 않을까?"

"이 선택이 나에게 어떤 기회를 만들어 줄까?" 프레이밍 전환은 손실 회피 심리를 약화시키고 합리적 의사결정을 돕습니다.


**최종 결론 - 자기 심리를 이기는 자만 시장을 이긴다**


부동산 가격은 숫자가 만드는 것이 아니라, 인간의 감정이 만들어 내는 집단적 흐름입니다. 따라서 성공적인 투자자는 확증편향을 인식하고, 과잉확신을 경계하며, 손실 회피를 조절하고, 프레이밍을 전환하여, 데이터를 기반으로 판단하는 사람입니다. 시장을 이기는 것보다 자신의 심리를 이기는 것이 더 어렵고, 더 중요하다.


## 용어 정리


ㄱ **결핍의 심리학(*Scarcity Psychology*)**

'부족하다'고 느끼는 순간, 그 대상의 가치를 실제보다 과대평가하고 판단이 조급해지는 심리 메커니즘.

**고통 회피(*Escape from Psychological Pain*)**

손실이 확정되는 순간의 심리적 고통을 피하려고, 불리한 현실을 인정하지 않고 결정을 미루는 경향(특히 하락장 매도 회피).

**기회비용에 대한 손실 회피***(Loss Aversion to Opportunity Cost)*[55]

돈을 잃는 손실보다 "기회를 놓치는 손실"을 더 크게 느끼는 심리. 상승장에서 "지금 안 사면 손해"를 폭발시키는 핵심 동력.

**ㄷ** **대체재 부재***(Lack of Substitutes)*

부동산은 "그 집·그 입지"를 완전히 대체하기 어렵기 때문에, 희소성 자극이 더 강해지고 충동적 매수로 이어지기 쉬운 구조.

**ㅈ** **자기강화 루프***(Self-reinforcing Loop)*[56]

희소성 소문 → 불안 → 매수 쏠림 → 가격 상승 → 매물 감소 체감 → 더 큰 불안으로 이어지는 심리-가격의 자동 증폭 고리.

**ㅅ** **상방 과열***(Upside Overheating)*

희소성×기회손실 회피가 결합해 추격매수·과열 경쟁을 만들며, 가격이 펀더멘털을 넘어서는 과열 국면.

**시간 압박***(Time Pressure)*

"지금 아니면 끝"이라는 심리적 촉박함. 분석 → 결정 → 행동 순서를 깨고 행동을 앞당긴다.

**심리적 경직성***(Psychological Rigidity)*

새 정보가 들어와도 판단을 바꾸지 못하고 기존 결정을 고집하는 상태. 하락장에서 "버티기"와 거래 마비를 강화한다.

**심리적 희소성 프리미엄***(Psychological Scarcity Premium)*

실제 가치(펀더멘털)보다 "희소해 보인다"는 느낌 때문에 가격을 더 지불하게 되는 추가 프리미엄.


55)    Mullainathan, S., & Shafir, E. (2013). Scarcity: Why Having Too Little Means So Much. Times Books.
56)    Shiller, R. J. (2015). Irrational Exuberance (3rd ed.). Princeton University Press.

결핍의 심리학

# 거래 협상에서의 심리전
# (매도자 vs 매수자)

Week 6: Psychological warfare in trade negotiations
(Sellers vs Buyers)

**이성호:** 협상이 심리전인 이유는 매우 간단하면서도 본질적입니다. 부동산 거래에서 가격은 숫자로 적혀 있지만, 그 숫자를 만들어 내는 힘은 사람의 심리이기 때문입니다. 매수자와 매도자는 각자 "어떤 가격이 적정가인가?", "지금이 팔아야 할 때인가?", "상대는 얼마나 절실한가?", "내가 더 유리한가?" 이런 판단을 팩트로 하는 것처럼 보이지만, 실제로는 각자의 욕구·두려움·기대·확신·불안이라는 감정에서 출발합니다. 즉, 협상은 가격의 싸움이 아니라 심리적 유리함을 먼저 차지하는 싸움입니다.

### 1) 부동산 가격은 '객관적 가치'가 아니라 '심리적 가치'로 결정된다

부동산은 주식처럼 즉시 거래되는 자산이 아니고 가격의 표준도 명확하지 않습니다. 그래서 협상 테이블에서는 '심리적 가치'가 핵심 기준이 됩니다.

예를 들어, 매도자는 자신의 집에 감정적 프리미엄을 얹습니다. 매수자는 시장 공포 혹은 기대심리에 휘둘립니다. 양측 모두 '심리적 저항선'과 '심리적 한계선'을 갖고 있습니다. 이 심리적 기준이 서로 충돌하는 순간, 협상은 단순한 가격 협의를 넘어 심리전의 무대가 됩니다.

### 2) 협상에서는 숫자보다 '심리 정보'가 더 중요하다

부동산 협상에서 상대를 이기는 핵심은 가격 정보가 아니라 상대방의 심리 정보를 파악하는 것입니다. 예를 들어: 상대는 얼마나 급한가? 보유 비용을 버틸 여력이 있나? 이미 다른 매수·매도 제안을 받았나? 금액에 대한 심리적 마지노선은 어디인가? 최근의 손익에 대한 감정은 어떤가?

이런 '심리 신호'를 읽어 내는 사람이 협상에서 사실상 승기를 잡습니다.

### 3) 협상 테이블에서는 감정이 논리를 압도한다

행동경제학 연구에 따르면, 사람은 협상 상황에서 냉정한 분석보다 감정 반응을 먼저 보입니다.

**매도자:** 자존심 · 손실 회피 · 소유 효과

**매수자:** FOMO · 기대 심리 · 가격 기준점 착각

현장에서 자주 보이는 상황입니다. 매도자는 "이 가격 아니면 안 팔아!"라고 감정적 버티기, 매수자는 "조금만 깎아 주세요"가 아니라 "이건 너무합니다"로 감정적 반응. 작은 금액 차이에도 감정이 더 큰 영향을 미침 즉, 협상은 논리의 게임이 아니라 감정이 만들어 내는 심리적 힘겨루기입니다.

## 4) 협상에서 '상대가 아니라 자기 자신과의 싸움'이 더 중요하다

많은 투자자는 협상에서 상대의 심리를 공략하기보다 자신의 감정에 먼저 지는 경우가 많습니다. 조급해서 먼저 가격을 제시해 버린다, 감정이 상해 협상을 망친다 상대의 강한 말투에 위축된다, 손해 보기 싫어 판단을 놓친다. 결국 협상은 상대를 이기기 전에 자기 감정을 통제하는 싸움입니다.

## 핵심 요약

협상이 심리전인 이유는 가격이 심리적 해석을 통해 결정되고 상대의 심리를 읽는 사람이 우위를 점하며 감정이 논리를 압도하고 자기 심리 통제가 협상의 성패를 가르기 때문입니다.

결국 부동산 협상은 '숫자의 싸움'이 아니라 '심리의 싸움', 더 정확히는 상대의 심리를 읽고, 자신의 심리를 지배하는 게임입니다.

**박향숙:** 맞습니다. 협상은 결국 심리전이고, 이 심리전에서 감정보다 논리가 훨씬 더 강력한 무기가 됩니다. 감정을 드러내는 순간 나는 약자가 되고, 상대는 우위를 점했다고 느끼죠. 그래서 감정은 숨기고, 논리는 드러내는 것이 협상에서 기본 원칙입니다.

첫 번째로 중요한 전략은 논리적 근거 확보입니다. 감정적으로 "가격을 낮춰 주세요"라고

말하면 설득력이 약합니다. 하지만 다음과 같은 자료를 제시하면 협상의 무게 중심이 완전히 달라집니다. 최근 3개월 실거래가 비교표 주변 단지와의 가격 격차 분석 감정평가서 또는 간이 시세 분석표 입주 물량·미분양 등 시장 데이터 매물의 물리적 단점 체크리스트 이런 자료들은 "내가 감정이 아니라 팩트와 데이터로 말하고 있다"는 신호를 주기 때문에 상대는 감정으로 대응할 수 없게 됩니다. 논리적 근거를 제시하는 순간, 협상은 심리전에서 전술전의 단계로 이동합니다.

두 번째 전략은 침묵의 힘입니다. 많은 사람이 협상에서 말을 많이 해야 유리하다고 생각하지만, 현실은 정반대입니다. 상대방의 제안에 즉각 반응하지 않고, 말없이 미묘한 침묵을 유지하면 대부분의 사람은 그 침묵을 견디지 못합니다.

"이 조건이 마음에 안 드는 걸까?", "내가 너무 세게 부른 건가?", "좀 양보해야 하나?" 사람은 침묵 속에서 스스로 불안을 만들어 내고, 그 불안은 양보의 동기로 이어집니다.

특히 부동산 협상에서는 매도자·매수자 모두 심리적 기준선을 갖고 있기 때문에 침묵은 그 기준선을 흔드는 가장 단순하면서도 강력한 전략입니다.

즉, 말을 줄이고 침묵을 적절히 사용하는 것은 상대를 흔들고, 주도권을 가져오는 심리적 전술이라고 할 수 있습니다.

결론적으로, 논리적 근거 제시는 신뢰를 만들고, 침묵은 주도권을 만든다. 이 두 가지가 결합될 때 협상 테이블에서 심리적 우위를 점할 수 있는 것입니다.


## 1. 매도자의 심리 전략: 앵커와 여유
### Seller's Psychological Strategy: Anchoring and Patience

**진행자 최희륜:** 매도자는 자신의 집을 시세보다 높게 팔고 싶어 하는 탐욕과 기대의 심리가 강합니다. 김정남 선생님, 매도자가 매수자의 심리를 역이용하는 핵심 전략을 설명해 주시죠.

**김정남:** 매도자가 협상에서 가장 자주, 그리고 가장 효과적으로 활용하는 전략은 바로 앵커링 효과(Anchoring Effect)를 통해 협상의 기준점을 선점하는 것입니다.

앵커링 효과란? 처음 제시된 숫자나 정보가 상대의 판단 기준을 무의식적으로 고정시키는 심리적 작용인데, 부동산 협상에서는 이 효과가 극적으로 나타납니다.

### 1) "높은 출발가"로 기준점을 장악한다

매도자는 협상 초반에 시세보다 높은 출발가(Initial Asking Price)를 제시합니다. 이 숫자가 제시되는 순간, 매수자의 머릿속에는 그 금액이 '기준점'처럼 박힙니다. 예를 들어 시세가 8억인데, 매도자가 8억 8천을 제시하면, "8억 아래로 사야지"가 아니라, "8억 8천에서 얼마나 깎을 수 있을까?"라는 사고방식으로 자동 전환됩니다. 이때 매도자는 이미 심리전을 절반 이상 이긴 상태가 됩니다.

### 2) '희소성 프레임'을 활용해 매수자의 불안을 자극한다

앵커링은 희소성과 결합될 때 효과가 배가됩니다. 매도자는 다음과 같은 문구를 통해 매수자에게 심리적 압박감과 결핍감을 심어 협상력을 높입니다.

"이 동네는 매물이 거의 없어요.", "이 구조는 요즘 정말 귀합니다.", "최근에 문의가 몇 건씩 들어왔어요.", "다음 손님도 오늘 오후에 본다고 했습니다."

매수자는 즉시 FOMO(기회 상실 공포)에 빠지며 협상 전략보다는 심리적 불안이 우선 작동하게 됩니다.

### 3) '조건부 양보' 전략 - 양보처럼 보이지만 기준 값을 지킨다

매도자는 전략적으로 '양보하는 척'하며 실제로는 자신이 원하는 가격대(앵커)를 유지합니다.

예: "8억 8천은 어렵겠지만… 8억 6천까지는 생각해 볼게요.", "지금 계약하시면 2천은 조정할 수 있겠네요." 이러한 '조건부 양보'는 매수자에게 "좋은 조건을 받은 것 같다"는 착각을 주면서도 실제 매도자는 자신의 심리적 목표가를 거의 그대로 유지합니다.

## 4) 정보 비대칭을 활용한 '우위 점령'

매도자는 자신이 집의 상태·관리 내력·입주 수요 등을 매수자보다 훨씬 잘 알고 있습니다. 이 정보 우위를 이용하여 협상을 유리하게 끌고 갑니다. 강조해야 할 장점은 최대한 부각하고 단점은 모호하게 설명하거나 "이 정도는 다 그렇죠"라고 상쇄해 버립니다. 정보 비대칭은 매수자의 판단을 흐리게 하고 매도자에게 심리적 우위를 제공합니다.

## 5) 침묵과 "시간 압박"을 활용한 심리전

매도자는 종종 침묵을 사용하거나 시간 압박을 건 전략으로 협상의 주도권을 유지합니다. "오늘 안으로 결정 주셔야 합니다.", "이 조건은 오래 못 드립니다.", "다른 문의가 있어서요." 이런 말은 매수자에게 시간이 부족하다는 불안을 심어 협상력을 떨어뜨립니다.

침묵도 효과적입니다. 매수자가 제안했을 때 즉답하지 않고 가만히 있으면 매수자는 "내가 너무 깎았나? 다시 올려야 하나?"라는 불안을 느끼게 되죠.

## 핵심 결론

매도자는 다음 네 가지 전략을 통해 심리적 우위를 점합니다.

**앵커링 효과로 기준점 선점**

**희소성 프레임으로 매수자 불안 자극**

**조건부 양보로 원하는 가격대 유지**

**정보 비대칭과 시간 압박으로 주도권 확보**

이 네 가지 전략이 결합하면 매도자는 협상 테이블에서 훨씬 유리한 구도를 만들 수 있습니다. 즉, 매도자의 진짜 무기는 가격이 아니라 심리입니다.

**박향숙:** 맞습니다. 매도자는 급매물일수록 오히려 표면적으로는 '여유 있는 척'하는 독특한 심리적 방어 전략을 구사합니다. 왜냐하면 부동산 협상에서는 "급하다"는 신호가 노출되는 순간, 상대방이 협상의 주도권을 완전히 가져가기 때문입니다.

그래서 매도자들은 실제로는 자금 사정이 급박하거나 보유 부담이 커서 빨리 팔고 싶어도 협상 테이블에서는 다음과 같은 태도를 취합니다.

"안 팔아도 됩니다.", "가격 안 맞으면 안 팔죠, 뭐.", "급한 건 전혀 없습니다.", "다른 문의도 많아서 굳이 서두를 필요가 없어요." 이런 행동은 단순한 허세가 아니라 가격 하락을 방지하려는 심리적 방어기제입니다.

## 1) '급하면 지는 게임'이라는 협상 심리가 작동한다

부동산 협상에서 가장 중요한 것은 누가 더 여유 있어 보이느냐입니다. 매도자가 "급합니다"라는 신호를 주는 순간, 매수자는 자동적으로 이런 계산을 하게 됩니다. "조금 더 깎아도 되겠다.", "이 사람 오늘 안에 무조건 팔겠네.", "가격 조정 폭이 더 커질 수 있겠다." 즉, 급함은 곧 가격 인하 여지를 키우는 약점 노출입니다. 그래서 매도자는 100% 급한 상황에서도 반대로 행동하는 겁니다.

## 2) '여유로운 척'은 협상에서 매우 강한 신호를 준다

매도자의 태도는 협상 분위기를 결정합니다. 여유로운 척하는 순간, 매수자는 다음처럼 느낍니다. "이 매도자는 확고하다.", "쉽게는 안 넘어가겠구나.", "협상력을 얻으려면 내가 움직여야겠네." 이렇게 매도자는 자신의 급박한 상황을 감추면서 협상 프레임을 주도적으로 설정합니다. 표면적 여유는 단순한 연기가 아니라 상대의 심리적 공세를 차단하는 '방어벽'인 셈입니다.

### 3) 매도자의 으름장은 '심리적 저항선'을 높이는 효과

매도자가 "안 팔아도 된다"고 말하는 순간, 그 말 자체가 **심리적 저항선(Resistance Line)**을 강화합니다. 이 저항선은 매수자에게 다음과 같은 신호를 줍니다. "이 매물은 쉽게 가격이 안 내려가겠구나.", "내가 원하는 가격을 얻으려면 전략을 바꿔야겠다.", "해당 가격대에서 거래되는 이유가 있겠네." 결국 매도자의 으름장은 심리전에서 자신의 가치를 높이는 심리적 장치가 됩니다.

### 4) 급매물일수록 '여유의 연기'가 더 많이 등장한다

이 전략은 아이러니하게도 진짜 급매물에서 가장 극적으로 나타납니다. 왜냐하면 진짜 급한 매도자는 자신이 급하다는 이유로 가격을 더 깎이거나 협상에서 밀릴까 봐 오히려 더 강하게 '여유'를 연기하기 때문입니다. "급매 맞지만, 급매라고 말하지 않는 이유", "급하게 팔아야 해서 더 여유로운 태도를 취하는 역설" 이런 인간 심리가 협상 테이블에서 그대로 드러납니다.

**핵심 결론**

매도자는 급할수록 여유로운 척하고, 여유로울수록 더 강하게 협상에 나섭니다. 그 이유는 단 하나— 여유는 가격을 지키고, 급함은 가격을 무너뜨립니다. 따라서 매도자의 '여유로운 연기'는 협상에서 자신에게 불리한 심리적 약점을 감추기 위한 강력한 방어 전략이자, 매수자의 심리를 흔드는 공격 전략이기도 합니다.

# 2. 매수자의 심리 전략: 저항선과 BATNA[57]
## *Buyer's Psychological Strategy: Resistance Levels and BATNA*

**이성호:** 매수자가 협상에서 승기를 잡으려면 마음가짐부터 전략까지 철저히 준비되어 있어야 합니다. 매도자들은 높은 앵커링, 희소성 프레임, 여유로운 척하기 등 다양한 심리전을 구사하기 때문에, 매수자는 이에 대응할 방어 전략과 공격 전략을 동시에 갖춰야 합니다.

### 1) 방어 전략 - 스스로의 '저항선'을 단단히 지키기

매수자의 가장 큰 약점은 감정적 동요입니다. 그래서 협상 전에 반드시 다음을 명확히 정해야 합니다. 내가 지불할 수 있는 최대 금액(저항선) 절대 넘지 않을 절대가(금액 상한선), 매도자가 시세보다 높은 앵커를 던지더라도 이미 정해 둔 저항선이 견고할수록 흔들리지 않습니다. "심리는 변해도, 저항선은 변하지 않는다." 이 원칙을 지키는 것이 매수자의 가장 강한 방어 전략입니다.

### 2) 방어 전략 - 정보 우위 확보(데이터 방패)[58]

매도자의 말은 종종 감정이고 기대치지만, 매수자가 들이밀 수 있는 것은 객관적 데이터입니다. 동일 단지·동·라인의 실거래가 최근 3~6개월 매매량·하락폭 주변 매물의 가격 흐름 하자·수리 필요 항목 체크리스트 미분양·입주 물량 등 시장 지표 이 데이터들을 근거로 제시하면 매도자의 앵커는 힘을 잃고 설득력을 상실합니다. 데이터는 감정보다 강하고, 팩트는 희망을 이깁니다. 협상 테이블에서 데이터는 매수자의 방패입니다.

---


57) Galinsky, A. D., & Mussweiler, T. (2001). First offers as anchors: The role of perspective-taking and negotiator focus. Journal of Personality and Social Psychology, 81(4), 657-669.

58) Fisher, R., Ury, W., & Patton, B. (2011). Getting to Yes: Negotiating Agreement Without Giving In (3rd ed.). Penguin Books.

## 3) 공격 전략 - BATNA 전략으로 '대안의 힘' 과시

BATNA(최선의 대안) 전략은 협상학에서 가장 강력한 공격 전략입니다. 매수자는 매도자에게 '대안이 있다'는 신호를 명확히 주어야 합니다. "비슷한 조건의 다른 매물도 보고 있습니다.", "이 가격이면 굳이 서두르지 않아도 됩니다.", "조건이 맞으면 바로 계약할 의향은 있지만, 아니면 넘어갈게요." 이런 태도를 보이면 매도자는 크게 흔들립니다. 왜냐하면 매도자의 가장 큰 두려움은 매수자를 잃는 것이기 때문입니다. BATNA 신호는 매수자에게 심리적 우위(Authority)를 부여합니다.

## 4) 공격 전략 - '현금 구매'라는 결정적 무기

부동산 시장에서 매도자가 가장 싫어하는 것: 대출 지연, 승인 불확실, 결제 일정 불투명 매수자가 현금 구매 능력 또는 대출 승인 완료(사전 승인서)를 보여 주는 순간, 매도자는 심리적으로 안정되고, 그 대가로 가격을 양보할 가능성이 매우 높아집니다. 즉, 매도자가 원하는 확실성(Certainty)을 제공하는 대신 매수자는 가격을 양보받는 협상 구조를 만들 수 있습니다.

## 5) 공격 전략 - 침묵과 조건부 제안(Anchoring Counterstrike)

매수자도 매도자처럼 역-앵커링(counter anchoring)을 구사해야 합니다.

예:
**매도자:** "매도호가 9억입니다."
**매수자:** 침묵(3~5초)
**매수자:** "최근 실거래가 기준으로 8억 2천이 적정가라고 판단합니다."
침묵 + 논리적 제시는 매도자의 심리를 흔들고 다음과 같은 효과를 만듭니다.
매도자가 불안해짐 제시한 호가의 근거가 약해짐 '내가 너무 높게 불렀나?'라는 내적 동요 발생, 침묵은 매수자의 공격 전략이자, 매도자의 심리적 방어선을 무너뜨리는 무기입니다.

**핵심 결론**

매수자가 협상에서 이기기 위해서는 다음 4가지를 반드시 갖춰야 합니다.


**저항선 유지 - 감정이 아니라 원칙으로**

**데이터 활용 - 감정보다 사실로 설득**

**BATNA 전략 - 대안의 힘으로 주도권 확보**

**현금구매 · 침묵 전략 - 매도자의 불안과 욕구를 활용**


결론적으로, 매도자의 심리를 흔드는 가장 강력한 방법은 '내가 급하지 않다'는 증거를 보여주는 것입니다.


**박향숙:** 맞습니다. 매수자는 자신의 심리만 관리해서는 협상에서 이길 수 없습니다. 매도자의 약한 고리, 즉 '급한 사정'을 읽는 능력이 가장 강력한 협상 무기가 됩니다. 매도자가 시간에 쫓기거나 자금에 여유가 없다면, 그 정보는 매수자에게 절대적인 협상 우위를 제공합니다.

**① 매도자의 '급박 요인'을 알아내는 것이 협상의 절반**

매도자가 아래 상황 중 하나에 해당한다면, 그 사람은 이미 협상 테이블에서 절반은 패배한 상태라고 볼 수 있습니다.


다음 집의 잔금 일정이 촉박한 경우 이미 이사 날짜를 잡은 상태 전세 세입자 입주 날짜가 정해져 있는 경우 다른 매물 계약을 먼저 진행하여 자금이 필요한 경우 세금 회피 목적(중과세 회피, 보유세 부담 등) 상속 문제나 가족 상황 등으로 급매 필요 이러한 정보는 매도자가 직접 말하지 않아도 꼼꼼한 질문과 관찰을 통해 자연스럽게 드러납니다.

예를 들어 매수자가 다음 질문을 던지면 매도자의 심리를 비교적 쉽게 알 수 있습니다.

"이사 일정은 어느 정도 잡혀 있으신가요?", "혹시 잔금 날짜가 급하신 건가요?", "다음 집 계약은 이미 진행되셨나요?", "혹시 전세 세입자 입주 일정이 있으신가요?"

이 질문들은 단순히 궁금한 것처럼 보이지만, 사실은 매도자의 압박 요인을 파악하는 심리 탐지 도구입니다.

### ② 매도자가 급할수록 '가격 양보 가능성'은 기하급수적으로 증가한다

매도자는 보통 이런 태도를 취합니다.

"급한 거 절대 아닙니다.", "천천히 봐도 됩니다.", "가격은 크게 생각 안 하고 있어요." 하지만 실제로는 급할 때만 이런 말들을 합니다. 왜냐하면 자신이 급하다는 사실을 들키면 매수자가 바로 협상 칼날을 들이댈 것을 알기 때문입니다. 매수자는 매도자가 여유로운 척할수록 더 의심해야 합니다. 협상에서는 '여유로운 척'이 오히려 급하다는 가장 강한 신호입니다.

### ③ 매도자가 급한 경우 매수자의 협상 전략

매도자가 급한 사정을 파악했다면 매수자는 다음 3단계 전략을 사용해야 합니다.

### 1단계 — 낮은 앵커로 기선 제압

**매수자:** "이 조건이면 ○○억 초반대가 적정선 같습니다.", "실거래가 대비 이 정도가 현실적이라고 판단합니다." 매도자가 급할수록 처음 낮게 던진 앵커가 그대로 협상의 기준점이 됩니다.

### 2단계 — '즉시 성사 가능'을 무기로 활용

**매수자:** "조건만 맞으면 바로 계약할 수 있습니다.", "잔금도 일정에 맞춰 조정해 드릴 수 있어요.", "지금 결정하시면 서로 편하게 진행할 수 있습니다." 매도자에게는 '시간'이 가장 큰 스트레스입니다. 따라서 "시간 단축"을 제안하는 매수자는 가장 강한 심리적 우위를 가지게 됩니다.

### 3단계 — 심리적 압박을 통한 가격 결정

**매수자:** "지금 결정하셔야 일정이 가능할 것 같습니다.", "이 가격 이상은 현실적으로 어렵습니다.", "다른 매물도 보고 있어서, 오늘 안에는 결정해야 합니다." 이런 문장은 매도자에게 매우 강한 압박감을 줍니다. 매도자는 스스로 생각합니다.

"지금 이 매수자 놓치면 어떡하지?", "다음 매수자가 나타날까?", "시간 안에 못 팔면 오히려 더 큰 손해 아닌가?" 결국 스스로 가격을 내려 협상을 성사시키는 흐름을 만듭니다.

### ④ 매수자는 매도자의 감정을 건드리기보다 '상황'을 건드려야 한다

매수자는 다음을 절대 하지 말아야 합니다. "이 가격 너무 비싸요!", "다른 집은 더 싸던데요?", "너무 욕심내시는 거 아닙니까?" 이런 말은 매도자의 자존심을 자극하여 협상을 깨 버립니다. 중요한 것은 감정이 아니라 상황을 기반으로 설득하는 것입니다. 시간 압박, 일정 조정, 자금 필요, 세금 문제, 이미 진행된 계약 이런 "현실적 문제"를 자극하면 매도자는 감정이 아닌 이성적으로 가격을 내리게 됩니다.

### 정리

매도자의 급한 사정을 파악하는 순간, 매수자는 협상에서 절대적인 우위를 확보한다.

매도자의 상황은 감정보다 강하고, 시간 압박은 가격보다 강하게 작용합니다.

매수자가 이 사실을 이해하고 활용한다면 대부분의 협상은 유리한 방향으로 끌고 갈 수 있습니다.

## 3. 협상의 철학: 이기는 협상에서 조화의 예술로
### *The Philosophy of Negotiation: From Winning to the Art of Harmony*

**진행자 최희륜:** 협상은 단순히 이기고 지는 '제로섬 게임'이 아닙니다. 김정남 선생님 성공적인 협상을 위한 철학적 접근과 심리적 통찰은 무엇입니까?

**김정남:** 성공적인 부동산 협상은 단순히 내가 이기고 상대가 지는 '제로섬 게임'이 아닙니다. 최고의 협상가들은 'Win-Win 전략'을 통해 서로가 만족할 수 있는 결과를 만듭니다. 하버드 대학 협상 프로젝트(Harvard Negotiation Project)의 핵심 원칙도 바로 여기에 있습니다.

**하버드식 협상술은 매우 명확합니다. "사람(감정)과 문제(사실)를 분리하라.**

상대를 적이 아니라 문제 해결 파트너로 대하라." 부동산 거래에서도 이 원칙은 놀라울 정도로 잘 들어맞습니다.

## 1) '인간적인 감정'과 '협상의 실질 과제'를 분리하라

부동산 협상에서 갈등이 생기는 이유 대부분은 사실(가격·조건)이 아니라 감정(자존심·방어·의심) 때문입니다. 하버드식 협상에서는 다음과 같이 조언합니다.

가격 문제 → 사실 문제, 불쾌함·오해·자존심 → 감정 문제 이 둘을 분리하지 못하면 협상은 쉽게 감정적으로 변하고 상대는 방어적으로 나오며, 가격 협상도 난항에 빠집니다. 하지만 다음과 같은 접근을 사용하면 상황이 완전히 달라집니다.

"가격 문제는 우리 둘의 문제가 아니라, 시장 가격의 문제입니다." 이 한 문장만으로도 매도자는 매수자를 적으로 보지 않고, 같은 테이블의 문제 해결자로 받아들입니다.

## 2) '공동의 이익'을 먼저 강조하라(Harvard Principle)[59]

협상 초입에 다음 두 문장을 꺼내면 상대방은 방어심을 풀고 협상 의지가 크게 상승합니다. "이번 거래가 서로에게 이익이 되었으면 합니다.", "기분 좋게 마무리할 수 있는 방향을 찾고 싶습니다."

왜 효과적일까요? 상대의 경계심을 낮추고 갈등이 아닌 협력의 분위기를 만들며 "우리는 적이 아니라 팀"이라는 심리적 프레이밍을 만들어 가격·조건 양보에 훨씬 유연해지기 때문입니다. 하버드식 협상에서는 이 단계를 심리적 '선 제압'이라고 부릅니다. 상대는 무의식적으

---

59)　Thompson, L. (2012). The Mind and Heart of the Negotiator (5th ed.). Pearson Education.

로 이렇게 느낍니다. "아, 이 사람하고는 싸우는 게 아니라 협력하는 거구나." 이 순간부터 협상은 갈등이 아니라 공동문제 해결의 과정으로 바뀝니다.

## 3) '문제의 재정의(Reframing)'로 협상 분위기를 전환하라

상대가 높은 가격을 고수할 때 정면으로 부딪히면 갈등이 커지지만, 가격이 아니라 조건과 상황의 문제로 다시 이야기하면 협상은 자연스럽게 풀립니다.

예:

X "그 가격은 너무 비쌉니다."

O "가격 차이가 좀 있지만, 좋은 타협점을 함께 찾아보면 좋겠습니다."

X "너무 욕심내시는 거 아닌가요?"

O "서로에게 이익이 되는 지점이 어디인지 찾아보는 게 좋을 것 같습니다."

이렇게 말하면 상대는 방어벽을 내리고 스스로 합리적인 방향으로 움직입니다.

## 4) Win-Win 협상은 '관계'를 지키면서도 '결과'를 얻는 방식이다

하버드식 협상에서는 다음을 강조합니다.

**목적: 좋은 관계 유지 + 좋은 결과 도출**

**방식: 공격이 아닌 협력**

**원칙: 감정 아닌 사실 기반 접근**

결국 최고의 협상가는 다음을 동시에 달성하는 사람입니다. 상대방에게 신뢰를 얻고 관계를 손상시키지 않으며 원하는 계약 조건을 얻는 사람 그리고 이 전략의 출발점은 "우리는 팀이다. 문제는 시장이다." 이 프레임을 협상 초반에 만드는 것입니다.

## 정리

김정남 발언의 핵심은 다음 한 문장입니다. "협상은 싸움이 아니라 서로의 이익을 극대화하는 공동 프로젝트다." 상대를 적으로 보면 가격 협상은 싸움이 되지만, 상대를 파트너로 보면 가격 협상은 해결 가능한 문제로 바뀝니다. 그리고 이때부터 진짜 협상이 시작됩니다.

**이성호:** 여기에 반드시 심리적 기술이 더해져야 합니다. 부동산 협상은 단순히 말싸움이 아니라, 대니얼 카네만이 말한 이중 사고 체계(시스템 1 & 시스템 2)가 실시간으로 충돌하는 복잡한 심리적 전장입니다.

카네만은 인간의 사고를 다음 두 체계로 설명했습니다.

**시스템 1:** 빠르고 자동적이며 감정 중심의 반응
**시스템 2:** 느리고 논리적이며 계산적 사고 협상에서도 이 두 체계는 명확히 드러납니다.

## 1) 상대가 감정적으로(시스템 1) 반응할 때 → 나는 논리적으로 대응해야 한다

예를 들어 매도자가 이렇게 말할 때: "우리 집이 왜 이 가격밖에 안 돼요?", "옆집은 더 비싸게 팔았는데 우리는 왜?" 이 순간 매도자는 감정의 시스템 1이 작동 중입니다. 이때 감정적으로 맞받아치면 협상은 즉시 막힙니다. 이럴 때 필요한 대응은 오히려 시스템 2의 냉정함입니다. "말씀 이해합니다. 다만 최근 실거래가 기준으로 보면", "시장 가격이 조정 중이라 합리적 범위를 먼저 확인해 보면 좋겠습니다." 즉, 상대가 감정적일 때는 내가 긴 호흡을 유지해야 협상의 균형이 잡힙니다.

## 2) 상대가 지나치게 논리적일 때 → 감성적 접근으로 균형을 맞춘다

반대로 매도자가 너무 논리적이고 차갑게 나오며 계속 데이터와 숫자만 주고받으려 할 때가 있습니다. 이런 경우 매수자는 '인간적인 메시지'로 균형을 맞춰야 합니다.

예:

"이 집이 정말 마음에 들어서 오래 보고 고민했습니다."
"저희도 이사 일정이 있어 최대한 좋은 조건에서 마무리하고 싶습니다."
"제가 이 집에서 가족과 안정적으로 살 수 있을 것 같아 진지하게 고민 중입니다."

이처럼 감성의 여지를 주면 상대의 시스템 2가 아닌 시스템 1(공감, 선의, 인간적 감정)이 활성화되며 협상의 경직된 분위기가 풀립니다.

## 3) 협상은 '감정-논리 조절의 교차 퍼즐'이다

성공적인 협상가는 상대의 상태를 먼저 파악한 뒤 그 반대의 사고 체계로 대응해 균형을 맞춥니다.

상대가 흥분했다면 → 나는 침착
상대가 지나치게 계산적이면 → 나는 인간적
상대가 의심하면 → 나는 투명
상대가 빠르게 몰아붙이면 → 나는 천천히 논리 전개
상대가 침묵하면 → 나는 기다림(심리적 압박 효과)

이런 식으로 대응하는 협상가는 상대의 심리 리듬을 조절해 주도권을 잡을 수 있습니다.

## 4) 결론: 협상은 '상대의 사고 체계를 읽고 반대로 대응하는 심리전'이다

협상에서 이기는 사람은 크게 두 가지를 잘 합니다. 상대의 사고 체계가 시스템 1인지, 시스템 2인지 구분한다. 상대와 동일하게 움직이지 않고 반대로 조절함으로써 협상의 속도를 내가 통제한다. 결국 협상은 '목소리를 누가 크게 내느냐'가 아니라, 상대의 감정·논리의 흐름을 누가 먼저 읽고 조절하느냐의 싸움입니다. 이 원칙을 이해하는 순간 협상 테이블의 판세는 완전히 달라집니다.

**박향숙:** 결론적으로 말하자면, 최고의 협상가는 말을 잘하는 사람이 아니라 '듣는 사람'입니다. 많은 사람들이 협상에서 자신의 논리를 강조하려고 말만 늘어놓는데, 실제로 판을 뒤집는 사람은 상대의 말 뒤에 숨겨진 심리와 욕구를 먼저 읽는 사람입니다. 하버드 협상 연구에서도 최고의 협상가들은 공통적으로 다음 기술을 사용한다고 말합니다.

## 1) 적극적 경청(Active Listening) — 협상의 70%는 '듣기'

상대의 말 속에는 다음 정보가 숨어 있습니다. 진짜 원하는 것(Price? Speed? Stability?) 숨겨진 불안, 양보 의지, 협상을 빨리 끝내야 하는 이유, 감정적 트리거 이것은 상대가 직접 말하지 않습니다. 하지만 잘 듣는 사람만이 이 신호를 포착할 수 있습니다.

## 2) 반복·요약 기술 — 신뢰를 얻는 가장 빠른 방법

상대가 말한 핵심을 그대로 다시 말해주는 기술은 가장 단순하지만 가장 강력합니다.

"정리해 보면, ○○ 때문에 이 가격을 원하시는 거죠?"

"말씀하신 걱정은 △△ 부분이 맞습니까?"

"○○ 조건만 맞으면 거래 의지가 있으신 거죠?"

이렇게 말하면 상대방은 **"아, 이 사람은 내 이야기를 제대로 듣고 있구나."**라고 느끼며 방어 심리가 사라지고 마음이 열립니다. 신뢰는 가격을 움직이는 가장 강력한 심리적 자산입니다.

### 3) 숨겨진 욕구 파악 — 진짜 협상은 겉이 아니라 '속'을 다룬다

사람은 가격을 말하지만, 그 가격의 뒤에는 항상 다른 이유가 있습니다.

예: **"아이 학교 문제 때문에 빠른 이사가 필요하다.", "내가 이 집을 싸게 팔면 체면이 깎인다.",** **"대출 이자 때문에 마음이 조급하다.", "집 관리에 지쳐서 빨리 정리하고 싶다."**

이것을 파악하면 협상은 완전히 달라집니다. 눈에 보이는 가격이 아니라 보이지 않는 진짜 욕구를 충족시키는 쪽이 협상의 승자가 됩니다.

### 4) 협상은 데이터 + 심리전 + 철학의 종합 예술이다

부동산 협상은 두 가지의 조합입니다. 데이터(실거래가, 미분양, 주변 시세, 점수표 등) 심리전(침묵, 공감, 앵커링, BATNA, 프레이밍 등) 데이터만으로는 상대방의 마음을 움직일 수 없고, 심리전만으로는 신뢰를 얻을 수 없습니다. 둘을 모두 다루는 사람이 절대 흔들리지 않는 협상 우위를 갖게 됩니다. 그리고 이것은 단순한 기술이 아닙니다. 상대의 마음을 읽는 통찰력(철학), 인간 감정의 결을 이해하는 지혜(심리학), 불확실성을 견디는 침착함(정서 관리), 이 세 가지가 결합될 때 비로소 협상은 '예술'의 단계로 진입합니다.

### 최종 문장 정리

"최고의 협상가는 말 잘하는 사람이 아니라, 상대의 마음을 먼저 이해하는 사람이다." 듣고, 요약하고, 공감하고, 숨은 욕구를 찾아내는 사람이 협상의 주도권을 쥡니다.

**진행자 최희륜:** 네, 오늘 대담을 통해 우리는 다시 한번 중요한 사실을 확인했습니다. 부동산 거래에서 협상 없이 중개업자가 제시하는 금액을 그대로 받아들이는 것은 마치 전쟁터에 무장도 하지 않고 들어가는 것과 다름없는 어리석음이라는 점입니다. 가격은 숫자가 아니라 심리의 산물이며, 협상은 선택이 아니라 투자의 필수 과정입니다. 상대의 심리, 나의 심리, 그리고 시장의 심리를 읽고 움직일 때 비로소 합리적인 가격과 성공적인 거래가 가능하다는 것을 다시 한번 깨닫게 하는 자리였습니다. 다음 7주차 대담에서는 '부동산 경영자를 위한 심리적 리스크 관리와 대응'이라는 주제를 통해 부동산 시장에서 반드시 대비해야 할 심리적 함정들과 그에 대한 실질적인 해법을 깊이 있게 분석해 보겠습니다. 오늘 함께해 주신 모든 분들께 감사드립니다. 다음 시간에 다시 뵙겠습니다.

### 주제: 거래 협상에서의 심리전 (매도자 vs 매수자)

부동산 거래 협상은 단순한 가격 흥정이 아니라, 상대의 심리를 읽고 흔들며 협상의 주도권을 선점하는 고도의 심리전이다. 6주차 대담에서는 매도자·매수자의 심리가 협상에서 어떻게 작용하며 어떤 전략이 협상 성공 확률을 높이는지를 깊이 있게 다뤘다.

### 1. 협상은 '심리전 + 분석전'이다

협상은 가격이 아니라 사람의 마음을 다루는 과정이다. 매수·매도 양측은 감정, 욕망, 불안, 기대, 자존심이라는 심리적 요인을 품고 협상 테이블에 앉는다. 상대를 설득하는 것은 논리가 아니라 심리 협상은 말을 많이 하는 사람이 아니라 심리를 읽는 사람이 유리

### 2. 매도자의 심리전: 앵커링·여유·호가 방어

매도자는 협상의 기준점을 먼저 장악하려 한다. 그 중심에는 앵커링 효과(Anchoring Effect)가 있다. 처음에 높은 가격(앵커)을 제시해 협상 기준을 자신에게 유리하게 고정 급매 상황에서도 '여유 있는 척'하며 감정적으로 우위를 점하기도 함 "안 팔아도 된다"는 태도를 보여 매수자에게 압박을 줌

## 3. 매수자의 심리전: 저항선 · 데이터 · BATNA

매수자는 매도자의 고가 앵커에 흔들리지 않기 위해 명확한 심리적 저항선과 객관적 데이터를 무기로 활용해야 한다. 사전에 정한 최대 지불 가능 가격(저항선)을 절대 넘지 않는다. 실거래가 · 시세비교표 등 객관적 자료로 매도자의 논리를 반박 BATNA 전략: "다른 매물도 있다"는 대안을 보여 협상 주도권 확보 현금 구매 가능성 등을 강조해 매도자의 불안감 줄이고 가격 인하 유도

## 4. 카네만의 이중 사고 시스템: 감정-논리의 교차 심리전[60]

협상은 카네만의 시스템 1 · 2가 실시간으로 오가는 '심리 조절 게임'이다.

**상대가 감정적이면 → 나는 논리적으로 대응**

**상대가 지나치게 논리적이면 → 감성적 접근으로 공감 유도**

상대의 사고 리듬을 '정반대 방식'으로 조절하면 협상의 주도권을 가져올 수 있음

## 5. 최고의 무기는 '듣기'다

협상 고수는 말을 많이 하지 않는다. 듣고 분석하고 핵심을 되돌려 말하며 신뢰를 얻는다. 적극적 경청은 상대의 진짜 욕구 · 불안 · 양보 지점을 파악하게 해 준다. 상대의 말을 핵심만 요약해 반복하면 신뢰 형성 효과가 극대화 신뢰는 가격을 움직이는 가장 큰 힘이다.

---

60) Raiffa, H., Richardson, J., & Metcalfe, D. (2002). Negotiation Analysis: The Science and Art of Collaborative Decision Making. Harvard University Press.

# 6. 협상은 데이터 + 심리의 예술이다[61]

진정한 협상가는 데이터라는 '객관적 무기'와 심리를 흔드는 '전략적 기술'을 동시에 활용한다. 데이터만으로는 마음을 못 움직이고 심리전만으로는 신뢰를 못 얻는다. 둘을 결합했을 때 비로소 협상은 예술적 경지에 이른다.

## 한 문장 요약

부동산 협상은 말싸움이 아니라 '심리를 읽고 조절하는 기술'이며, 중개업자가 제시한 가격을 그대로 수용하는 것은 가장 위험한 선택이다.

## 용어 정리

**ㄱ** **공동문제 해결 프레임**(*Joint Problem-Solving Frame*)

상대를 '적'이 아니라 '문제 해결 파트너'로 정의해 방어심을 낮추고 협상을 협력 모드로 전환하는 프레임.

**교차 조절 전략**(*Counter-Regulation Strategy*)

상대가 감정적이면 나는 논리적으로, 상대가 차가우면 나는 공감으로—상대의 상태와 반대로 반응해 협상 리듬을 내가 통제하는 전략.

**권위/주도권 신호**(*Authority Signal*)

"나는 급하지 않다", "대안이 있다", "결제 확실하다" 같은 신호로 상대의 불안을 키우거나 낮추며 주도권을 확보하는 장치.

**ㄴ** **논리적 근거 제시**(*Evidence-Based Justification*)

"깎아 주세요"가 아니라 실거래·비교표·하자 리스트 등 근거로 말해 협상을 감정전에

---

61) Kahneman, D. (2011). Thinking, Fast and Slow. Farrar, Straus and Giroux. Rogers, C. R., & Farson, R. E. (1957). Active Listening. Industrial Relations Center of the University of Chicago.

서 전술전으로 옮기는 방식.

**BATNA***(Best Alternative To a Negotiated Agreement)*

협상이 결렬돼도 선택할 수 있는 최선의 대안. "대안이 있다"는 신호 자체가 협상력(주도권)을 만든다.

**반(逆)앵커링***(Counter-Anchoring)*

상대의 첫 가격 제시를 그대로 기준점으로 두지 않고, 내 근거 기반 가격을 새 기준점으로 '재설정'하는 기술.

**사람-문제 분리 원칙***(Separate People from the Problem)*

감정(자존심·불쾌함)과 사실(가격·조건)을 분리해, 갈등을 사람에게 붙이지 않고 '시장/조건'에 붙이는 원칙.

**시스템 1·시스템 2***(System 1 & System 2)*

빠른 감정 반응(시스템1)과 느린 논리 사고(시스템2). 협상은 이 두 체계의 전환을 읽고 조절하는 게임.

**심리 정보***(Psychological Intelligence)*

가격 정보보다 중요한 '상대의 급함·불안·마지노선·진짜 욕구' 같은 비가시 정보. 이를 읽는 사람이 판을 잡는다.

**재정의***(Reframing in Negotiation)*

"비싸다"로 충돌하지 않고 "타협점을 찾자"로 문제를 다시 정의해 방어심을 풀고 합의 가능성을 올리는 기술.

**적극적 경청***(Active Listening)*

상대의 말 뒤에 숨은 욕구·불안·양보 의지를 포착하는 기술. 협상의 70%가 '듣기'로 결정된다는 관점.

**조건 교환***(Trade-off/Conditional Concession)*

가격만 두드리지 않고 "가격 ↔ 잔금일정 ↔ 하자수리 ↔ 인테리어 포함"처럼 조건을 묶어 교환해 Win-Win을 만드는 방식.

(협상에서 '상대가 아니라 자기 자신과의 싸움'이 더 중요하다

# 부동산 마케팅 심리학
# (광고, 브랜딩, 스토리텔링 기법)

## Week 7: Real Estate Marketing Psychology
## (Advertising, Branding, Storytelling Techniques)

**진행자 최희륜:** 6주차에서 우리는 매수자와 매도자의 심리전이 거래 현장에서 어떻게 작동하는지 깊이 있게 다뤘습니다. 그리고 지난 시간까지의 흐름을 통해 한 가지 공통된 결론을 발견했습니다. "부동산 시장을 움직이는 것은 논리가 아니라 심리, 그리고 그 심리를 이끄는 것은 결국 '이야기'다." 그래서 오늘은 시야를 시장 전체로 확장해 보겠습니다. 개별 거래의 심리를 넘어, 대중의 심리를 설계하고 이끄는 영역 바로 부동산 마케팅 심리학입니다.

오늘 7주차 주제는 '광고, 브랜딩, 스토리텔링 기법'입니다. 김정남 선생님, 현대 부동산 마케팅의 핵심은 무엇입니까?

**김정남:** 현대 부동산 마케팅의 핵심은 더 이상 "평수가 몇 평입니까?", "역까지 몇 분입니까?" 같은 기본 정보 전달이 아닙니다. 구매자는 이제 상품을 사지 않습니다. 이미지·가치·스토리·경험을 삽니다. 즉, 부동산 마케팅은 "집을 판다"는 착각에서 벗어나야 합니다. 지금 팔아야 하는 것은 공간이 아니라 그 공간에서 살게 될 삶의 장면 그 집이 주는 미래의 정체성 거주자가 손에 넣을 감정적 보상 그 공간이 상징하는 자기 이미지 바로 이런 심리적 가치들입니다. 오늘날 소비자는 "이 아파트에 살면 내가 어떤 사람이 될까?", "이 동네에서 생활하는 나의 모습은 어떤 이미지일까?"라는 질문에 더 큰 반응을 보입니다. 그래서 현대 부동산 마케팅은 고객의 마음속 욕망·불안·희망에 메시지를 던지는 정교한 심리 설계 과정입니다. 사람들은 집을 사는 것이 아니라 자신의 미래를 산다는 사실을 마케팅 담당자와 경영자는 반드시 이해해야 합니다.

**박향숙:** 맞습니다. 부동산 마케팅 심리학은 인간의 심리와 행동을 이해하고 이를 광고에 활용하여 구매 욕구를 자극하는 전략입니다. 고객은 논리로 비교하고, 감정으로 선택합니다. 따라서 감정적 공감에서 시작하여 행동을 유도하는 것이 핵심입니다.

# 1. 광고의 심리학: 행동을 유도하는 심리적 트리거
## *The Psychology of Advertising: Psychological Triggers That Drive Action*

**진행자 최희륜:** 효과적인 부동산 광고는 잠재 고객의 심리를 자극하는 심리적 트리거를 활용합니다. 이성호 선생님 주요 심리적 기법에는 어떤 것이 있습니까?

**이성호:** 광고 심리학에서는 주로 다음의 세 가지 원리를 활용하여 구매를 유도합니다.

**희소성 강조:** 사람들은 희귀하거나 한정된 수량에 큰 가치를 느끼고 놓치고 싶지 않다는 감정에 쉽게 반응합니다. "마지막 한 채 남았습니다"나 "언제까지만 있고 향후 없다는 말"로 조급함을 자극하여 즉각적인 구매 행동을 유도합니다.

**사회적 증거:** 사람들은 다른 사람들이 선택한 것을 따라 하려는 경향이 있습니다. "청약률 200대 1 돌파"와 같은 메시지는 제품에 대한 신뢰도를 높이고, 구매 결정에 확신을 줍니다. 감정 자극 및 공감 유도: 광고는 고객의 욕구(안정, 행복)와 미래에 대한 기대를 자극합니다. "작은 집에서 벗어나 넓은 공간으로 이사 하고 싶어"와 같은 문구는 고객의 고민에 공감을 유도하여 신뢰와 호감을 높입니다.

**김정남:** 여기에 **감각 자극(Sensory Trigger)**도 매우 중요한 요소입니다. 사람의 의사결정은 합리적인 것처럼 보이지만, 실제로는 감각 자극이 무의식을 빠르게 장악하면서 브랜드 이미지와 구매욕을 형성합니다. 부동산 마케팅에서도 이 감각 심리가 절대적인 기능을 합니다.

## 1) 따뜻한 색감은 '안전 · 정착 · 가정'의 이미지를 강화한다

광고나 브로셔, 랜딩 페이지에서 베이지 · 우드톤 · 웜그레이 같은 따뜻한 색감은 사람에게 다음과 같은 무의식적 신호를 줍니다.

**"이 집은 편안하다.", "이 공간은 안정적이고 따뜻하다.", "가족이 머물기에 좋다."** 색채심리학에서는 따뜻한 색 계열이 사람의 안정 · 유대 · 정서적 안식감을 자극한다고 알려져 있습니다. 부동산 광고에서 따뜻한 색감을 앞세우는 이유가 바로 이것입니다.

## 2) 감성적인 음악은 '집에 대한 감정적 의미'를 확대한다

사람의 구매 결정은 합리적 분석보다 감정의 동요가 더 빠르고 강력합니다. 따라서 광고 영상에서 사용하는 음악은 단순한 배경음이 아니라 감정 엔진입니다.

**잔잔한 피아노 → "평온한 일상, 안정된 삶" 따뜻한 스트링(현악) → "가족, 성장, 미래" 어쿠스틱 기타 → "자연, 휴식, 슬로우라이프"**

이러한 음악은 뇌의 변연계(감정중추)를 자극하여 '여기에서 살고 싶다'는 감정 이미지를 선행적으로 만들며, 그 감정이 논리적 판단을 이깁니다.

## 3) 엘리베이터 영상 · 모델하우스 조명도 감각 심리에 의해 설계된다

자세히 보면 모델하우스도 감각 마케팅의 총집합입니다. 부드러운 간접 조명 은은한 아로마 향, 적당한 볼륨의 따뜻한 음악, 자연광이 들어오는 것 같은 조도 설계, 이 모든 것은 집이 아니라 감정 상태를 파는 것입니다.

"이 공간에 들어오는 순간 느껴지는 편안함이 바로 구매 욕구의 출발점이다." 광고만이 아니라 실제 공간 연출도 고객의 무의식에 '좋은 집'이라는 이미지를 심어 구매 결정을 밀어붙입니다.

## 4) 결론: 감각 자극은 부동산 브랜드의 감정적 기반을 만든다

사람들은 집을 합리적으로 구매하는 것 같지만, 그 전에 먼저 감각적으로 '좋다'는 느낌을 받아야 마음이 열리고 관심이 생기고, 그 뒤에야 정보와 논리가 들어옵니다.

즉: "감각이 문을 열고, 감정이 들어오며, 논리가 따라온다." 따뜻한 색감, 감성 음악, 향, 조명 등 감각적 요소들은 모두 브랜드 이미지를 무의식적으로 각인시키는 장치입니다. 그래서 현대 부동산 마케팅은 상품 정보가 아니라 감각과 감정을 설계하는 마케팅이라고 할 수 있습니다.


## 2. 브랜딩의 힘: 이미지와 신뢰의 구축
### *The Power of Branding: Building Image and Trust*

**진행자 최희륜:** 부동산은 일반 소비재와 다르게 평생에 한두 번 살까 말까 한 고가의 상품입니다. 그래서 고객은 "회사"보다 "사람"을 먼저 보고, 사람보다 한 단계 더 위에 있는 "브랜드"를 보고 결정을 내리는 경향이 강합니다. 단순히 이 아파트가 좋으냐 나쁘냐의 문제가 아니라, 이 브랜드라서 안심된다, 이 브랜드라면 나중에 가격도 잘 지켜 줄 것 같다는 심리가 작동하는 것이죠. 박향숙 선생님, 브랜딩이 소비자의 심리에 어떤 힘을 발휘하는지 이야기해 주시겠어요?

**박향숙:** 브랜딩은 단순한 아파트의 외관이나 옵션을 넘어서, 소비자의 마음속에 자리 잡는 '심리적 안정장치'를 만드는 전략이라고 할 수 있습니다.
부동산 브랜드는 눈에 보이는 콘크리트보다 더 강력한 이미지, 신뢰, 감정을 구축합니다.

**첫째,** 심리적 가치 창출이에요.
예를 들어 소비자들은 이미 브랜드에 대한 인지적 틀이 형성되어 있습니다.

**"레미안 = 고급", "힐스테이트 = 신뢰가 간다"**
**"푸르지오 = 안정적이고 프리미엄 이미지"**

이런 인식은 단순한 광고가 아니라, 수년간의 일관된 품질·관리·고객 경험이 쌓이면서 형성된 '심리적 프리미엄'입니다. 그래서 소비자는 실제 스펙을 보기도 전에 이미 브랜드만 보고 기본 점수를 줍니다. 가격만으로는 설명할 수 없는 부가적인 가치를 브랜드가 대신 만들어 주는 것입니다.

**둘째,** 신뢰와 안정감 제공입니다.

집을 사는 과정은 누구나 두렵습니다. 계약 과정, 입주, 하자 보수, 관리 시스템 등 불확실한 요소가 많기 때문이죠. 그런데 '강한 브랜드'는 고객의 불안감을 크게 낮춰 줍니다.

"그래도 ○○ 브랜드니까 어느 정도는 보장되겠지." 이 믿음이 작동하면 고객의 의사결정 속도도 빨라지고, 구매 과정의 스트레스는 크게 줄어듭니다.

**셋째,** 소비자의 선택을 현실화시키는 힘입니다.

브랜딩은 결국 고객에게 "왜 많은 브랜드 중에서 우리여야 하는가"를 답해 주는 과정입니다. 브랜드의 생존은 소비자의 선택이고, 소비자의 선택은 브랜드가 쌓아 온 경험과 이미지로부터 나옵니다. 부동산은 특히 '리스크 회피 성향'이 큰 시장이라, 고객은 스펙보다 '신뢰감'을 먼저 구매합니다. 즉, 선택의 기준을 만들어 주는 것이 바로 브랜드입니다.

**이성호:** 그래서 부동산 브랜딩 전략은 단순히 로고를 예쁘게 만들고 광고를 많이 하는 것이 아닙니다. 브랜드의 미션(왜 존재하는가), 비전(어디로 가는가), 핵심 가치(무엇을 지키는가)를 명확히 정의해야 합니다.

특히 핵심 가치—예를 들면 신뢰, 전문성, 정직성, 일관성—이 흔들리면 고객은 바로 불안함을 느끼고 브랜드는 신뢰를 잃습니다. 브랜드는 고객의 마음속에서 안심할 수 있는 이름, 기대할 수 있는 품질, 문제가 생겨도 해결해 줄 것 같은 느낌 이 세 가지를 동시에 충족해야 합니다. 또한 브랜드는 타깃 고객이 누구인지 정확히 정의해야 합니다.

예를 들어 젊은 신혼부부를 공략하는 브랜드 중대형 평형 중심의 프리미엄 브랜드 고령층이 선호하는 안심·편의 중심 브랜드 각각의 니즈가 다르기 때문에 전달해야 하는 메시지도 달라집니다. 결국 중요한 것은 고객이 브랜드를 신뢰하고 스스로 동일시할 수 있도록 '긍정적 경험'을 지속적으로 제공하는 것입니다. 입주 순간의 만족, 사후 관리의 정직함, 문제 해결의 즉각성 등이 쌓여 브랜드 정체성이 강화되고, 이것이 다시 거래가격, 프리미엄, 재구매 의도로 이어지는 선순환이 만들어집니다. 브랜딩은 '이미지 만들기'가 아니라, 고객의 심리 세계 속에서 브랜드가 어떤 자리에 위치할지 설계하는 장기 전략입니다.

## 3. 스토리텔링 기법: 삶의 장면을 파는 방식
### Storytelling Techniques: Selling Life Moments

**진행자 최희륜:** 집을 단순한 건물이나 구조물이 아니라, '삶의 무대', '인생의 장면이 펼쳐질 공간'으로 보여 주는 스토리텔링이 있습니다.

이때 스토리텔링은 고객의 표면적인 니즈를 넘어, 무의식 속 깊은 욕구까지 건드리는 힘이 있다고 말하죠. 왜 스토리텔링 방식의 제안이 고객을 움직이게 만들까요? 그 메커니즘을 설명해 주시겠습니까?

**김정남:** 스토리텔링은 말 그대로 '집'이 아니라 '삶'을 파는 방식입니다. 사람의 선택은 이성보다 감정이 먼저 움직이고, 감정이 논리를 찾아 정당화합니다. 그래서 스토리텔링은 고객의 감정적 공감에서 시작해 행동으로 이어지는 강력한 심리적 도구가 됩니다.

**첫째, 공감과 문제 제시입니다.**

고객이 현실에서 느끼는 불편함과 두려움을 정확하게 짚어 주는 순간, 고객은 "나를 이해하고 있구나"라는 감정적 개방 상태가 됩니다.

예를 들면, "지금 사는 낡은 아파트는 여름엔 너무 덥고 겨울엔 춥죠. 그래서 우리는 신축을 고민하기 시작했습니다." 이 문장은 단순한 사실 전달이 아니라 '내 마음을 알아주는 말'로 작용합니다. 공감은 스토리텔링의 첫걸음입니다. 이 지점이 열려야 다음 단계가 들어갈 수 있습니다.

**둘째, 미래 이미지 자극(Visualization)입니다.**

부동산 심리학에서 가장 강력한 요소 중 하나가 '구체적 상상'입니다. 고객이 머릿속에서 미래의 삶을 생생하게 상상할수록, 그 이미지를 실현하고 싶어 하는 욕구가 커집니다. 따라서 스토리텔링은 공간을 묘사할 때 '스펙'이 아니라 '감각'을 사용합니다. 아침 햇살이 거실에 들어오는 따뜻한 느낌 주말마다 가족이 마당에서 커피를 마시는 장면 아이가 현관에서 신발을 신으며 "학교 다녀오겠습니다"라고 인사하는 소리 이런 감각적 이미지가 무의식 속에서 강한 소유 욕구를 자극합니다. 상품 설명보다 훨씬 강력한 힘을 갖는 이유입니다.

**셋째, 자기 동일화(Self-identification)입니다.**

고객은 '남의 이야기'에는 쉽게 움직이지 않습니다. 그러나 스토리 속 인물이 자신과 비슷한 나이, 가족 구성, 생활 패턴을 갖고 있으면 즉시 감정적 동일화가 일어납니다. "저게 바로 우리 모습인데…" 이 순간 고객의 무의식은 '이 집은 나의 이야기'라고 받아들이고, 그 공간을 실제 자신의 미래로 전환하기 시작합니다.

**넷째, 감정 중심의 결말입니다.**

스토리텔링은 단순하게 말하면 '정보'가 아니라 '감정'을 심는 기술입니다. 그래서 마무리도 감정적 여운을 남겨야 효과가 극대화됩니다.

예를 들어, "어느 순간 이 집에서 우리 가족의 추억이 하나씩 쌓이고 있다는 걸 깨달았습니다." 이 결말은 설명도, 스펙도 아닙니다. 하지만 고객은 그 문장 한 줄에서 '안정', '행복', '가족', '기대'라는 여러 감정을 느끼기 때문에 마음이 흔들릴 수밖에 없습니다. 스토리텔링이란 결국 '공간의 기능'을 파는 것이 아니라, 그 공간에서 살게 될 사람의 감정·기억·삶의 장면을 파는 것입니다. 그리고 이것이 무의식적인 구매 욕구를 건드리는 핵심적 힘입니다.

**박향숙:** 스토리텔링의 본질은, 고객의 분석적·논리적 판단을 우회하여 '정서 중심'으로 가치를 전달한다는 데 있습니다. 사람은 스펙을 설명할 때보다, 삶이 떠오르는 이야기를 들을 때 훨씬 빨리 마음이 움직입니다. 그래서 "이 집은 단열이 뛰어나고, 구조가 효율적입니다."라

는 말보다 "겨울 아침, 아이가 따뜻한 거실에서 토스트를 먹으며 학교 갈 준비를 하는 모습이 보이는 집입니다." 이 한 문장이 더 큰 울림을 줍니다. 부동산은 특히 감정의 비중이 큰 상품입니다. 그러기에 스토리텔링은 단순한 마케팅 기술이 아니라, 고객의 마음을 움직이기 위한 심리 기반 전략이라고 할 수 있습니다.

## 4. 최종 교훈: 감정을 설계하라
### *Final Lesson: Design Emotions*

**진행자 최희륜:** 7주차 대담의 마지막 교훈을 정리해 주시죠.

**이성호:** 마케팅은 상품 자체를 파는 것이 아니라, 그 상품이 만들어 주는 이미지와 이야기를 파는 일입니다. 특히 부동산 마케팅은 '벽과 방'이라는 물리적 공간이 아니라, 그 안에서 펼쳐질 삶의 장면과 감정의 경험을 파는 작업이라는 사실을 다시 한번 확인했습니다. 고객은 구조가 아닌 삶의 의미를 구매합니다.

**김정남:** 또 하나의 핵심 교훈은, 고객은 늘 논리로 비교하지만 감정으로 선택한다는 점입니다.
심리는 눈에 보이지 않지만, 결국 행동을 결정하는 가장 강력한 요인입니다. 진짜 마케팅은 고객이 스스로 광고에 영향을 받았다고 느끼지 못할 만큼 자연스럽게, 거부감 없이 행동을 유도하는 기술입니다. 감정의 흐름을 설계할 줄 아는 브랜드만이 선택받습니다.

**박향숙:** 그래서 부동산 마케팅 심리학의 본질은 정보가 아니라 느낌을 설계하는 것입니다.
브랜딩으로 신뢰를 만들고, 스토리텔링으로 기억을 남기며, 고객의 무의식에 긍정적인 이미지를 심어 주는 것이죠. 결국 감정이 구매를 완성하기 때문에, 마케팅은 숫자가 아니라 정서의 언어로 말하는 작업입니다.

**진행자 최희륜:** 좋습니다. 이렇게 해서 저희 Midwest University 부동산학 심리학박사 과정의 8주간 대담 시리즈를 마무리합니다. 우리는 지난 시간 동안 부동산 시장을 움직이는 보이지 않는 힘, 즉 탐욕과 공포, 기대와 불안, 브랜드의 신뢰, 스토리텔링의 감정 설계까지 여러 심리적 요인을 깊이 있게 다뤘습니다. 요동치는 시장에서 흔들리지 않기 위해 필요한 것은 정보가 아니라, 상황을 해석하고 감정을 다스릴 수 있는 심리적 근육입니다.

이번 대화가 독자 여러분에게 부동산 시장의 진실을 꿰뚫어 보는 새로운 시각과 보다 현명한 선택을 할 수 있는 지적 무기가 되기를 진심으로 바랍니다. 함께해 주셔서 감사합니다.

## 주제: 부동산 마케팅 심리 – 브랜드·스토리·감정이 고객을 움직인다

### 1. 부동산 마케팅은 '상품'이 아니라 '삶의 장면'을 파는 일이다

고객은 집을 사는 것이 아니라 그 안에서 펼쳐질 미래의 삶을 산다. 마케팅의 본질은 구조·면적·옵션이 아니라, "이 집에서 내가 어떻게 행복하게 살 것인가"를 상상하게 만드는 것이다.

### 2. 고객은 논리로 비교하고 감정으로 선택한다

스펙, 가격, 평면도는 '비교 자료'일 뿐이다. 최종 선택을 결정하는 것은 감정적 울림이다. 감정은 보이지 않지만 행동을 일으키는 가장 강력한 구매 동기다.

### 3. 브랜딩은 신뢰를 만드는 심리 장치이다

"래미안 = 고급", "힐스테이트 = 신뢰", "푸르지오 = 프리미엄" 브랜드는 소비자의 두려움을 줄이고 구매 불안을 해소한다. 강한 브랜드는 고객의 마음속에 "안심할 수 있음"이라는 심리적 안전지대를 만든다.

## 4. 스토리텔링은 고객의 무의식을 자극한다

스토리는 '기능'보다 '감정'을 움직인다. "낡아서 더워서… 불편했다" → 공감 형성, "햇살 비치는 아침, 아이와 산책하는 집" → 미래 이미지 각인 고객이 스토리 속 주인공과 자기 동일화될 때 구매 의지는 급격히 강화된다.


## 5. 정보가 아니라 느낌이 구매를 완성한다

고객은 "좋은 집입니다"라는 설명보다 "이 집에서 따뜻한 삶이 그려진다"는 느낌에 훨씬 강하게 반응한다. 부동산 마케팅 심리학의 핵심: 정서 설계 → 기억 설계 → 선택 설계


## 6. 진짜 마케팅은 고객이 '마케팅을 당한 줄 모르게 하는 것'

억지스러운 광고는 역효과를 낳는다. 자연스럽게 감정이 흐르고, 고객이 스스로 "내가 선택했다"고 느끼도록 만드는 것이 최고의 전략이다.


## 7. 결론: 시장을 움직이는 건 정보가 아니라 인간의 마음이다

변덕스러운 시장처럼 보이지만, 그 속에는 늘 심리적 패턴이 존재한다. 브랜드는 신뢰를 만들고, 스토리는 감정을 깨우고, 감정은 선택을 만든다. 따라서 부동산 마케팅은 심리학의 언어로 이해해야 한다.

"고객은 집을 사지 않는다. 그 집에서 펼쳐질 미래의 감정을 산다."

## 용어 정리

**ㄱ** **감각 트리거**(*Sensory Trigger*)

색·빛·향·음악·질감 같은 감각 자극으로 이성보다 먼저 무의식을 흔들어 "좋다"는 느낌을 선행시키는 장치.

**감정 엔진**(*Emotional Engine*)

영상·카피·사운드가 변연계(감정중추)를 자극해 구매 감정(안정, 기대, 소속감)을 가속하는 메커니즘.

**ㄴ** **내러티브 후광**(*Narrative Halo Effect*)

좋은 이야기(서사)가 붙는 순간, 실제 스펙이 같아도 집·단지·브랜드가 더 좋아 보이는 평가 편향.

**ㄷ** **디자인된 안심**(*Designed Reassurance*)

브랜딩·디자인·운영·A/S 약속을 통해 "여긴 믿어도 된다"는 심리적 안전지대를 만들어 구매 불안을 낮추는 전략.

**ㄹ** **라이프스타일 포지셔닝**(*Lifestyle Positioning*)

평면·옵션이 아니라 "이 동네에서 어떤 삶을 사는 사람인가"를 기준으로 고객의 자기 이미지와 연결해 자리 잡는 전략.

**ㅁ** **무의식 각인**(*Implicit Memory Encoding*)

반복 노출·감각 연출로 "기억에 남는 이유를 설명 못 해도 끌리는 상태"를 만드는 암묵 기억 형성.

**미래 시각화**(*Future Visualization*)

'햇살, 산책, 아이의 등교'처럼 구체적 장면을 그려 미래 삶을 이미 소유한 듯한 감정을 만들어 내는 기법.

ㅂ **브랜드 일관성**(*Brand Consistency*)

광고 톤, 현장 경험, 하자 대응까지 한결같이 유지되어 신뢰를 누적시키는 원리(작게 어긋나면 불신 급증).

**브랜드 정체성**(*Brand Identity*)

로고가 아니라 "우리는 어떤 약속을 지키는가(신뢰·전문성·일관성)"라는 핵심 가치의 체계.

ㅈ **자기 동일화**(*Self-Identification*)

스토리 속 인물이 '나와 비슷하다'고 느끼는 순간, 고객이 "이 집은 내 이야기"로 받아들이며 구매 의지가 상승하는 현상.

**장면 판매**(*Selling the Scene*)

"방 3개"가 아니라 "주말 아침 거실의 한 장면"을 팔아 스펙보다 강한 구매 동기를 만드는 스토리텔링 기법.

**정서 설계**(*Affective Design*)

정보 전달이 아니라 감정의 흐름(편안함 → 기대 → 확신)을 설계해 행동을 자연스럽게 유도하는 마케팅 방식.

ㅅ **상징 소비**(*Symbolic Consumption*)

집을 '거주 공간'이 아니라 지위·정체성·성공 이미지를 상징하는 물건으로 소비하는 심리.

ㅇ **이미지 자본**(*Image Capital*)

브랜드가 쌓아 온 평판·고급감·신뢰감이 가격 방어력과 프리미엄으로 전환되는 무형 자산.

부동산 진짜 마케팅은
고객이 '마케팅을 당한 줄
모르게 하는 것'

# 분양 현장에서의 행동심리 분석과 적용 사례

Week 8: Behavioral Psychology Analysis and Application Cases at the Pre-sale Site

**진행자 최희륜:** 7주차에서는 희소성, 사회적 증거, 스토리텔링 같은 다양한 심리 기법이 광고와 마케팅 메시지에서 어떻게 작동하는지 살펴보았습니다. 오늘 8주차 대담에서는 이 모든 심리 전략이 가장 집약적이고 실전적으로 쓰이는 공간, 바로 분양 현장으로 들어가 보겠습니다.

분양 현장은 단순한 모델하우스가 아니라, 소비자 행동 심리가 극대화되는 하나의 '심리 실험실'입니다. 논리, 감정, 기대, 불안이 동시에 작동하고, 그 사이를 파고드는 마케팅 전략들이 치열하게 펼쳐지는 곳이죠. 김정남 선생님, 분양 현장이 특히 '심리전의 각축장'이라고 불리는 이유가 무엇인가요?

**김정남:** 분양 현장은 고객이 고액의 재화를 매우 짧은 시간 안에 결정해야 하는 특수한 환경입니다. 그렇기 때문에 이성적 계산과 감정적 충동이 교차하면서, 소비자의 심리가 가장 불안정해지는 시점이기도 합니다. 여기에 다음 요소들이 결합되면, 소비자는 쉽게 집단심리에 휩쓸리게 됩니다. 높은 청약 경쟁률은 "남들은 다 산다"는 불안감을 자극하고, 한정된 공급 물량은 희소성의 프레임을 강화하며, 상담사의 압박적 멘트와 분위기 연출은 시간 압박을 유도합니다. 이러한 요소들이 동시에 작동하면 소비자는 합리성을 잃고, "놓치면 끝난다"는 FOMO(Fear of Missing Out)에 휘둘려 비합리적인 선택을 하기도 합니다. 그래서 분양 현장은 행동경제학에서 말하는 다양한 심리적 편향이 가장 쉽게 드러나는 공간입니다.

**박향숙:** 맞습니다. 분양 현장은 사실상 행동경제학 교과서가 실전에서 펼쳐지는 공간이라고 할 수 있습니다. 이곳에서는 소비자의 선택을 왜곡하거나 유도하는 다양한 심리 기제가 구조적으로 설계되어 있습니다. 대표적으로 다음과 같은 원리들이 강하게 작동합니다.

**군집행동(Herd Behavior)** 다른 사람들이 상담을 받고 줄을 서 있는 모습만으로도 "나도 뭔가 놓치고 있는 건 아닐까?"라는 불안을 느끼게 됩니다. 사회적 증거(Social Proof) "어제 300팀이 방문했습니다", "1순위 청약경쟁률 150:1 예상" 같은 문구는 '많은 사람이 선택하는 상품 = 나도 선택해도 안전하다'는 심리를 자극합니다. 희소성(Scarcity Principle) "정남향은 몇 세대 안 남았습니다", "84형 A타입은 이미 마감 임박"이라는 메시지는 공급이 적을수록 가치가 커 보이는 착시 효과를 일으킵니다. 시간 압박(Time Pressure) "오늘 계약자에게만 혜택 제공", "곧 잔여 가구 오픈" 같은 말은 소비자가 판단할 시간을 줄여, 감정적 선택과 유도합니다.

이 모든 요소는 소비자의 판단력을 흐리게 하고, "내가 지금 이 물건을 잡아야 한다"는 심리적 관성(Impulse)을 강화하는 장치들입니다. 결국 분양 현장은 소비자가 스스로는 논리적이라고 생각하지만, 사실은 감정·불안·군집행동에 의해 선택이 크게 좌우되는 공간이라고 할 수 있습니다.

## 1. 분양 현장의 행동 심리 패턴
### *Behavioral Psychology Patterns at Sales Sites*

**진행자 최희륜:** 분양 현장에서 작용하는 주요 행동 심리와 그 적용 사례를 구체적으로 살펴보겠습니다. 이성호 선생님 소비자의 구매 결정을 촉발하는 핵심 심리적 패턴은 무엇입니까?

**이성호:** 분양 현장에서는 크게 네 가지 핵심 심리적 패턴이 두드러지게 나타납니다. 이 네 가지는 소비자의 '합리적 판단'을 흐리고 '감정 기반 결정'을 촉발시키는 가장 강력한 심리 장치들입니다.

### 1) 사회적 증거 및 군집 행동(Social Proof & Herd Behavior)

사람들은 불확실한 선택 앞에서 타인의 행동을 관찰해 자신의 결정을 정당화하려는 경향이 있습니다. 즉, "다른 사람이 선택한 것은 안전하다"라는 무의식적 판단이 작동합니다.
특히 부동산처럼 정보 비대칭이 큰 시장에서는 다수의 행동이 곧 정답처럼 보이는 착시가 만들어집니다.

## 분양 현장에서의 실제 적용 사례

### ① 청약 경쟁률 부각

"청약 경쟁률 300:1 돌파", "1순위 마감 예상", "사전점검에만 5,000명 방문"

이런 수치는 단순 정보가 아니라 '많은 사람이 이미 가치 있다고 인정했다'는 강력한 사회적 증거로 작용합니다. 심리학적으로 이는 '안전한 선택'이라는 신호를 주어 불확실한 고객의 마음을 빠르게 끌어당깁니다.

### ② 현장 분위기 연출(모델하우스 북적임)

모델하우스가 사람들로 가득 차 있으면, 고객은 두 가지 심리 반응을 즉시 경험합니다. **"이 단지가 인기가 많다"는 인식 "지금 계약하지 않으면 놓칠 수 있다"**는 불안(FOMO) 모델하우스의 동선·좌석 배치·대기줄 구성까지 일부는 의도적으로 심리적 압박을 강화하도록 설계됩니다.

예를 들어: 상담 테이블마다 적극적으로 상담 중인 모습, 인파가 몰리도록 동선 좁게 구성, 출입구에서 번호표 배부 → "기다려야 하는 물건"이라는 신호, 투명한 계약실 → 계약 진행 장면을 의도적으로 노출, 이 모든 요소는 고객에게 "사람들이 몰리는 단지"라는 사회적 증거를 주어 선택을 서두르게 만드는 장치입니다.

### ③ 언론·SNS의 '따라가는 심리' 자극

"요즘 가장 핫한 분양 단지"

"○○구 분양시장 활황"

"전문가들이 주목하는 곳"

이러한 보도는 소비자에게 "많은 전문가가 인정했다 → 위험이 줄었다"는 착시를 줍니다. 이때 소비자는 직접 정보를 검증하지 않고, 타인의 판단을 자신의 판단 근거로 대체하는 '인지적 절약'을 하게 됩니다. 이처럼 사회적 증거와 군집행동은 분양 현장에서 소비자의 심리를 움직이는 가장 전방의 전략이자, 고객 스스로는 잘 인식하지 못하는 무의식적 선택의 트리거입니다.

## 2) 희소성 및 손실 회피 심리(Scarcity & Loss Aversion)

원리: 행동경제학의 핵심 법칙 중 하나가 바로 손실 회피(Loss Aversion)입니다. 사람은 이득을 얻는 기쁨보다, 잃어버릴지도 모르는 손실을 훨씬 더 강하게, 두 배 이상 크게 느낍니다.

여기에 희소성(Scarcity)이 결합되면, 사람은 "지금 놓치면 다시는 기회가 없다"는 강한 심리적 압박을 경험하며, 이성이 아닌 감정 기반의 의사결정을 하게 됩니다. 즉, 분양 현장에서 희소성과 손실 회피 전략은 고객의 "미래 손실을 피하고 싶은 심리"를 자극하는 가장 효과적인 장치입니다.

**분양 현장에서의 실제 적용 사례**

**① 시간/물량 압박 기법**

문구 예시:

**"단 5세대만 남았습니다."**
**"선착순 계약 마감 임박."**
**"84A형은 마지막 잔여 세대입니다."**

이런 문구는 단순한 사실 전달이 아니라, 희소성 + 손실 회피를 동시에 작동시키는 심리적 신호입니다. 고객의 무의식은 이렇게 반응합니다.

**"내가 지금 움직이지 않으면 손해를 본다."**
**"남들은 이미 선택하고 있는데 나만 뒤처질 수 없다."**
**"여기서 빠지면 다시는 이런 물건을 못 만날 수도 있다."**

이때 소비자는 '기회를 얻는 선택'이 아니라, '손실을 피하기 위한 선택'을 하게 되므로, 분양 현장에서는 계약 속도가 크게 빨라집니다.


## ② 가격 상승 우려 자극(Price-Fear Anchoring)

**"향후 분양가 인상 예정"**
**"정부 정책 변화로 다음 분양부터 가격 조정 가능성"**
**"현재 분양가는 사실상 마지막 저점"**


이런 멘트는 고객에게 지금 사지 않으면 미래에 더 비싸게 사야 한다는 명확한 손실 시나리오를 제공합니다. 미래의 손실을 피하고 싶은 인간의 본능이 작동하며, 현재 가격은 '절호의 기회'로 재해석됩니다.

심리학적으로, 이는 소비자가 "지금 구매 = 손실 회피"라고 인식하게 만드는 전형적인 인지 프레이밍 기법입니다.


## ③ 대체 불가능한 구조 · 뷰 강조(Irreplaceability Frame)[62]

**"정남향 12세대 중 잔여 1세대"**
**"○○ 조망은 이번 단지만 가능한 유일한 가치"**
**"동 · 호수 조합은 다시는 나오지 않습니다."**


희소성과 독점성(irreplaceability)[63]은 손실 회피 심리를 극대화해 고객을 조급하게 만듭니다. 특히 부동산처럼 '대체재가 제한된 상품'에서는 희소성의 강도가 더욱 크게 작동합니다.


62)  Tversky, A., & Kahneman, D. (1981). The Framing of Decisions and the Psychology of Choice. Science, 211(4481), 453-458.

63)  Cialdini, R. B. (2009). Influence: Science and Practice (5th ed.). Pearson Education.

### ④ FOMO(놓칠까 두려움) 유발 구조

행동경제학에서 FOMO는 "미래에 발생할 수 있는 후회 회피"라는 심리입니다.

**상담사:** "지금 계약하신 분들은 대부분 옆 단지 가격 보고 오셨어요."

**안내문:** "당일 확인 불가 시 다음 고객에게 우선 배정됩니다."

이런 장치는 고객이 "놓치면 후회할 것 같다"는 감정적 압박을 느끼게 하고, 이성이 아닌 감정의 속도에 따라 움직이게 만듭니다.

### 핵심 요약

희소성(Scarcity)은 상품의 가치를 심리적으로 부풀리고, 손실 회피(Loss Aversion)는 '지금 결정해야 한다'는 충동을 만든다. 두 요소가 결합한 순간, 소비자는 가장 빨리 비합리적으로 움직인다.

## 3) 제한된 합리성(Bounded Rationality)

원리: 고객은 분양 현장에서 주어지는 팽대한 정보, 분양가, 평면도, 옵션, 입지 분석, 향후 개발 계획, 대출 규제, 세금, 생활권 데이터, 이 모든 것을 완전히 분석하고 최적의 선택을 할 수 없습니다.

이는 행동경제학자 허버트 사이먼(Herbert Simon)이 제시한 '제한된 합리성(Bounded Rationality)' 개념으로 설명됩니다. 사람은 정보 처리 능력, 시간, 감정, 지식의 한계 때문에 완벽한 최적해(Optimal Choice)를 찾기보다는 그냥 만족할 만한 선택(Satisficing)을 하는 경향이 있습니다.

즉, 고객은 논리적으로 '최고의 선택'을 하기보다 지금 상황에서 가장 덜 복잡하고, 이해하기 쉽고, 부담이 적은 선택을 하게 됩니다. 이 점을 분양 현장에서 상담사와 개발사는 적극적으로 심리 전략으로 활용합니다.

## ① 정보 단순화 전략(Information Simplification)

분양 현장은 의도적으로 '복잡한 정보를 쉽게 보이게' 하는 구조로 설계됩니다.

예시: 가격표를 단순 구간별로만 나눠 제시, 대출 규제나 세금 문제는 핵심 포인트만 요약, 입지 분석을 아이콘·이미지·거리 숫자 몇 개로 단순화, 생활권 정보를 '10분 생활권' 같은 슬로건으로 정리, 평면 비교는 인포그래픽 하나로 해결, 이는 단순히 친절한 설명을 위한 것이 아니라, 고객의 인지 부담을 줄여 빠른 결정을 유도하기 위한 심리적 장치입니다. 복잡할수록 사람은 회피하지만, 단순하면 사람은 선택합니다.

## ② 선택지 제한(Choice Reduction)

사람은 선택지가 많을수록 오히려 결정을 못 내리는 '선택 과부하(choice overload)' 현상을 겪습니다. 따라서 상담사는 고객 성향을 파악한 후 이렇게 제안합니다.

"고객님은 아이가 있으니 이 두 가지 타입 중 하나가 가장 적합합니다."

"고층 또는 조망형 두 가지 옵션만 검토하시면 됩니다."

이처럼 2~3개만 남겨 주는 방식은 고객이 빠르게 만족할 만한 선택을 하게 만드는 가장 효과적 기법입니다. 고객의 입장에서는 "내가 선택을 잘하고 있다"는 느낌을 받지만, 실제로는 구조화된 프레이밍에 따라 선택하도록 유도되는 것입니다.

## ③ 복잡한 불확실성 대신 확실한 메시지 제공

사람은 '예상 불가능한 미래 정보'보다 '즉각적이고 명확한 확신'을 선호합니다.

그래서 상담사는 이렇게 말합니다.


**"이 타입은 이미 문의가 가장 많습니다."**

**"여기서 고민하시는 분들은 대부분 이 라인을 선택하셨어요."**

**"지금 결정하시는 분들 대부분 대출 조건 문제 없으셨습니다."**

이런 멘트는 불확실성을 제거해 주는 동시에 인지적 노력을 줄여 주어 고객이 쉽게 마음을 굳히도록 만드는 전략입니다. 결국 분양 현장은 고객의 '불완전한 판단 능력'을 이해하고 이를 '쉽게 선택하도록 설계된 구조'로 보완합니다.

### 핵심 요약

사람은 완벽한 분석이 아닌 '충분히 괜찮은 선택'을 통해 결정을 내린다. 분양 현장은 정보 단순화·선택지 축소를 통해 이 심리 구조를 적극적으로 활용한다.

## 4) 계약 후 확증편향(Post-Contract Confirmation Bias)

### 원리

분양 계약은 대부분 수억 원이 오가는 매우 큰 의사결정입니다. 그렇기 때문에 계약 직후 소비자는 다음과 같은 심리적 갈등을 겪습니다:

**"내가 정말 잘한 선택일까?", "혹시 후회하게 되지 않을까?"**

이처럼 자신의 선택과 불확실한 현실 사이에서 느끼는 불편한 감정을 심리학에서는 **인지 부조화(Cognitive Dissonance)**라고 부릅니다.

사람은 이 불편함을 줄이기 위해 자신의 결정을 "옳은 선택"으로 만들려는 심리적 노력을 하게 되고, 그 과정에서 나타나는 것이 바로 **확증편향(Confirmation Bias)**입니다.

즉, 사람은 내 선택을 지지하는 정보는 적극적으로 받아들이고 내 선택을 비판하는 정보는 무시하거나 폄하하며 자신의 결정을 스스로 정당화하려는 경향을 보입니다. 분양 계약 후 소비자에게서 가장 뚜렷하게 나타나는 심리 패턴입니다.

## 분양 현장에서 나타나는 실제 행동 패턴

### ① 긍정적 정보만 수집하는 '선택적 노출'

계약 후 고객은 다음과 같은 글이나 소식을 찾아보고 안도합니다.

"이 단지는 앞으로 ○○개발 수혜 확실", "전문가들이 추천하는 미래 유망 단지 Top3""입주 후 프리미엄 최소 1억 가능" 이런 긍정적 정보는 자기 결정을 지지해 주는 '감정적 진통제' 역할을 합니다. 특히 고액 계약 직후에는 이 진통제를 반복적으로 찾는 경향이 강해집니다.

### ② 부정적 정보 회피 또는 무시

반면 다음과 같은 정보는 자동적으로 회피하거나 의미를 축소합니다.

"단점: 교통 불리함이 예상됩니다"

"주변 미분양 증가", "전세 수요 낮아 역전세 가능성"

이런 정보는 인지 부조화를 증가시키기 때문에 무의식적으로 '나와 맞지 않는 의견', '쓸데없는 걱정'으로 간주합니다. 고객은 스스로 이렇게 해석합니다.

"저 글은 과장된 비관론일 뿐이야."

"저 사람은 투자 경험이 없어서 저런 말 하는 거겠지."

"나는 이미 계약했고, 내가 더 잘 판단했어."

이 과정은 고객이 자신의 선택을 방어하기 위한 심리적 자기 보호 장치입니다.

### ③ 커뮤니티·카페에서의 의견 선택적 해석

계약자들이 자주 모이는 커뮤니티에서 다음과 같은 패턴이 매우 뚜렷하게 나타납니다.

같은 단지 계약자들의 긍정적인 글 → 강하게 공감 + 좋아요 누름, 다른 지역 단점 지적 글 → 상대적 우월감으로 무시, 가격 조정 우려 글 → 작성자를 '분위기 망치는 사람'으로 규정 특히 다음과 같은 문장은 확증편향의 전형적인 자기 위안입니다.

"이 단지도 결국 오를 거야. 주변도 다 올랐잖아.", "새 아파트는 시간이 해결해 준다."

### ④ 계약 후 '가치 재해석'(Value Reframing)

사람은 잃을 수 없는 선택은 '최선의 선택'으로 의미를 다시 부여하려고 합니다.

예시: 단점이었던 치명적인 요소까지 "오히려 장점"으로 재해석(예: 저층 단점 → "엘리베이터 빨리 타서 편하다"), 비싼 분양가 → "요즘 다 이 정도다", "입주하면 가치가 달라진다" 이는 자신의 선택을 심리적으로 '실패하지 않은 선택'으로 끌어올리는 과정입니다.

### 핵심 요약

분양 계약 후 소비자는 인지 부조화를 피하기 위해 자기 결정을 지지하는 정보만 골라 받고, 반대되는 정보는 무시하는 확증편향에 빠지기 쉽다. 이는 자신의 선택을 스스로 방어하고 심리적 안정감을 유지하기 위한 자연스러운 심리적 보호 기제다.


## 2. 분양 상담사의 심리적 기술과 윤리적 경계
### *Psychological Techniques of Sales Consultants and Ethical Boundaries*

**진행자 최희륜:** 이처럼 소비자의 의사결정 과정에 다양한 심리가 작용한다면, 그 심리를 설계하고 유도하는 분양 상담사 역시 큰 역할을 담당하게 됩니다.

하지만 상담사도 성과 압박, 감정 노동, 계약 중심의 업무 구조 속에서 상당한 심리적 부담을 겪죠. 박향숙 선생님, 분양 상담사가 실제로 활용하는 주요 심리 전략은 무엇이며, 이 전략이 결코 넘어서는 안 될 윤리적 경계는 무엇인지 설명해 주시겠습니까?

**박향숙:** 분양 상담사는 단순한 안내자가 아니라, 고객의 정보 처리·감정·불안을 관리하며 결정 행동을 이끌어 내는 '심리 설계자'의 역할을 수행합니다. 이를 위해 다양한 행동경제학 기반 전략을 사용합니다.

## 상담사가 사용하는 주요 심리 전략

### ① 프레이밍 효과(Framing Effect) 활용[64]

가격을 "얼마다"라고 말하는 대신 상대적 프레임으로 제시해 가격 부담을 완화시킵니다. "이 지역 평균 시세보다 5천만 원 저렴합니다.", "계약금 정액제라 초기 부담이 거의 없습니다.", "중도금 전액 무이자라 금융 비용이 절감됩니다." 이는 고객이 절대가격 → 상대가격으로 관점을 전환하도록 유도하여 분양가가 '저렴하게 느껴지는 인식 착시'를 만들어 냅니다.

### ② 침묵의 압박(Silence Pressure)

설명 후 상담사가 의도적으로 침묵을 유지하면 고객은 '빈 공간을 메우고 싶은 불안'을 느끼며 스스로 결정을 앞당기려 합니다. 이 전략은 계약 전 분위기가 무겁게 조성될 때 선택을 압박하지 않고 스스로 결론을 내린 것처럼 느끼게 하고 싶을 때 강하게 작용합니다. 심리학에서는 이를 **묘성효과(默性效應) 또는 침묵 유도 심리**로 설명합니다.

### ③ 희소성·손실회피 자극

"정남향 라인은 이미 다 빠졌습니다.", "A타입은 마지막 잔여세대입니다.", "내일부터 분양가가 조정될 예정이라 오늘이 가장 유리합니다." 이 메시지는 고객의 FOMO(놓칠까 불안)를 자극해 행동을 촉진하는 전형적 전략입니다. 손실 회피 심리는 이득보다 두 배 강하게 반응하므로, 상담사는 "이득을 얻는다"보다 "손실을 피해야 한다"를 강조합니다. 하지만, 이 전략들은 '잘못 사용될 경우' 윤리적 문제를 초래합니다.

## 상담사가 절대 넘어서는 안 될 윤리적 경계

### ① 허위·과장 정보 제공 금지

실제로 남은 세대가 많은데 '마감임박'이라고 속이거나 분양가 인상 계획이 없는데 '내일부

---

64)　Beauchamp, T. L., & Childress, J. F. (2019). Principles of Biomedical Ethics (8th ed.). Oxford University Press.

터 올라간다'고 말하는 것 교통, 학군, 생활 인프라 등 사실과 다른 정보를 제시하는 행위, 이런 행동은 단순한 마케팅이 아니라 법적 문제(표시·광고의 공정화법)와 사기적 요소로 이어집니다.

특히 분양 마케팅은 불완전 정보 시장이기 때문에 거짓 정보는 고객에게 치명적 피해를 줄 수 있습니다.


### ② 정보의 비대칭성 악용 금지

상담사는 고객보다 훨씬 정확한 정보를 가진 '강자'입니다. 그렇기에 불리한 정보나 리스크를 의도적으로 숨기고, 유리한 정보만 강조하는 행위는 심각한 윤리 위반입니다.

예시: 교통 개통 날짜가 지연될 가능성, 주변 민원 시설, 공장, 소음 요소, 택지개발 지연 위험, 높은 관리비 가능성, 전세 수요 부족 가능성, 이런 정보가 누락되면 고객은 사실상 합리적 의사결정을 할 권리를 박탈당한 것이 됩니다.


### ③ 감정 압박·고객 비합리성 악용 금지[65]

분양 시장은 감정이 크게 작동하는 공간입니다. 따라서 상담사가 고객의 불안·두려움·초조함을 과도하게 자극해 '충동적 계약'을 유도하는 것은 윤리적으로 매우 위험합니다.

예:


**"지금 안 하시면 평생 기회 없습니다."**

**"오늘 계약 안 하시면 다시는 못 들어옵니다."**

**"다른 분들은 이미 다 결정하셨습니다."**


이런 발언은 고객의 판단 능력을 흐리게 합니다. 고객의 약점을 이용하는 비윤리적 행동으로 분류됩니다.

---

65)　OECD (2019). Consumer Policy and Behavioural Economics. OECD Publishing.

④ 기업·경영자의 책임: 단기 성과보다 '신뢰 자산'

경영자의 역할은 상담사에게

"계약만 따오라"가 아니라

"정확하고 투명하게 안내해 고객의 장기적 신뢰를 얻어라"를 강조하는 것입니다.

부동산은 반복 구매 가능성이 낮지만, 브랜드 평판은 누적되며 시장 전체와 기업 신뢰도에 장기적으로 영향을 미칩니다. 투명성·정직함·고객 보호를 강조하는 기업일수록 입주 후 민원 감소, 후기 및 추천 증가, 브랜드 신뢰도 상승이라는 장기적 이익을 얻습니다.

## 핵심 요약

분양 상담사는 심리적 설계자로서 프레이밍, 침묵 압박, 희소성 등 다양한 기법을 활용하지만, 이 전략이 "심리 유도"를 넘어 "심리 조작"이 되는 순간 윤리적·법적 문제가 된다. 분양 마케팅의 진정한 성공은 단기 계약이 아니라, 투명하고 정직한 설명을 통해 얻어지는 고객의 장기적 신뢰이다.

## 3. 현명한 소비자의 대응 전략
### Smart Consumers' Response Strategies

**진행자 최희륜:** 분양 현장은 소비자의 감정을 자극하고 비합리적 결정을 유도하도록 '설계된 공간'입니다. 따라서 소비자는 이러한 심리적 장치를 인지하고, 냉정하게 대응하는 전략을 갖춰야 합니다. 이성호 선생님 실제로 소비자가 어떻게 스스로를 보호하고 합리적 판단을 할 수 있을까요?

**이성호:** 소비자가 분양 현장의 심리적 함정에 휘둘리지 않고, 정말 자신에게 맞는 선택을 하기 위해서는 다음과 같은 다섯 가지 핵심 대응 전략이 필요합니다.

## 1) 충분한 사전 조사(Pre-Visit Research)

분양 현장에 가기 전에 이미 '기준점(Anchor)'을 스스로 만들어야 합니다. 그 기준은 주변 시세·입지 구조·미래 개발계획 등 객관적 정보에서 나옵니다.

**사전 조사 항목:** 주변 아파트 시세(실거래가 기준), 동일 생활권의 대체 단지 비교, 역·학교·편의시설 접근성, 향후 개발 호재는 '확정된 것인지' vs '계획 단계인지', 과거 분양가 대비 현재 시세 흐름, 전세가 수준(수요 확인 지표), 이런 정보를 알고 있으면 상담사가 제시하는 프레임에 휘둘리지 않고, 스스로 '이 단지가 객관적으로 적정한가'를 판단할 수 있습니다.

## 2) 즉시 결정 금물 ― 시간 압박에서 벗어나기

분양 현장에서 상담사가 가장 많이 사용하는 문구는 이것입니다.

"오늘 마감됩니다."

"지금 선택 안 하시면 다른 고객에게 넘어갑니다."

"내일 오시면 가격이 바뀝니다." 그러나 이 문구들은 대부분 심리적 압박을 위한 장치입니다. 고객의 이성 판단을 흐리게 하려는 전략이죠. 따라서 원칙은 단 하나입니다.

"현장에서 계약하지 않는다." 집은 감정이 아니라 판단으로 사야 합니다. 하룻밤만 자고 일어나도 결정이 완전히 달라지는 경우가 많습니다.

## 3) 상담사의 프레임에만 의존하지 않고 스스로 객관적으로 비교하기

상담사는 의도적으로 '이 단지가 가장 좋아 보이는 이야기'만 펼칩니다.

예:

**"이 동은 ○○ 조망이 나옵니다."**

**"타입 중 이 구조가 가장 인기입니다."**

"주변 신축 대비 저렴합니다."

하지만 소비자는 반드시 스스로의 비교틀(reality frame)을 가져야 합니다.

**객관적 비교 방법:** 주변 시세와 '가격 대비 가치' 직접 비교, 평면 구조를 생활 동선 기준으로 분석, 해당 지역의 이동 수요(전출입, 생활인구) 확인, 필요 기준(방 개수, 채광, 통풍, 주차 기준)을 체크리스트로 점검, 상담사의 말은 어디까지나 '영업'이고, 진짜 판단은 숫자와 데이터로 해야 합니다.

## 4) 현장 분위기에 휩쓸리지 않기

모델하우스는 소비자의 감정을 자극하도록 설계되어 있습니다. 화려한 조명 과장된 인테리어, 북적이는 사람들, 계약 중인 고객을 보여 주는 유도된 연출. 이것은 냉정한 판단을 흐리게 하는 '환경 프레이밍'입니다. 따라서 소비자는 다음을 기억해야 합니다. 모델하우스는 현실이 아닙니다. 실제 집은 더 평범하고 덜 화려합니다. 인테리어는 임시 구조이며 대부분 추가 비용입니다. 즉, 현장의 분위기는 판단 기준이 아니라 정보로서의 잡음(Noise)일 뿐입니다.

## 5) 전문가 조언 활용(External Rational Check)

분양은 고액 거래이기 때문에 감정만으로 결정하면 큰 위험이 따릅니다. 따라서 외부 전문가의 시선이 반드시 필요합니다. 부동산 컨설턴트, 세무 전문가, 대출 전문가, 실제 해당 지역 거주자, 객관적 커뮤니티 평가 전문가는 상담사의 심리적 프레임에 휘둘리지 않고, 데이터 기반으로 계약의 장단점을 검토합니다.

특히 다음 두 질문에 대한 답을 자문받을 필요가 있습니다.

지금 이 가격이 합리적인가? 입주 후 실수요·임대수요가 충분한가? 전문가의 '외부 시각'은 소비자의 확증편향을 예방해 주는 가장 효과적 방패입니다.

**핵심 요약**

분양 현장에서는 감정·압박·희소성·집단심리가 강하게 작동한다. 따라서 현명한 소비자
는 ① 사전 조사 → ② 즉시 결정 금물 → ③ 객관적 비교 → ④ 분위기 방어 → ⑤ 전문가 상담
이라는 다섯 단계 전략을 통해 심리적 함정에서 벗어나고 합리적 결정을 내릴 수 있다.

**진행자 최희륜:** 네, 오늘 대담을 통해 확인했듯이 분양 현장은 단순한 판매 공간이 아니라
소비자 행동심리가 가장 강하게 작동하는 '심리 실험실'입니다. 희소성, 시간 압박, 사회적 증
거, 군집 행동 등 다양한 심리적 장치가 소비자의 감정과 판단에 복합적으로 영향을 미치죠.

그러나 이 모든 심리적 장치가 존재한다 하더라도, 소비자 스스로 심리적 함정을 인지하고,
분위기나 압박이 아닌 객관적 정보와 자신의 기준을 바탕으로 신중하게 접근하는 자세가 무
엇보다 중요하다는 결론에 이르렀습니다. 부동산은 감정으로 시작해 판단으로 완성해야 하
는 영역입니다.

오늘의 대화가 소비자 여러분께 심리적 함정에 흔들리지 않는 판단력, 그리고 스스로를 보
호할 수 있는 '인지적 안전장치'를 갖추는 데 작은 도움이 되길 바랍니다. 이로써 저희의 모든
대담 여정을 마무리하겠습니다. 함께해 주신 여러분, 진심으로 감사합니다.

**주제: 분양 현장에서 소비자가 흔들리는 이유와 현명하게 대응하는 법**

## 1. 분양 현장은 '심리 설계 공간'이다

모델하우스는 소비자가 빠르게 결정하도록 군집 행동, 희소성, 시간 압박 등 행동경제학 원리가 촘촘히 설계된 공간이다. 따라서 현장에서는 이성보다 감정이 빠르게 작동한다.

## 2. 소비자를 흔드는 네 가지 심리 패턴

① 사회적 증거 & 군집 행동

북적이는 현장과 높은 경쟁률은 "남들이 다 선택하는 곳 = 나도 안전하다"는 착시를 만든다.

② 희소성 & 손실 회피

"마감 임박", "몇 세대만 남음" 같은 문구는 놓치면 큰 손실이라는 불안을 자극한다.

③ 제한된 합리성

정보가 너무 많기 때문에 고객은 '최적'이 아니라 '충분히 괜찮아 보이는 선택'을 하게 된다.

④ 계약 후 확증편향

계약 후 불안감을 줄이기 위해 긍정 정보만 믿고 부정 정보는 무시하는 심리가 나타난다.

## 3. 상담사의 심리 전략(주의해야 할 포인트)

프레이밍: '지역 시세 대비 저렴' 등 상대 비교로 가격 인식 왜곡

침묵의 압박: 상담사의 의도적 침묵이 고객을 조급하게 함

희소성·마감 멘트: 손실 회피 심리를 자극해 충동계약 유도

윤리 경계: 허위·과장, 중요한 정보 누락은 법적 문제 및 기업 신뢰 추락으로 이어짐.


## 4. 현명한 소비자를 위한 5가지 대응 전략

**사전 조사:** 주변 시세, 입지, 생활권 데이터를 미리 확인해 스스로 기준점을 만든다.

**즉시 계약 금지:** '오늘 마감'은 대부분 심리 전략이므로 시간에 쫓기지 않는다.

**상담사 프레임에만 의존하지 않기**

데이터·지도·전세 수요 등 객관적 정보로 스스로 비교한다.

**현장 분위기에서 거리 두기**

모델하우스의 화려함·혼잡함은 설계된 연출이며 판단 기준이 아니다.

**전문가 조언 활용**

부동산·세무·대출 전문가의 객관적 시각으로 리스크를 점검한다.


**8주차 한 문장 요약**


"분양 현장은 감정을 자극해 결정을 서두르게 만들지만, 소비자는 데이터와 기준점을 갖고 스스로를 보호해야 한다."

**ㄱ** **계약실 노출 효과***(Transparent Closing Effect)*

유리벽 계약실, 서명 장면 공개 등으로 "지금 사람들이 계약한다"는 현장 신호를 강화해 결정 속도를 높이는 장치.

**기준점 선점 설계***(Reference Point Engineering)*[66]

가격표·혜택·옵션을 특정 방식으로 배열해 고객이 비교할 기준점을 현장에서 새로 세팅하게 만드는 설계('현장 기준'이 '현실 기준'을 덮어버림).

**ㄴ** **노이즈 프레이밍***(Environmental Noise Framing)*

조명·향·음악·혼잡·대기줄 같은 환경 자극이 판단에 섞여 들어가 "좋아 보인다/불안하다"를 만들어 내는 현상. (핵심: 정보가 아니라 잡음(Noise)이 결정을 흔든다)

**ㄷ** **디폴트 경로 유도***(Default Path Guidance)*

동선, 안내 멘트, 추천 타입 고정으로 고객이 "원래 이걸 선택하는 게 자연스럽다"는 기본값(Default)을 따르게 만드는 구조.

**ㄹ** **리얼리티 프레임***(Reality Frame)*

상담사·현장 연출이 주는 '현장 프레임'과 별개로, 소비자가 실거래가·전세수요·생활권 데이터로 스스로 유지해야 하는 '현실 비교틀'.

**ㅁ** **만족화 선택***(Satisficing Choice)*

완벽한 최적해가 아니라 "이 정도면 괜찮다"로 결론 내리는 선택 방식(분양처럼 복잡·시간 제약이 큰 환경에서 강화).

**ㅂ** **분양 현장 설계형 선택***(Choice Architecture at Site)*

"친절한 안내"처럼 보이지만 실제로는 선택을 특정 방향으로 흐르게 하는 선택 구조(Choice Architecture) 자체를 말함(동선·표지·좌석·상담 흐름·비교표가 모두 포함).

---

66)  Kahneman, D., & Lovallo, D. (1993). Timid Choices and Bold Forecasts: A Cognitive Perspective on Risk Taking. Management Science, 39(1), 17-31.

ㅅ **선택 과부하**(*Choice Overload*)[67]

타입·층·옵션·대출·세금 정보가 많아질수록 오히려 결정이 마비되거나, 반대로 가장 단순한 선택으로 급히 쏠리는 현상.

**선택적 노출**(*Selective Exposure*)

계약 전후로 자신의 결정을 편하게 해 주는 정보만 찾아보는 행동(커뮤니티·기사·유튜브에서 "좋다"만 소비).

ㅇ **외부 합리성 체크**(*External Rational Check*)[68]

현장 감정에 휩쓸릴 때, 제3자(세무·대출·거주자·컨설턴트)의 시선으로 리스크를 점검해 판단을 교정하는 장치.

**인지 부조화**(*Cognitive Dissonance*)

"큰돈을 썼는데 불안하다"처럼, 선택과 불확실성이 충돌할 때 생기는 불편감.

이 불편감을 줄이려고 사람은 스스로를 설득하는 방향으로 움직인다.

ㅈ **정보 단순화**(*Information Simplification*)

복잡한 위험·조건을 아이콘/슬로건/요약표로 단순화해 인지 부담을 낮추고 결정 속도를 올리는 방식.

---


67) Milkman, K. L., Chugh, D., & Bazerman, M. H. (2009). How Can Decision Making Be Improved? Perspectives on Psychological Science, 4(4), 379-383.

68) Milkman, K. L., Chugh, D., & Bazerman, M. H. (2009). How Can Decision Making Be Improved? Perspectives on Psychological Science, 4(4), 379-383.

# 부동산 경영자의 리더십과 조직 내 심리적 동기부여

Week 9: Real Estate Management Leadership and Psychological Motivation within the Organization

**진행자 최희륜:** 8주차까지 우리는 시장의 비이성적 움직임, 소비자의 심리적 함정, 분양 현장에서의 실전 심리전까지 다각도로 분석해 왔습니다. 이제 이 모든 지식을 실제 의사결정과 조직 경영에 통합하는 주체 — 바로 부동산 경영자의 리더십으로 넘어가겠습니다.

부동산 산업은 시장 심리, 소비자 행동, 정책 변화, 현장 실무가 복합적으로 얽힌 구조입니다. 따라서 경영자의 역할은 다른 산업보다 훨씬 더 고도의 심리 이해와 전략적 판단을 요구받습니다. 이성호 선생님, 부동산 경영자의 리더십이 일반적인 리더십과 다른 이유는 무엇인가요?

**이성호:** 부동산 산업에서 요구되는 리더십이 일반적인 조직 리더십과 다른 이유는 세 가지로 요약할 수 있습니다.

## 1) 부동산은 '장기 · 고위험 · 고변동성 산업'이다

부동산 프로젝트는 수년~수십 년의 기간 수백억~수천억 규모의 자금 정책 변화 · 금리 변동 · 경기순환 같은 외부 환경의 영향을 크게 받습니다. 따라서 경영자는 단순한 관리자가 아니라 시장 변화의 흐름을 읽고 미래를 예측하며 조직의 방향성을 결정하는 전략가여야 합니다.

## 2) 위기 상황에서의 심리적 안정성을 제공해야 한다

부동산 시장은 가격 급등 · 급락, 인허가 지연, 금융 규제 등 언제든 위기가 찾아올 수 있습니다. 이때 경영자는 구성원에게 판단의 기준, 정신적 안전장치, 감정적 안정을 제공해야 조직 전체가 흔들리지 않습니다. 즉, 리더 자신의 심리 관리 능력 = 조직의 심리 안전성이 됩니다.

## 3) 조직 내 '신뢰 기반 실행력'을 만들어야 한다

부동산 산업은 협업의 산업입니다. 기획-설계-시공-분양-홍보-관리까지 다양한 전문가와 조직이 함께 움직이죠. 이때 리더는 단순히 "지시하고 관리하는 역할"이 아니라 전문가들의 자율성을 인정하면서도 공통의 목표로 이끌어 가는 조율자가 되어야 합니다.

신뢰 기반의 리더십 없이는 조직은 분열되고, 전략 실행력은 약화됩니다.


**이성호 요약:** "부동산 리더십은 단순 운영이 아니라, 미래를 읽고 위기를 관리하며 사람의 마음을 다루는 '심리 경영'이다."


**박향숙:** 맞습니다. 부동산 조직의 성과는 숫자와 전략 이전에 리더의 심리 에너지 설계 능력에 달려 있습니다. 특히 중요한 것은 다음 두 가지입니다.

## 1) 구성원의 '심리적 에너지 흐름'을 설계하는 리더십

조직은 지시로 움직이지 않습니다. 사람은 "하고 싶다"는 내적 동기가 생길 때 움직입니다. 리더는 구성원의 마음속에 미션(왜 해야 하는가), 몰입(내가 주인이라고 느끼는가), 자부심(이 일이 나를 성장시키는가)을 설계해야 합니다.

이를 우리는 심리적 에너지 리더십(Psychological Energy Leadership)이라고 부릅니다.

## 2) 외부 압박과 내부 불안을 '심리적 안전감'으로 전환시키는 능력

부동산 시장은 끊임없이 불확실합니다. 금리, 정책, 수요 변화에 따라 조직 분위기도 쉽게 흔들립니다. 이때 뛰어난 리더는 사실 기반 분석과 명확한 커뮤니케이션으로 조직에 심리적 확신을 심어 줍니다.

"우리는 이 구조로 갈 것이다.", "이 리스크는 이렇게 관리한다.", "이 단계에서 해야 할 우선순위는 명확하다." 심리적 안전감을 느끼는 조직은 동요하지 않고 실행에 집중할 수 있는 조직이 됩니다.

**박향숙 요약:** "부동산 경영자는 '성과 지시형 리더'가 아니라 구성원의 마음에서 동기가 솟아오르게 만드는 심리 설계형 리더여야 한다."


## 1. 부동산 경영자에게 요구되는 핵심 리더십 유형
### Core Leadership Traits Required of Real Estate Managers

**진행자 최희류:** 그렇다면 부동산 경영자에게 요구되는 핵심 리더십 유형에는 어떤 것들이 있으며, 특히 조직 구성원들에게 '심리적 동기부여'를 제공하는 데 효과적인 리더십은 무엇인지 설명해 주시죠.


**김정남:** 부동산 경영에 최적화된 리더십은 단일 유형이 아니라 변혁적 리더십 + 전략적 리더십 + 심리적 동기부여 리더십을 상황에 맞게 결합하여 발휘하는 형태가 가장 효과적입니다.

그중에서도 심리적 동기부여에 가장 강력한 영향력을 가진 리더십은 '변혁적 리더십(Transformational Leadership)'입니다.


**아래 세 가지 리더십을 정리해 보겠습니다.**

### 1) 변혁적 리더십(Transformational Leadership)

부동산 경영에서 가장 요구되는 핵심 리더십입니다. 왜냐하면 부동산 산업은 장기·고위험·고불확실성 산업이기 때문에 구성원들이 "이 일이 왜 중요한가?"라는 의미를 잃지 않도록 리더가 지속적으로 방향성과 내적 에너지를 제공해야 하기 때문입니다.

핵심: 구성원의 '내재적 동기'를 깨우는 리더십 리더가 비전과 영감을 제시해 구성원이 스스로 성장하고 싶고, 스스로 도전하고 싶게 만드는 리더십입니다.

### (1) 이상적 영향력(Idealized Influence)

리더가 '모범'이 되어 신뢰를 구축하는 것. 부동산처럼 불확실한 산업일수록 리더의 품격은 조직 안정성의 핵심입니다.

### (2) 영감적 동기 부여(Inspirational Motivation)

팀에 열정과 희망을 불어넣고, "우리는 할 수 있다"는 정서적 에너지를 제공.

### (3) 지적 자극(Intellectual Stimulation)

창의적 문제 해결, 새로운 사업 모델, 변화 수용을 독려.

### (4) 개별적 배려(Individualized Consideration)

구성원 개인의 성장 욕구·커리어 목표를 존중하고 지원.

### 효과

구성원의 자부심·의미감·내적 동기 상승, 장기적 성과와 조직 몰입도 증가, 위기 상황에서도 조직 전체가 흔들리지 않는 '심리적 회복력' 확보 → 심리적 동기부여 측면에서 가장 강력한 리더십 유형

## 2) 전략적 리더십(Strategic Leadership)

부동산 경영자는 시장 분석, 정책 변화, 금융 리스크, 입지 전략 등 변수로 가득 찬 복잡한 시장을 다뤄야 합니다.

**핵심:** 미래 흐름을 읽고 조직의 방향성을 설정하는 힘 전략적 리더는 다음을 수행합니다.

시장 순환(금리·수요·정책)의 변화를 예측, 위기 시 우선순위를 명확히 제시, 프로젝트·자본·조직의 리스크를 조정, 장기 관점에서 지속 가능한 성장 기반을 구축, 전략적 리더십이 없으면 조직은 "방향 잃은 배"처럼 흔들리며, 리더의 결정은 항상 뒷북이 됩니다.

## 3) 심리적 동기부여 리더십(Psychological Motivation Leadership)

이 리더십은 금전적 동기보다 강력한 내적 동기를 유발하는 데 초점을 둡니다.

### 핵심 요소

**칭찬과 인정:** 직원이 "나는 중요한 사람"이라는 감정을 느끼게 함
**자율성 부여:** 스스로 판단하고 책임지는 경험이 동기 상승을 유도
전문성 개발 지원: 직원의 성장곡선을 만들어 장기적 몰입 확보, 심리적 안전감: 실수해도 책임 전가하지 않는 환경

### 효과

구성원이 '지시받아 움직이는 존재'에서 '스스로 하고 싶어 움직이는 존재'로 변화 우수 인재의 장기적 유지, 조직 전체의 감정 에너지 상승 → 빠르게 성과를 내고 싶을 때 매우 효과적

**김정남 결론:** "부동산 경영자는 변혁적 리더십으로 영감을 제공하고, 전략적 리더십으로 미래를 설계하며, 심리적 동기부여 리더십으로 조직의 에너지를 활성화해야 한다. 이 세 가지가 결합될 때 조직은 '스스로 움직이는 조직'으로 성장한다."

**진행자 최희륜:** 거래적 리더십은 보상과 결과 중심의 전통적 리더십이죠. 그렇다면 부동산

조직에서는 어떤 역할을 하고, 어떤 한계를 갖는지 설명해 주시겠습니다.

**이성호:** 거래적 리더십(Transactional Leadership)은 "성과에 따라 보상을 주고, 실패하면 제재한다"는 가장 전통적이고 명확한 리더십 방식입니다. 부동산 조직, 특히 분양·중개·영업 조직에서는 다음과 같은 특징을 보입니다.

## 1) 거래적 리더십의 역할(장점)

### ① 단기 성과 창출에 뛰어나다

부동산 영업은 계약 건수, 매출, 청약률, 고객 유치처럼 측정 가능한 지표가 명확합니다. 따라서 성과를 기준으로 보상·인센티브를 제공하는 거래적 리더십은 단기 실적을 끌어올리는 데 매우 효과적입니다.

### ② 역할과 기준이 명확해 혼란 없이 움직인다

부동산 조직은 팀 단위로 움직이고, 프로젝트 일정(모델하우스 오픈, 분양 일정)이 명확합니다. 거래적 리더십은 "해야 할 일", "목표", "기준"이 명확하기 때문에 빠르게 실행력을 확보할 수 있습니다.

### ③ 규율·절차 중심의 운영에 강하다

인허가, 계약서 작성, 준법감시 등 부동산은 규정·절차 준수가 필수인 산업입니다. 거래적 리더의 '규율 중심 관리 방식'은 법적 리스크 관리에 효과적입니다.

## 2) 거래적 리더십의 한계

### ① 구성원의 내재적 동기를 약화시킨다

보상·처벌 중심 구조에서는 사람이 "하고 싶어서 하는 일"이 아니라 "보상 때문에 어쩔 수 없이 하는 일"로 바뀌는 경향이 있습니다. 장기적 몰입도 낮아지고, 조직의 창의성이 줄어듭니다.

### ② 창의적 사고·혁신을 만들기 어렵다

부동산 시장은 변수가 많고 새로운 전략·신사업·시장 대응이 중요합니다. 하지만 거래적 리더십은 "정해진 방식", "정해진 목표"만 강조하기 때문에 혁신과 창의성이 크게 떨어집니다.

### ③ 위기 상황에서 조직을 결집시키기 어렵다

시장이 하락하거나 정책이 급변하면 보상 중심 리더십은 구성원에게 안정감을 주지 못합니다. 이 시기에는 심리적 에너지·비전이 더 중요한데 거래적 리더십은 이런 부분을 제공하기 어렵습니다.

**정리:** 거래적 리더십은 '필요하지만 불충분한 리더십' 단기 성과에는 강하다 장기 성장·몰입·심리 동기에는 약하다 그래서 부동산 산업에서는 거래적 리더십 + 변혁적 리더십 + 심리적 동기부여 리더십이 결합될 때 조직이 가장 강해진다.

## 3) 성공적인 부동산 리더의 공통 특징(핵심 6가지)

거래적·변혁적·전략적 리더십 모델을 종합해 보면 우수한 부동산 리더들은 다음과 같은 공통점을 가지고 있습니다.

### ① 시장을 읽는 능력(Market Insight)

정책·금리·수요 흐름을 통합적으로 분석해 위기와 기회를 예측하는 '통찰력'이 있다.

### ② 심리적 안전감을 제공한다(Psychological Safety)

구성원이 불확실한 시장 속에서도 "우리 리더는 흔들리지 않는다"는 안정감을 느끼게 한다.

### ③ 감정과 에너지를 다룰 줄 안다(Emotional Leadership)

조직 분위기 · 팀 에너지 · 감정 흐름을 섬세하게 조절한다. 분양처럼 감정노동이 많은 산업에서 필수 능력.


### ④ 비전으로 사람을 움직인다(Vision & Inspiration)

직원들이 "이 일이 의미 있다"고 느끼도록 강력한 비전과 스토리를 제시한다.


### ⑤ 내재적 동기를 설계한다(Intrinsic Motivation)

자율성 인정, 성취감, 성장 기회 같은 '심리적 보상'을 제공해 직원이 스스로 움직이도록 만든다.


### ⑥ 위기 상황에서 결정력이 있다(Decisiveness in Uncertainty)

부동산 시장은 위기가 주기적이다. 이때 성공하는 리더는 데이터 · 경험 · 심리 판단을 종합해 주저하지 않고 방향성을 제시한다.


### 최종 결론 - 이성호


"거래적 리더십은 부동산 조직에 반드시 필요하지만, 그 자체로는 조직을 장기적으로 강하게 만들 수 없습니다. 성공적인 리더는 성과 중심 리더십을 바탕으로, 심리적 동기와 비전을 결합해 조직을 '스스로 움직이게' 만드는 사람입니다."


**진행자 최희륜:** 성공적인 부동산 리더는 숫자나 데이터만으로 움직이지 않는다고 앞서 말씀드렸습니다. 그렇다면 이들이 실제로 어떤 자질을 갖춰야 시장에서 오래 살아남고 조직을 성장시킬 수 있을까요? 박향숙 선생님, 설명해 주시죠.


**박향숙:** 성공적인 부동산 리더는 단순히 실적이나 숫자 중심의 운영자가 아니라, 데이

터·심리·윤리·결단력을 균형 있게 통합하는 "입체적 리더"입니다. 그들이 공통적으로 갖추는 핵심 자질은 다음의 세 가지로 요약됩니다.

## 1) 데이터와 감각의 균형(70% 분석 + 30% 직관)

부동산 리더는 거래량, 실거래가, 흡수율, 금리 변화, 입주 물량, 정책 리스크 등의 정량 데이터 분석 능력은 기본입니다. 그러나 데이터만으로는 설명되지 않는 것이 부동산 시장입니다. 리더는 여기에 시장 심리·현장 분위기·소비자 정서 흐름을 읽는 직관을 결합해야 합니다.

### 데이터 70% + 감각 30% 원칙

성공한 리더들은 정확한 정보 기반을 70%로 두되, 마지막 30%는 경험·통찰·시장 흐름의 '미세한 변화 감지 능력'에서 나옵니다.

예시: "분위기는 올라가는데 데이터는 아직 반영되지 않은 시점", "사람들이 루머에 과하게 반응하며 심리가 과열되는 시점", "현장 공기에서 미묘하게 느껴지는 수요의 변화" 이러한 감각의 결합이 투자 시점, 분양 타이밍, 기획 방향을 결정하는 차이를 만듭니다.

## 2) 결단력과 책임감(Decisiveness & Accountability)

부동산은 타이밍 산업입니다. 입지를 언제 선점하느냐, 분양을 언제 시작하느냐, 투자를 언제 들어가느냐에 따라 수익률이 완전히 달라집니다. 그래서 리더에게 필수적인 자질은 빠르고 명확한 결단력입니다.

시장이 흔들릴 때 우왕좌왕하지 않는 리더 정보가 불완전할 때도 합리적 기준으로 판단하는 리더 기회가 왔을 때 과감히 움직일 수 있는 리더 이런 리더가 조직을 살립니다. 그리고 결단력은 반드시 책임감과 함께 존재해야 합니다.

리더는 결과가 좋지 않더라도 회피하지 않고 판단의 이유, 프로세스, 후속 대응을 명확히 책임질 수 있어야 조직은 그 리더를 신뢰하고 움직입니다. 결단력 없는 리더는 조직을 멈추게

하고, 책임감 없는 리더는 조직을 붕괴시킨다.

### 3) 윤리적 판단력(Ethical Judgment)

부동산은 고액 자산이 이동하는 민감한 산업입니다. 따라서 리더의 윤리 기준이 곧 기업의 신뢰 수준과 브랜드 자산이 됩니다. 윤리적 리더는 정확한 정보 제공, 투명한 계약 절차, 고객 이익 보호, 법규 준수, 무리한 영업 관행 차단을 통해 장기적 신뢰 기반을 구축합니다. 윤리적 리더는 단기 성과보다 '평판 자본'을 더 중요한 자산으로 본다. 이 평판 자본이 쌓여야 위기에서도 살아남을 수 있다. 반대로 윤리가 부족한 리더는 단기 실적은 낼 수 있어도 장기적으로는 소송·리스크·브랜드 추락을 피할 수 없습니다.

#### 박향숙의 결론

"성공적인 부동산 리더는 데이터와 감각의 균형, 빠른 결단과 책임감, 높은 윤리 기준이라는 세 축을 갖춘 사람입니다. 이 세 가지가 균형을 이룰 때 조직은 신뢰로 움직이고, 시장은 리더를 통해 안정성을 확보하게 됩니다."

## 2. 리더십이 조직 내 심리적 동기부여를 주는 방식
### *How Leadership Creates Psychological Motivation Within an Organization*

**진행자 최희륜:** 리더의 행동은 구성원들의 감정·심리·동기에 직접적인 영향을 줍니다. 특히 불확실성과 긴장감이 큰 부동산 산업에서는 리더의 말 한마디, 표정 하나가 현장의 분위기를 바꾸기도 하죠. 리더의 행동이 어떻게 구성원의 심리적 안정감, 자기효능감, 그리고 내적 동기를 자극하여 조직이 '스스로 움직이는 조직'이 되도록 만드는지, 김정남 선생님이 정리해 주시죠.

**김정남:** 리더십은 단순한 지시나 관리가 아니라, 조직 구성원들이 스스로 성장하고 헌신하도록 만드는 내적 에너지 공급 장치입니다. 구성원이 왜 움직이는가?

그 이유의 70%는 '리더의 심리적 자극'에서 나온다는 연구도 있습니다.

다음 표는 리더의 심리적 행동과 구성원의 심리 반응을 가장 잘 정리한 구조입니다.

**리더십이 제공하는 심리적 동기 요소&조직에 미치는 효과**

| 심리적 요소 | 리더의 역할(행동) | 구성원에게 나타나는 효과 |
|---|---|---|
| 비전 제시 | 미래 방향을<br>명확히 설명하고 공감시킴 | "내 일이 큰 그림 속에 있다"는<br>의미감 · 사명감 형성 |
| 인정 · 칭찬 · 피드백 | 작은 성과라도 즉시 인정,<br>구체적 칭찬 | 자존감 증가<br>→ 더 잘하고 싶은 성취욕 자극 |
| 신뢰 기반 의사소통 | 감시보다 자율,<br>지시보다 소통, 적극적 경청 | 심리적 안전감 확보<br>→ 창의적 제안 · 아이디어 증가 |
| 성장 기회 제공 | 교육 · 프로젝트 · 책임 부여로<br>성장 루트 설계 | "나는 성장하고 있다"는<br>자기효능감 상승, 몰입 강화 |
| 공정성 유지 | 평가 · 보상 · 의사결정의<br>투명성 유지 | 조직에 대한 신뢰와<br>장기적 충성도 강화 |

## 핵심 해석

### ① 비전은 의미감을 만든다

사람은 "왜 이 일을 하는가?"가 이해되면 스트레스와 불확실성을 견딜 힘이 생긴다.

리더가 비전을 명확히 제시할수록, 구성원은 일에 의미를 느끼고 장기적으로 몰입한다.

### ② 인정은 자기효능감을 폭발적으로 키운다

정확한 피드백과 구체적 칭찬은 인간의 자기효능감(Self-efficacy)을 자극한다.

이는 "나도 할 수 있다"는 감정이 생기며 성과 향상으로 이어지는 가장 강력한 심리적 촉매제다.

### ③ 신뢰 기반 리더십은 '심리적 안전감'을 만든다

심리적 안전감이 높은 조직은 아이디어 제안이 증가 갈등이 줄어듦 책임 회피가 사라짐 즉, 팀이 살아 움직이는 조직이 된다.

### ④ 성장 기회는 '스스로 일하고 싶게 만드는' 가장 강력한 동기

사람은 성장한다고 느낄 때 헌신한다. 성장 기회를 주는 리더는 구성원의 내적 동기를 극대화한다. 이는 성과보다 오래가는 "심리적 자산"이다.

### ⑤ 공정성은 조직 신뢰의 뿌리

평가·보상·의사결정이 불공정하면 우수 인재부터 떠난다. 반대로 공정성은 조직 충성도·몰입도·협업 수준을 높이는 핵심 리더십 요소다.

**박향숙:** 특히 부동산 조직은 장기 프로젝트·협업 중심 구조이기 때문에 리더의 격려와 심리적 지원은 구성원에게 일종의 정서적 안전판 역할을 합니다. 정책이 바뀌고 금리가 요동치고 분양 시장이 흔들릴 때 구성원들은 불안과 스트레스를 크게 느낍니다. 이때 리더가 솔선수범하며 일관된 방향을 제시하고 책임 있는 태도를 보일 때 구성원들은 리더를 중심축 삼아 흔들리지 않고 버틸 수 있습니다. 부동산 조직의 지속력은 리더의 '심리적 일관성'에서 나온다. 리더가 흔들리면 조직 전체가 흔들린다. 이것이 부동산 조직에서 리더의 심리적 리더십이 더욱 중요한 이유입니다.

**진행자 최희륜:** 네. 오늘 대담을 통해 다시 한번 확인했듯이, 부동산 경영은 단순히 숫자를 분석하고 부지를 선택하는 기술적 업무가 아니라 사람과 공간, 그리고 미래를 연결하는 고도의 심리적 리더십을 필요로 합니다. 리더가 구성원들의 감정·동기·불안을 다루고 조직 전체의 에너지를 설계하는 '심리 전문가'의 역할을 수행할 때, 조직은 단기 성과를 넘어 지속가능한 성장과 장기적 성공으로 나아갈 수 있습니다. 부동산 산업은 변동성이 크고 예측이 어렵지만, 그 속에서도 사람을 이해하고, 심리를 읽고, 조직 내부의 에너지를 조율할 수 있는 리더

만이 진정한 의미에서 시장을 이끌어 갈 수 있습니다. 이것이 저희 대담 시리즈가 도달한 최종 결론입니다. Midwest University 부동산학 박사 과정 대담식 시리즈 - 9주차까지 여정 종료 이로써 진행자 최희륜, 그리고 함께 깊이 있는 논의를 이끌어준 3명의 박사과정 연구자 여러분과 함께한 Midwest University 부동산학 박사 과정 대담식 시리즈의 9주차 여정을 마무리하겠습니다. 부동산 시장의 심리, 정책, 전략, 리더십 전반을 탐구한 이 대화가 독자 여러분께 새로운 시각과 지적 자산으로 남기를 바랍니다.

## 주제: 부동산 경영자의 리더십과 조직 내 심리적 동기부여

### 1. 부동산 리더십은 '사람·공간·미래'를 연결하는 심리 경영이다

부동산은 장기·고위험·고변동성 산업이다. 따라서 리더는 단순 관리자가 아니라, 시장 흐름을 읽고, 위기 속에서도 조직을 안정시키고, 심리적 에너지를 설계하는 역할을 수행해야 한다.

### 2. 부동산 경영자에게 요구되는 리더십 유형

① 변혁적 리더십(Transformational Leadership)

비전 제시로 구성원의 '의미감·자부심·내적 동기'를 자극, 4I's: 이상적 영향력/영감적 동기/지적 자극/개별적 배려 장기적 성장과 조직 몰입의 핵심

② 전략적 리더십(Strategic Leadership)

정책·금리·수요·리스크 등 시장 흐름을 읽고, 조직 방향성을 명확히 제시 위기 상황에서의 기준·우선순위 설정 능력

③ 심리적 동기부여 리더십(Psychological Motivation)

칭찬·인정·자율성·성장 기회를 통해 구성원이 '스스로 움직이도록' 만드는 리더십 금전

### ④ 거래적 리더십(Transactional Leadership)

명확한 목표 달성·단기 성과에는 효과적 그러나 내재적 동기·창의성·장기 몰입을 이끌기엔 한계

## 3. 성공적인 부동산 리더의 핵심 자질

데이터 70% + 감각 30%의 균형, 정량 데이터 분석 + 시장의 미세한 심리 흐름을 읽는 직관 → 타이밍과 전략 결정의 핵심 역량 결단력 & 책임감 불확실한 환경에서도 조기에 방향을 제시하고, 결과에 책임지는 리더가 조직 신뢰를 만든다.

윤리적 판단력 부동산은 고액 자산이 움직이는 산업이므로 정직·투명성이 장기적 브랜드 가치와 평판을 결정한다.

## 4. 리더십이 구성원의 내적 동기를 자극하는 방식

**리더의 심리적 리더십 행동** → 구성원에게 다음과 같은 심리 반응을 만든다.

**비전 제시** → "내 일이 큰 그림 속에 있다"는 의미감 형성

**인정·칭찬** → 자존감 상승, 성취욕 강화

**신뢰 기반 소통** → 심리적 안전감, 창의적 제안 증가

**성장 기회 제공** → 자기효능감 상승, 몰입도 증가

**공정성 유지** → 조직 신뢰와 충성도 상승

**결론: 리더가 에너지를 설계하면, 조직은 스스로 움직인다.**

## 5. 부동산 리더십의 본질

단기 성과를 넘어서 조직 구성원의 감정·동기·불안을 다뤄 지속 가능한 심리적 에너지 구조를 만드는 것 즉, 부동산 경영이란 심리·전략·사람을 동시에 경영하는 일이다.

**9주차 한 문장 요약**

**"부동산 리더는 미래를 설계하고, 조직의 심리를 안정시키며, 사람의 내적 에너지를 깨우는 심리적 전략가이다."**

## 용어 정리

**ㄱ** **거래적 리더십**(*Transactional Leadership*)

성과-보상(인센티브)과 실패-제재(페널티)로 움직이는 리더십.

단기 실적·규율·절차 관리에는 강하지만, 장기 몰입·창의성·내재적 동기에는 한계가 생기기 쉬움.

**ㄴ** **내재적 동기**(*Intrinsic Motivation*)

보상 때문이 아니라 "의미 있다/성장한다/내가 주인이다"라는 이유로 스스로 움직이게 만드는 동기. 부동산처럼 불확실성이 큰 산업에서 장기 성과를 버티게 하는 핵심 연료.

**ㄷ** **데이터-직관 균형 원칙**(*Data-Intuition Balance Rule*)

정량 분석(데이터)과 현장 감각(직관)을 결합해 의사결정 품질을 올리는 원칙.

"70% 분석 + 30% 직관"처럼, 숫자로 놓치는 시장의 미세 심리·현장 분위기를 보완하는 방식.

**ㄹ** **리더 책임성**(*Accountability of Leadership*)

결정의 결과가 좋든 나쁘든 "판단 근거·프로세스·후속 대응"을 리더가 끝까지 책임지는 태도.

조직 신뢰의 핵심 기반이며, 책임성이 약하면 구성원은 보신·회피로 이동한다.

**ㅂ** **변혁적 리더십**(*Transformational Leadership*)[69]

구성원의 "의미감·자부심·성장욕"을 깨워서 스스로 움직이게 만드는 리더십.

부동산처럼 장기 프로젝트 산업에서 "왜 이 일을 하는가"를 계속 연결해 주는 방식.

**비전 정렬**(*Vision Alignment*)

조직 구성원 각자의 업무를 "큰 그림(비전)"과 연결해, 일이 '업무'가 아니라 '미션'으로 느껴지게 만드는 과정. 비전 정렬이 되면 불확실성 속에서도 우선순위가 뚜렷해지고 실행 속도가 빨라진다.

**ㅅ** **심리적 에너지 리더십**(*Psychological Energy Leadership*)[70]

조직의 성과를 "지시"가 아니라 구성원의 에너지 흐름(의미·몰입·자부심)으로 설계하는 리더십 관점. 리더가 에너지를 올리면 실행력이 살아나고, 에너지가 꺼지면 조직은 같은 전략도 못 움직인다.

**ㅈ** **전략적 리더십**(*Strategic Leadership*)

정책·금리·수요·리스크가 얽힌 시장에서 방향성과 우선순위를 설정하는 리더십.

특히 위기 때 "무엇을 버리고 무엇을 지킬지"를 결정해 조직의 흔들림을 줄인다.

**ㅍ** **4I 모델**(*Four I's of Transformational Leadership*)[71]

**변혁적 리더십을 구성하는 4요소.**

이상적 영향력(Idealized Influence): 모범·품격으로 신뢰 형성

영감적 동기부여(Inspirational Motivation): 희망·열정·확신을 불어넣음

지적 자극(Intellectual Stimulation): 기존 방식에 도전, 문제 해결의 창의성 촉진

개별적 배려(Individualized Consideration): 개인 성장과 목표를 존중·지원


69)  Deci, E. L., & Ryan, R. M. (2000). The "What" and "Why" of Goal Pursuits: Human Needs and the Self-Determination of Behavior. Psychological Inquiry, 11(4), 227-268.

70)  Bass, B. M. (1985). Leadership and Performance Beyond Expectations. Free Press.

71)  Kahneman, D., & Klein, G. (2009). Conditions for Intuitive Expertise. American Psychologist, 64(6), 515-526.

부동산 경영자에게
요구되는
핵심 리더십 유형

# 위기와 공포
# - 시장 침체기 투자 심리의 변화

Week 10 : Crisis and Fear - Changes in Investment
Sentiment During Market Recession

**진행자 최희륜:** 저희는 지난 9주차까지 시장을 움직이는 거의 모든 요소—심리, 정책, 전략, 리더십, 마케팅—를 다각도로 분석했습니다. 그렇다면 이제 책의 마지막이자 가장 중요한 주제로 넘어가겠습니다. 시장에서 사람들이 가장 나약해지고, 동시에 역설적으로 가장 큰 기회가 숨어 있는 시점, 바로 "위기와 공포의 순간, 시장 침체기"입니다. 시장이 상승할 때는 누구나 자신감을 갖습니다. 하지만 침체기에는 정보도, 투자 성향도, 판단 능력도 극도로 흔들리며 사람들은 공포와 불확실성 속에서 오히려 합리적 판단을 잃어버리게 됩니다. 그렇다면 침체기에는 왜 투자 심리가 이렇게까지 위축되는가? 김정남 선생님 주요 요인을 설명해 주시죠.

**김정남:** 시장 침체기에는 이전 상승장에서의 낙관적 기대가 급격히 무너지고 그 자리를 위기감·공포·비관 심리가 빠르게 대체합니다. 이 시기 투자 심리가 위축되는 이유는 단순히 한 가지 요인이 아니라 여러 심리적·경제적 조건이 동시에 작용한 결과입니다.

대표적인 심리 위축 요인은 다음과 같습니다.

## 1) 금리 인상 → 심리적 부담 + 실제 부담의 이중 충격

금리 인상은 소비자에게 두 가지 충격을 줍니다.

실제 부담 증가, 대출 이자 상승, 월 상환액 증가, 특히 한국처럼 레버리지 비중이 높은 시장일수록 즉각적인 타격을 줍니다.

심리적 부담 증가, 금리 상승 = "위기 신호"로 해석되면서 심리가 과도하게 위축됩니다.

결과적으로 주택 구매 수요 감소, 갭투자·단타 매매 등 위험 선호 행위 급감이 나타납니다.

## 2) 경기 둔화 & 경제 불확실성 → 미래에 대한 불안 증폭

침체기에는 경제 전체가 느려지고 기업 실적·고용·소득 전망에 대한 불안이 커집니다. 사람들은 미래 소득을 확신하지 못할 때 고가 자산 구매를 가장 먼저 중단합니다. "언제 돈이 더 나갈지 모른다", "지금은 움직일 때가 아니다"라는 방어 심리가 지배하게 되죠. 이 심리는 합리적 판단보다 훨씬 강한 억제력을 가집니다.

### 3) 정부 정책의 불확실성 → 예측 불가성으로 인한 '심리적 마비'

부동산 정책은 시장 심리에 강력한 영향을 미칩니다. 금융규제 강화, 세제 변화, 공급 확대 발표, 지역 규제, 갑작스러운 규정 변경 이런 정책 변동성이 커질수록 사람들은 "지금 사도 될까?", "더 떨어질까?", "정부가 시장을 어떻게 만들까?"라는 정책 불신 + 불확실성에 사로잡힙니다. 정책이 예측 불가능해질수록 사람들은 행동을 미루는 심리적 마비 상태에 빠집니다.

### 김정남의 요약

"침체기에는 금리·경제·정책이 동시에 소비자 심리를 압박하면서 '실제 위기보다 더 큰 공포'를 만들어 냅니다. 사람들은 사실보다 '느낌'을 더 크게 두려워하며, 그 결과 시장은 실제보다 더 얼어붙습니다."

**박향숙:** 이러한 공포 심리는 단순한 투자 위축이 아니라, 심리의 방향 자체가 완전히 전환되는 과정에서 비롯됩니다. 상승장에서는 많은 사람들이 "다들 오르는데 나만 못 사면 어떡하지?"라는 기회 상실에 대한 공포(FOMO: Fear of Missing Out) 속에서 움직입니다. 이때 사람들을 움직이는 힘은 탐욕 + 추격 매수 심리입니다. 그런데 침체기가 오면 이 FOMO가 정반대 방향으로 뒤집히며 "샀다가 떨어지면 어떡하지?", 즉 자산 가치 하락에 대한 공포(FOLM: Fear of Losing Money)로 변화합니다. 이 전환이 핵심입니다.

**상승장 → 탐욕 중심의 FOMO**

**침체장 → 공포 중심의 FOLM**

이 심리 변화는 단순한 정서적 흔들림이 아니라 투자 행동을 크게 왜곡합니다. 공포가 지배하는 순간 사람들은 실제 하락폭보다 더 크게 느끼고, 정보를 객관적으로 보지 못하며, 부정적 기사와 루머를 과대해석하고, 기회를 오히려 외면하는 비이성적 의사결정 패턴을 보입니다.

결국 이런 비합리적 행동이 시장의 거래 급감, 가격의 과도한 조정, 심리적 공황을 만들어 내며, 침체 → 공포 → 투자 회피 → 더 깊은 침체라는 악순환을 초래하게 됩니다. 즉, 침체기의 공포는 경제 요인보다 심리가 시장을 더 크게 얼어붙게 만드는 '보이지 않는 핸디캡'으로 작동합니다.

## 1. 공포가 만드는 시장 침체기의 4단계 심리 패턴
### *The Four Psychological Stages of Market Downturns Driven by Fear*

**진행자 최희륜:** 시장 침체기는 일반적으로 주식 시장에서 나타나는 것처럼 명확한 심리적 단계를 밟습니다. 이성호 선생님, 침체기가 어떤 심리 단계를 거치는지 설명해 주시죠.

**이성호:** 침체기는 단순히 가격이 내려가는 시기가 아니라, 투자자의 심리가 단계적으로 붕괴되는 과정입니다. 아래 네 단계는 주식·채권·부동산 시장 모두에서 반복적으로 관찰되는 대표적인 심리 사이클입니다.

### 1단계: 초반(부정/관망)

심리 변화
**"설마 이렇게까지 떨어지겠어?", "잠깐 조정일 뿐, 곧 반등하겠지."**
초기 충격을 인정하지 않고 상황을 축소·합리화하려는 부정 심리가 나타납니다. 투자 행동, 매수·매도를 모두 중단하며 관망 모드로 전환, 거래량 감소 가격 하락은 느리게 진행 (초기 저항 구간) 이 시기는 '심리적 방어체계'가 작동하는 구간입니다.

## 2단계: 중반(불안 확대/신뢰 붕괴)

심리 변화

"생각보다 오래가네…"

"혹시 더 큰 위기가 오는 건 아닐까?"

지속된 하락으로 첫 희망이 사라지고, 불안감이 빠르게 확산됩니다.

투자 행동

거래 절벽(Liquidity Trap) 발생, 매수세 실종 → 호가만 존재, 실거래가 하향 조정 → 가격 하락 속도 가속화, 시장 전반에 "움직이면 손해 본다"는 집단 심리 형성, 불안이 합리적 판단을 잠식하기 시작하는 시기입니다.

## 3단계: 심화기(공포 확산/투매 Peak Fear)

심리 변화

**"이제 망하는 것 아닌가?"**

**"지금 안 팔면 큰일 난다."**

경제 악재(금리 · 실업 · 정책 불확실성)가 겹치며 공포 심리가 절정에 달합니다. 합리성보다 생존 본능이 시장을 지배합니다.

투자 행동

투매(Panic Selling) → 손실을 확정해도 빨리 팔려는 심리

과대 하락(Overshooting) 발생 → 실제 가치보다 훨씬 낮은 가격에 거래

가격 바닥이 어디인지 예측 불가능해짐, 하우스푸어 · 레버리지 투자자들의 강제 매각 증가

이 단계는 역사적으로 "가장 큰 기회가 숨어 있는 순간"과 거의 일치합니다.

## 4단계: 바닥(절망/냉소)

심리 변화

**"이제 부동산에 관심도 없다.", "한국 부동산은 끝났다."**

공포가 지나가면 에너지가 소진된 절망·냉소 단계로 진입합니다. 사람들은 시장을 믿지 않고, 뉴스조차 보지 않습니다.


투자 행동

거래량 최저치, 투자자의 90%는 시장을 이탈한 상태, 하지만 이 시기 가격·거래량·심리 모두 바닥을 찍으며 진정한 저가 매수 기회가 나타납니다. 역설적으로, 절망의 순간이 반등의 출발점입니다.


**이성호 결론:**

"침체기는 부정 → 불안 → 공포 → 절망의 순서로 심리가 붕괴합니다. 그러나 진정한 기회 는 대부분 '절망의 바닥'에서 시작됩니다."


## 2. 공포가 만드는 기회: 워렌 버핏의 교훈
### *Opportunities Created by Fear: Warren Buffett's Lesson*


**진행자 최희륜:** 공포 심리는 시장을 무너뜨리지만, 반대로 냉철한 분석과 장기적 시각을 가 진 투자자에게는 새로운 기회가 되기도 합니다. 박향숙 선생님, 이 시기에 포착할 수 있는 기 회는 무엇입니까?


**박향숙:** 침체기에는 시장 전체가 공포에 잠기며 자산의 가격(price)이 본래의 가치(value) 보다 깊이 낮게 내려가는 '가치 괴리(Gap)'가 크게 벌어집니다. 이 괴리가 클 때일수록 미래의

잠재 수익률은 커지며, 이 시기가 바로 장기 투자자에게 최고의 기회가 됩니다. 침체기에 포착할 수 있는 대표적 기회는 다음과 같습니다.

## 1) 급매물 출현 - 공포가 만들어 낸 '비정상적 가격'의 순간

침체기에는 레버리지 투자자의 자금 압박, 심리적 투매, 현금 확보 수요로 인해 정상 시장에서는 절대 나오지 않을 가격으로 우량 자산의 급매물이 등장합니다.

특히 상승기엔 손에 넣기 어려웠던 핵심 입지 아파트, 신축·역세권 유망 단지, 상업지 우량 물건 등이 낮은 가격대로 출현합니다. 공포는 공급 부족이 아니라 '저가 기회'를 만든다.

## 2) 옥석 가리기가 가능한 '가치 투자(Value Investing)'의 최적 시기

상승장에서는 모든 자산이 올라가기 때문에 우량 자산과 부실 자산의 구분이 흐려집니다. 그러나 침체기에는 이 구분이 더욱 명확해집니다. 실거주·교육·직주근접·생활인프라가 뛰어난 지역, 공급 부족이 구조적으로 지속되는 지역, 미래 개발 모멘텀이 확실한 지역, 이런 곳들은 일시적으로 가격이 떨어지지만 가치가 무너지지 않는 '진짜 우량 자산'입니다. 침체기는 바로 이런 자산을 "정가보다 싸게" 살 수 있는 소수의 기회입니다.

## 3) 전세 시장의 반전 - 임대인의 기회

공포기에 매매 수요가 급감하면, 수요가 전세로 쏠리며 전세가격이 반등하는 지역이 등장합니다. 특히 다음 조건을 가진 지역은 임대인에게 큰 기회가 됩니다.

공급 절벽이 예고된 지역, 신규 입주 물량이 줄어드는 생활권, 청약 취소·분양 연기 등으로 공급 공백이 생긴 지역, 이런 지역에서는 침체기임에도 전세가격이 오르는 구조적 수급 변화가 나타나 임대료 상승의 기회를 만들어 냅니다.

## 4) 데이터 기반 투자 - 감정이 아니라 '팩트'로 움직이는 시대

침체기는 감정이 더 크게 작용하기 때문에 데이터 기반 투자자에게는 오히려 유리합니다. 최근에는 AI 기반 시세 예측, 거래량 패턴 분석, 생활인구·전출입 빅데이터, 금리·정책 변화 시뮬레이션, 같은 부동산 테크(PropTech)가 빠르게 발전하고 있습니다.

침체기처럼 감정적 판단이 많은 시장일수록 이런 데이터 기반 투자자들은 공포에 흔들리지 않고, 기회를 정확히 포착할 수 있습니다.


**이성호:** 결국 이 모든 기회는 워렌 버핏의 명언이 설명하듯 명확합니다. "남들이 탐욕스러울 때 두려워하고, 남들이 두려워할 때 탐욕스러워라." 침체기는 모든 사람이 두려워할 때이며, 냉철한 투자자는 바로 그 순간이 기회의 시작점이라는 것을 알고 있습니다.


## 3. 위기 극복을 위한 심리적 균형과 전략
### *Psychological Balance and Strategies for Overcoming Crises*

**진행자 최희륜:** 마지막으로, 경영자와 투자자가 위기 속에서 심리적 균형을 유지하고 기회를 잡기 위해 갖춰야 할 태도는 무엇입니까?


**김정남:** 위기 속에서 성공하는 사람들은 공포(Panic)와 근거 없는 낙관(Euphoria) 사이에서 흔들리지 않는 심리적 중심(Inner Balance)을 유지합니다. 이 균형이 무너지면 공포 때문에 기회를 놓치거나, 과도한 낙관 때문에 큰 손실을 입게 됩니다. 따라서 경영자와 투자자가 반드시 갖춰야 할 태도는 다음과 같습니다.

## 1) 냉철한 분석 - '가격 하락'의 원인을 해부하는 능력

침체기에는 한 가지 질문이 중요합니다. "이 하락은 일시적 현상인가, 구조적 문제인가?" 이를 판단하기 위해서는 금리와 유동성의 변화 시장 심리의 일시적 위축, 정책 리스크, 수급 구조의 붕괴 여부, 지역 가치의 장기적 훼손 여부를 종합적으로 분석해야 합니다. 일시적 공포에 의한 하락이라면 기회이고, 자산 가치의 근본적 훼손이라면 위험 관리가 우선입니다. 냉철한 분석은 감정의 폭풍 속에서 방향을 잃지 않게 해 주는 나침반입니다.

## 2) 계획된 행동(Execution) - 기회를 잡을 준비

위기에서 기회는 예고 없이 나타납니다. 따라서 준비되지 않은 사람은 절대 그 기회를 잡을 수 없습니다. 현금 유동성 확보, 기회는 항상, 현금을 가진 사람 → 행동할 수 있는 사람에게 먼저 옵니다. 대응 계획 사전 수립, 어떤 지역을 살 것인가? 어느 가격대가 기회인가? 매수 기준은 무엇인가? 이런 사전 정의된 체크리스트가 없다면 침체기에는 감정에 휘둘려 아무것도 못 합니다. 즉, 기회는 준비된 사람에게만 보인다.

## 3) 장기적 시각과 인내 - '시간'이 만드는 복리 효과를 믿기

침체기의 가장 큰 함정은 단기적인 움직임에 감정이 좌우되는 것입니다. 그러나 부동산은 본질적으로 5년·10년의 구조적 변화를 보는 자산입니다. 입지의 성숙, 도시 인구의 축적, 교통망 완공, 교육·생활 인프라 확충, 지역 경제 변화 이 모든 것은 '시간' 속에서 완성됩니다.

**단기 변동은 소음(Noise),**

**장기 가치는 신호(Signal)입니다.**

장기적 시각은 공포 속에서 버티게 하는 심리적 기반이 됩니다.

## 4) 감정 조절 - 심리적 자각과 통제 능력

침체기에는 "지금 팔아야 하나?", "더 떨어질까?" 같은 감정적 소음이 커집니다. 따라서 심리 조절은 다음 두 가지 습관이 핵심입니다. 의사결정을 24시간 늦추기 감정의 파도는 보통 하루 안에 가라앉습니다.

**극단적 결정은 감정이 뜨거울 때 나옵니다.**
**냉정한 판단은 감정이 식었을 때 나옵니다.**

감정 배제 훈련 자신의 약점을 인정하면 오히려 흔들림이 줄어듭니다. 심호흡·운동·일시적 거리두기 등 단순하지만 강력한 감정 제어 기법들이 효과적입니다.

### 김정남 결론

"위기 속에서 성공하는 사람은 공포와 낙관 사이에서 흔들리지 않는 중심을 유지하고, 준비된 계획과 감정 통제로 기회를 잡는 사람입니다. 심리적 균형이 바로 위기 대응력의 핵심입니다."

**진행자 최희륜:** 네, "공포는 시장을 무너뜨리지만 동시에 기회도 만든다"는 말처럼 시장 침체기는 두려움 속에서도 용기·통찰·준비를 갖춘 사람에게 분명하게 드러나는 세일(Sale) 기간입니다. 대부분의 사람들은 공포로 움직이고, 소수의 사람들은 기회를 봅니다. 결국 위기의 순간은 시장이 숨을 고르는 시간이자, 새로운 부자가 탄생하는 조용한 순간이기도 합니다. 저희가 지금까지 나눈 10주간의 대담 여정이 독자 여러분에게 심리적 근육, 그리고 위기 속에서도 중심을 잃지 않는 판단력과 통찰력을 길러 다음 시장 사이클에서 반드시 승자가 되도록 돕는 지적 자산이 되었기를 진심으로 바랍니다. 이것으로 Midwest University 부동산학 박사 과정 대담식 시리즈의 10주차 여정을 마무리합니다. 함께해 주신 독자 여러분께 깊이 감사드립니다.

## 주제: 시장 침체기의 심리와 기회 포착 전략

### 1. 침체기 시장은 '심리의 무너짐'에서 시작된다

침체기는 단순한 가격 하락이 아니라 투자자 심리가 단계적으로 붕괴되는 과정이다. 대표적 심리 변화는 부정 → 불안 → 공포 → 절망의 4단계를 거치며, 각 단계에서 투자 행태가 급격히 변한다. 심리가 약해질수록 시장은 실제보다 더 크게 흔들린다.

### 2. 투자 심리가 위축되는 핵심 요인

침체기 공포는 여러 요인이 결합해 만들어진다. 금리 인상 대출 부담과 심리적 압박의 '이중 타격' 경기 둔화 미래 소득에 대한 불안 증가 → 고가 자산 구매 중단 정책 불확실성 예측 불가능한 규제 변화가 심리적 마비를 촉발 FOMO → FOLM의 전환

**상승장:** "기회 놓칠까 두렵다"(FOMO)

**침체장:** "떨어질까 두렵다"(FOLM)

→ 심리 방향 전환이 투자 위축의 핵심

# 3. 침체기 시장 심리의 4단계

**① 초반: 부정/관망**

"곧 회복하겠지" → 거래량 급감, 관망 확대

**② 중반: 불안 확대**

하락 지속 → 거래 절벽, 호가 하락 가속화

**③ 심화기: 공포/투매**

"지금 안 팔면 큰일" → 투매, 과대 하락(Overshooting)

**④ 바닥: 절망/냉소**

관심 감소 → 거래량 최저 그러나 이 시점이 가장 강력한 저가 매수 기회

# 4. 침체기에 나타나는 '기회'

급매물 출현 공포와 투매로 인해 우량 자산이 정상보다 훨씬 낮은 가격에 등장 가치 투자(Value Investing) 기회 상승장에서는 가려졌던 우량·부실의 선명한 구분 → "내재 가치 대비 저평가된 자산"을 찾을 최적의 시기 전세 시장의 구조 변화 공급 감소 예상 지역은 전세가 상승 → 임대인에게 기회 데이터 기반 투자 감정이 흔드는 시기일수록 AI·빅데이터 기반 투자가 경쟁력 상승

# 5. 위기 속에서 리더와 투자자가 갖춰야 할 태도

**1) 냉철한 분석**

하락이 일시적 심리 요인인지, 가치 훼손인지 구분하는 능력

**2) 계획된 행동력**

기회는 준비된 사람에게만 온다 → 현금 유동성, 매수 기준 체크리스트 필수

### 3) 장기적 시각과 인내

단기 변동이 아닌 5년·10년의 가치 흐름을 바라보는 태도

### 4) 감정 조절

급한 마음으로 결정하지 않기 → 24시간 법칙, 심리적 거리두기, 감정 배제 훈련


**"침체기는 공포가 만든 가격 왜곡이 극대화되는 시기이며, 준비된 투자자에게는 가장 큰 기회가 열리는 순간이다."**


## 용어 정리


**ㄱ** **가치-가격 괴리***(Value-Price Gap)*

시장 공포로 인해 가격(price)이 가치(value)보다 과도하게 낮아지는 간격.

침체기에는 이 괴리가 커져 "싸게 살 기회"가 생기지만, 가치 훼손인지(구조적 문제) vs 심리 과잉 반응인지(일시적 공포)를 구분해야 함.

**ㄴ** **내적 균형***(Inner Balance)*[72]

공포(Panic)와 근거 없는 낙관(Euphoria) 사이에서 흔들리지 않는 심리적 중심.

침체기에는 정보보다 감정이 먼저 튀어나오기 때문에, 내적 균형이 무너지면 "패닉 매도" 또는 "무리한 베팅"으로 흐르기 쉬움.

**ㄷ** **단기 소음-장기 신호***(Noise vs Signal)*

침체기 변동의 상당 부분은 단기 감정이 만드는 소음(Noise)일 수 있고, 입지·수급·인구·교통 같은 구조 변화는 신호(Signal)일 수 있음. 소음을 신호로 착각하면, 바닥에서 팔고 꼭대기에서 사는 패턴이 반복됨.

---

72)   Shiller, R. J. (2000). Irrational Exuberance. Princeton University Press.

**ㄹ**　**레버리지 붕괴 압력**(*Leverage Unwind Pressure*)

금리 상승·현금흐름 악화로 대출(레버리지)이 버티지 못해 매각이 늘어나는 압력. 침체기 급매는 "가치가 나빠서"가 아니라 버텨야 할 돈이 없어서 나오는 경우가 많아, 가격 왜곡을 키움.

**ㅁ**　**매도 공황**(*Panic Selling*)

손실을 확정하더라도 "더 떨어질 것 같다"는 공포로 급하게 던지는 행동.
논리보다 생존 본능이 앞서며, 이때 시장은 과도하게 흔들린다.

**ㅂ**　**부정-불안-공포-절망 사이클**(*Denial-Anxiety-Fear-Despair Cycle*)

침체기 심리가 단계적으로 무너지는 대표 패턴.
단순 가격 하락이 아니라, 심리 붕괴의 진행도가 시장 경직을 만든다.

**ㅅ**　**심리적 마비**(*Psychological Paralysis*)[73]

정책·금리·경기 불확실성이 커질수록 "지금 움직이면 손해"라는 생각이 강해져 매수·매도를 모두 미루는 행동 정지 상태. 거래가 멈추며 가격 발견 기능이 약해진다.

**ㅇ**　**오버슈팅**(*Overshooting*)

공포가 가치 판단을 압도해 실제 가치보다 훨씬 아래로 가격이 '과대 하락'하는 현상.
침체기 "심화기"에서 자주 나타나며, 역설적으로 장기 투자자에게 기회가 숨어 있다.

**ㅈ**　**정책 불확실성 프리미엄**(*Policy Uncertainty Premium*)

정책이 예측 불가능할수록 사람들은 위험을 더 크게 느끼고, 그 결과 자산 가격에 추가 할인(디스카운트)이 붙는 현상. 시장 위축의 상당 부분은 '정책 자체'보다 '정책이 언제 어떻게 바뀔지 모른다'에서 온다.

**ㅊ**　**체크리스트 투자**(*Checklist Investing*)

침체기에는 감정이 판단을 잡아먹기 쉬우므로, 사전에 정한 매수/보류/철수 기준표로 의사결정을 고정하는 방식. "준비된 사람만 기회를 본다"를 실행 가능한 행동으로 만드는 도구.

---

73)　Tversky, A., & Shafir, E. (1992). Choice under Conflict: The Dynamics of Deferred Decision. Psychological Science, 3(6), 358-361.

**ㅌ  투자 심리 방향 전환**(*Sentiment Reversal*)

상승장의 '추격 심리'가 침체기의 '회피 심리'로 뒤집히는 전환점. 이때 시장은 사실보다 감정이 크게 작동해, 과잉 반응이 쉬워진다.

**ㅍ  FOLM**(*Fear of Losing Money*)

상승장 "놓칠까 두려움"이 아니라, 침체장에서 지배적인 "잃을까 두려움". FOLM이 강해지면 사람들은 기회도 위험으로 보며, 시장을 더 얼어붙게 만든다.

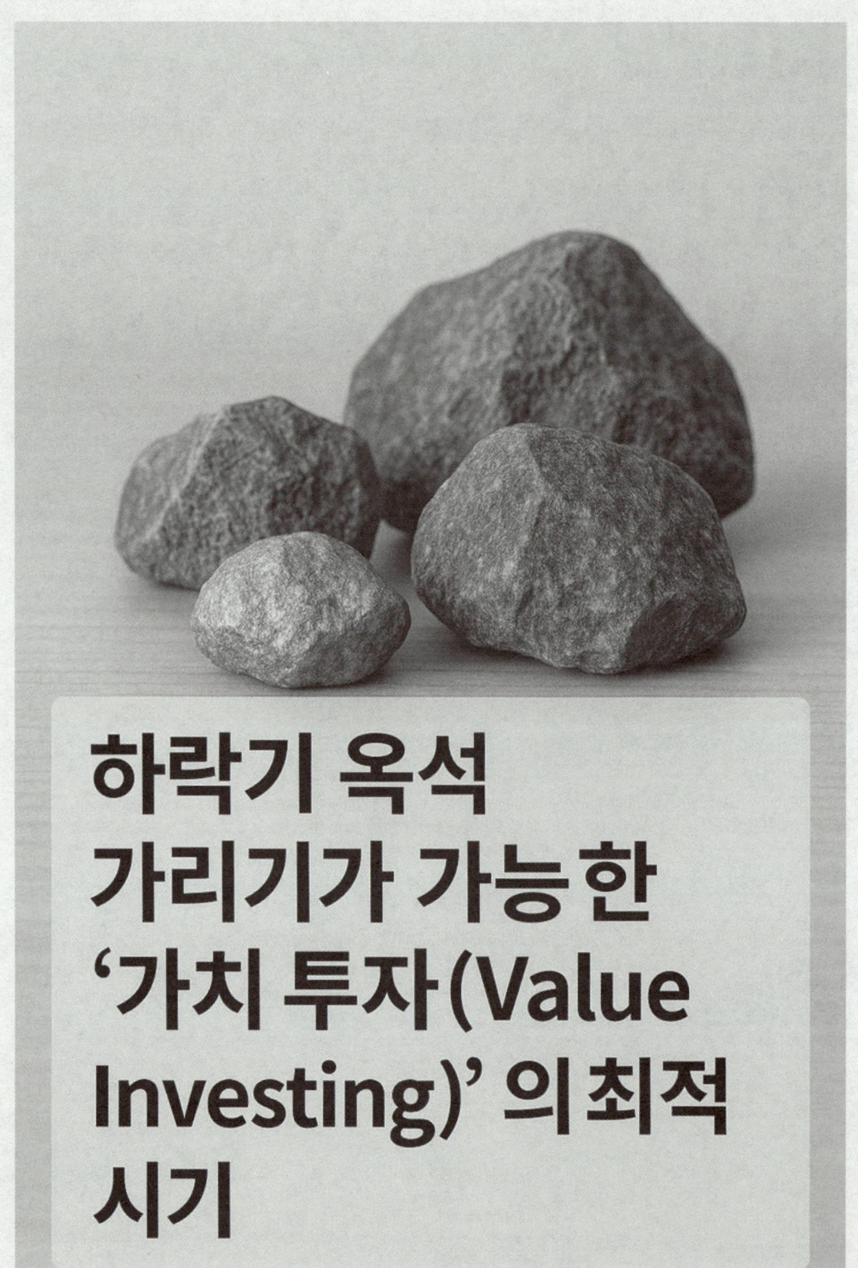# 하락기 옥석 가리기가 가능한 '가치 투자(Value Investing)'의 최적 시기

# 지역사회 심리와 부동산 수요
# (인구, 문화, 정서적 요인 탐구)

Week 11: Community psychology and real estate demand
(exploring population, culture, and emotional factors)

**진행자 최희륜:** (10주차 위기와 공포 심리 논의에 이어) 저희는 지난 시간까지 시장의 가장 극단적인 심리 상태를 분석했습니다. 개인의 삶의 터전이자, 부동산 가치의 근원적 출발점인 **'지역사회 심리(Local Community Psychology)'**입니다.

많은 사람들이 부동산 수요를 금리·공급·정책 같은 경제적 요인만으로 설명하려 하지만, 실제로는 이런 요소만으로는 부동산 가격의 장기 흐름을 절대로 설명할 수 없습니다. 그렇다면 부동산 수요는 왜 경제 논리만으로 설명되지 않는가? 김정남 선생님, 설명해 주시죠.

**김정남:** 부동산 수요는 단순한 경제적 계산의 결과가 아닙니다. 사람들의 선택은 심리적 안정, 정서적 만족, 삶의 만족도 같은 비경제적 요인에 강하게 의존합니다. 우리가 흔히 놓치는 핵심은 다음과 같습니다:

## 1) 지역 정체성(Local Identity) - 내가 '속하고 싶은 곳'

사람들은 단순히 집을 사는 것이 아니라 자신이 속하고 싶은 지역을 선택합니다.

**"저 동네 사람들은 삶의 수준이 높아 보인다"**
**"이 지역은 주거 문화가 안정적이다"**

"그 동네는 분위기가 좋다" 이러한 지역 이미지가 심리적 프리미엄을 만들고, 이는 금리·공급보다 더 강력하게 수요를 움직이는 요인입니다.

## 2) 공동체 신뢰(Community Trust) - 마음의 안전망

지역사회가 주는 안정감과 신뢰는 경제적 지표로 측정하기 어려운 '보이지 않는 자산'입니다. 주민들 간의 예절 수준, 이웃 간 갈등 비율, 지역 단체의 활동력, 공공기관에 대한 신뢰 이 신뢰는 주거 지속 의향과 유입 수요를 결정하는 핵심 심리 요인입니다.

## 3) 안전감(Safety) - 감정적 보호의 욕구

치안·교통 안전·학교 안전 등은 심리적 요인이지만 가격에 절대적입니다. 특히 한국의 부동산 시장에서는 '안전 이미지' 자체가 하나의 브랜드로 작동합니다. 실제 범죄율보다 '그 지역이 안전하다고 느껴지는가?'가 가격에 더 큰 영향을 줍니다.

## 4) 소속감(Belonging) - 삶의 정서적 기반

사람은 '어디에 속하는가'에 따라 삶의 만족도가 달라집니다. 아이가 뛰어놀기 좋은 동네, 젊은 부부가 많은 신혼타운, 은퇴자가 많은 힐링 마을 이런 정서적 편안함이 주거 선택을 움직입니다. 이는 금리나 공급보다 훨씬 강력한 동기입니다.

**박향숙:** 맞습니다. 부동산 가치는 단순히 건물의 물리적 속성으로 결정되지 않습니다. 사람들이 지역을 어떻게 느끼고 해석하고 기억하는가, 즉 지역 이미지(Place Image)가 가치를 결정하는 중요한 심리적 변수입니다.

### 대표적 예시를 살펴보면

### 학군 프리미엄

실제 교육 수준보다 "좋은 학군이다"는 인식이 가격을 견인합니다.

### 치안·안전 이미지

범죄율이 낮아서가 아니라 "안전한 동네처럼 느껴진다"는 정서가 프리미엄을 형성합니다.

### 지역 정체성 브랜드화

"강남 = 성공", "마포 = 트렌드", "판교 = IT 전문직", "세종 = 공무원 도시" 이런 비경제적 요인이 단지 가격 프리미엄이 아니라 장기 수요의 토대가 됩니다.

즉, 지역사회 심리는 부동산 수요를 움직이는 보이지 않는 손(Invisible Hand)이며, 가격의 가장 깊은 근원입니다.

## 1. 지역사회 심리를 형성하는 주요 구성요소
### Key Components That Shape Community Psychology

**진행자 최희륜:** 지역사회 심리를 형성하는 주요 구성요소가 무엇인지, 그리고 이것이 왜 부동산 수요와 가격 형성에 직접적인 영향을 미치는지 구체적으로 분석해 보겠습니다.

**이성호:** 지역사회 심리는 단순한 '동네 분위기'가 아니라 주민의 위험 인식·정서적 만족·정체성·신뢰 구조를 포함하는 입체적인 심리 기반입니다.

이 요소들은 모두 거주 선호도·장기 거주 의사·재이주 결정·부동산 수요를 움직이는 핵심 요인으로 작동합니다. 아래는 지역사회 심리의 6대 구성 요소와 그 효과입니다.

### 지역사회 심리 구성 요소 및 부동산 수요 영향 분석표

| 구성요소 | 정의 및 심리적 효과 | 부동산 수요 및 가격 영향 |
| --- | --- | --- |
| 안정감 | 범죄율, 치안 상태, 재해·환경 위험에 대한 '심리적 안심' | 불안이 낮아지면 거주 선호 상승<br>위험 지역 대비 가격 방어력↑ |
| 신뢰감 | 이웃 간 신뢰, 공동체 관리 체계, 주민 질서 수준 | 장기 거주 의사 증가<br>갈등·소음 문제 감소 → 시장 안정성 기여 |
| 소속감 | 지역 커뮤니티 참여, 지역 정체성·문화 공유 | 재이주율 감소(이탈 방지)<br>'정주의식' 강화 → 지속적 수요 유지 |
| 생활 편의성 | 교통·교육·의료·문화 인프라 만족도 | 실수요 기반의 견고한 장기 수요 형성<br>인프라 확충 시 가격 구조적 상승 |
| 사회적 이미지 | 지역의 평판, 브랜드 가치, 도시 이미지 | 외부 인구 유입 증가"살고 싶은 도시" 선호 현상 →<br>수요 급증 & 프리미엄 형성 |
| 미래 기대감 | 개발 계획, 교통망 예정, 도시 성장 스토리 | 미래 기대감이 클수록 선제적 투자 증가<br>심리적 프리미엄 형성 → 장기 호재 |

**핵심 해석**

## ① 심리적 안정은 가격 하락을 막는 '보이지 않는 방어막'

안전·치안·재난 위험이 낮다는 인식은 주민의 스트레스를 줄이고 장기 거주 욕구를 높인다.
→ 결과적으로 가격 방어력을 높여 "하방 경직성"을 만든다.

## ② 신뢰가 높으면 지역이 '자기조직화(Self-organization)' 된다

주민 갈등이 적고 공동체 신뢰가 높은 지역은 소음·분쟁·환경 문제 해결력이 높아 외부 수요 유입과 거주 지속성이 동시에 상승한다.

## ③ 소속감은 '떠나고 싶지 않은 동네'를 만든다

사람은 정서적 연결을 느끼는 지역을 떠나지 않는다. 이는 부동산 수요의 근본 강도(Stickiness)를 강화한다.

## ④ 생활 편의성은 실수요를 강화하는 장기 지표

교통·교육·의료·상권이 좋아지면 단기 시세 변동과 무관하게 중장기 수요가 구조적으로 증가한다.

## ⑤ 도시의 사회적 이미지는 브랜드 자산이다

"그 동네는 좋아 보여", "저기는 고급지야", "저기는 예술·문화 도시야" 이런 심리적 인식만으로도 수요와 프리미엄이 생긴다.

## ⑥ 미래 기대감은 '심리적 선반영' 효과를 만든다

GTX, 신도시 조성, 기업 이전 등의 계획은 아직 실현되지 않아도 수요를 늘리는 핵심 요인이다. 이는 기대심리가 가격을 선반영하는 대표 사례다.

**결론 - 지역사회 심리가 부동산 수요를 결정한다**

경제적 요인(금리·공급·정책)은 부동산 시장의 외부 변인이고, 지역사회 심리는 부동산의 내재적 가치와 장기 수요를 결정하는 근원적 힘입니다. 즉, 건물은 콘크리트가 가치이고, 도시는 '심리'가 가치다. 지역이 만들어 내는 정서·안정·신뢰·삶의 만족감이 부동산 수요의 절반 이상을 결정합니다.


## 2. 인구, 문화, 정서적 요인의 상호작용
### *The Interaction of Demographic, Cultural, and Emotional Factors*

**진행자 최희륜:** 지역사회 심리는 인구 구조, 문화적 특성, 정서적 요구라는 세 가지 비경제적 요인이 복합적으로 얽혀 만들어집니다. 박향숙 선생님, 이 세 요인이 어떻게 상호작용하며 수요를 형성하는지 구체적으로 설명해 주시죠.

**박향숙:** 세 가지 요인은 각각 독립적으로 작용하는 것이 아니라 서로 영향을 주고받으며 지역의 장기 수요를 재편하는 거대한 심리적 흐름을 만듭니다. 이를 항목별로 살펴보겠습니다.

### 1) 인구 구조 변화 → 거주 선호의 재편

#### 고령화 → '안정성·접근성' 중심 심리 강화
고령층의 증가로 인해 다음 요소를 중시하는 심리가 강해집니다. 대중교통 접근성, 의료 시설 근접성, 조용한 주거 환경, 엘리베이터·편의시설의 편리함, 결과적으로 고령친화적 지역이나 신축 단지 수요 증가로 이어집니다.

### 1~2인 가구 증가 → 소형 주택·임대 수요 확대

핵가족화·비혼화·고독화 등 인구 구조 변화는 다음 흐름을 만들어냅니다. 소형 평형 선호 증가, 역세권·도심 근접 선호, 임대 시장(전·월세)의 구조적 수요 증가, 주택 개발의 다변화(오피스텔, 도시형 생활주택 등) 이 변화는 주택 수요의 절대적 비중 자체를 바꾸는 구조적 요인입니다.

### 인구 감소 → '쇠퇴 지역' 이미지로 심리적 회피 촉발

인구가 줄어드는 지역에서는 다음과 같은 정서가 확산합니다. '미래가 없는 지역'이라는 부정적 인식, 청년층·생산인구의 이탈, 상권 쇠퇴와 생활 인프라 약화, 지역 부동산 시장의 하방 압력 증가, 반대로 수도권·광역시 집중은 심리적 '안전' 이미지로 수요를 빨아들이는 힘을 만듭니다.

## 2) 문화적 요인의 자본화 → 지역 가치의 브랜드화

### '학군 문화' → 지속적·압도적 수요 생성

한국 부동산 시장의 가장 강력한 문화적 동인은 학군 프리미엄입니다. 고소득층의 집중, 교육열을 기반으로 한 이주 수요 증가, 학군 형성 → 인지 가치 상승 → 다시 이주 증가 "자녀 교육 = 부동산 투자"라는 문화적 코드 이는 단순 교육 인프라보다 사회가 만든 문화적 신념이 자산 가치에 자본화된 대표적 사례입니다.

### 지역 정체성(브랜드 이미지)의 자본화

"살고 싶은 도시", "예술·문화 도시", "힐링 도시", "혁신도시" 등은 단순한 슬로건이 아닙니다. 이러한 지역 정체성은 다음을 강화합니다. 삶의 질에 대한 기대감, 외부 인구 유입, 긍정적 평가의 확산, 장기적 주택 수요 상승 즉, 문화적 이미지는 가격 상승의 무형 기반 자산이 됩니다.

## 3) 정서적 요구 → 사람들의 '살고 싶은 감정'을 결정

### 안정성 · 공동체 의식 → 고령층 · 가족 단위 수요 확대

고령층과 가족 단위는 정서적 요인에 민감합니다. 의료 · 편의시설 근접, 조용하고 평온한 환경, 지역 커뮤니티의 연결감, 내가 편안함을 느끼는 동네'라는 정서적 안정감, 이러한 '정서적 만족'은 장기 거주로 이어지는 핵심 동기입니다.

### 부정적 정서 → 주거 기피 · 인구 이탈 가속화

범죄율 증가, 학교 폭력, 환경오염, 혐오시설 등은 불안 심리를 자극하며 다음 현상을 일으킵니다. 이주 의향 증가, 외부 유입 감소, 가격 하락 가속, 지역 슬럼화 위험, 정서가 나빠지면 경제적 조건이 좋아도 수요가 줄어들 수 있습니다.

### 세 요인의 상호작용: 심리의 집합체로서의 부동산 수요

세 요인은 아래처럼 서로 얽혀 지역 가치의 심리적 생태계를 만듭니다.

**인구 구조 → 문화적 흐름을 강화**(예: 고령화 → 안정성 문화 강화 → 특정 지역 이미지 고착)

**문화적 이미지 → 정서적 만족을 자극**(예: 학군 브랜드 → 부모 세대의 정서적 안정감)

**정서적 만족 → 장기 거주 의사 → 인구 구조에 또 영향을 미침**(예: 소속감 → 재이주율 감소 → 자연적 인구 유지 효과)

이처럼 부동산 수요는 심리 변수들의 집합체며, 금리 · 공급 같은 경제 요인이 설명하지 못하는 "장기 프리미엄"의 근원은 바로 지역사회 심리의 상호작용에 있습니다.

**진행자 최희륜:** 마지막으로 묻겠습니다. 김정남 선생님, 부동산 경영자와 정책 입안자에게 이 11주차 대담이 주는 궁극적인 교훈은 무엇입니까?

**김정남:** 11주차 논의 전체를 관통하는 메시지는 단 하나입니다. "부동산 수요는 경제가 아니라 심리로 움직인다." 이 핵심을 세 가지 교훈으로 정리할 수 있습니다.

**(1) 물리적 가치를 뛰어넘는 '심리적 인식'이 시장을 결정한다.**

부동산 가치는 단순한 면적, 자재, 설비의 합계가 아닙니다. 사람들이 그 지역에 대해 느끼는 심리적 안정감, 정체성(Identity), 자부심, 미래에 대한 기대감(Future Expectation) 이 네 가지가 부동산 수요의 절반 이상을 설명합니다. 즉, **"지역사회 심리와 정체성이 곧 주택 수요를 결정한다"**는 명제가 이번 대담의 핵심 교훈입니다.

**(2) 공급 중심 정책을 넘어서는 '소프트웨어적 도시 전략'이 필수**

지속 가능한 도시와 시장을 만들려면 하드웨어(집을 짓는 것)만으로는 절대 부족합니다. 앞으로의 부동산 정책과 도시 경영은 다음과 같은 심리 개선 전략(소프트웨어)이 중심이 되어야 합니다.

**문화 · 환경 콘텐츠 개발**

- 축제 · 문화시설 · 예술 활동은 도시의 "삶의 품격"을 높입니다.

**심리적 안전감 조성**

- 치안과 환경정비는 지역 이미지를 좌우합니다.

**지역 커뮤니티 회복**

- 소속감 · 신뢰감 구축은 장기 거주 의향을 높이고 이탈을 막습니다.

**도시 브랜드 전략**

- "어떤 도시인가?"에 대한 이미지가 가격 프리미엄을 형성합니다. 즉, 집의 문제에서 도시의 문제로, 공급의 문제에서 '심리 자본'의 문제로 정책의 패러다임을 전환해야 합니다.

**(3) 미래 예측의 관건은 '인구 + 문화 + 심리 흐름'의 조합을 읽는 것이다.**

미래 부동산 시장을 정확히 읽는 사람은 금리 그래프만 보는 사람이 아닙니다.

**인구 구조 변화**(고령화, 1~2인 가구 증가, 지방 소멸)

**문화적 가치**(학군 문화, 청년 문화, 라이프스타일 변화)

**심리적 요구**(안전 · 편안함 · 소속감 · 정서적 만족)

이 세 가지 비경제적 변수를 읽을 수 있어야 도시의 장기 가치, 지역의 상승·쇠퇴를 예측할 수 있습니다. 앞으로의 부동산 전략은 경제 분석이 아니라 '심리 흐름을 읽는 능력'이 핵심 경쟁력입니다.

## 결론 - 부동산의 본질은 심리이며, 도시 경쟁력은 정체성이다

11주차가 남긴 궁극적인 교훈은 이것입니다.

"부동산은 물리 자산이 아니라 심리 자산이며, 도시의 미래는 정체성을 설계하는 사람에게 달려 있다." 경영자에게는 도시와 주민을 읽는 감각, 정책 입안자에게는 지역 심리를 설계하는 능력이 앞으로 가장 중요한 자산이 될 것입니다.

**진행자 최희륜:** 네. 오늘 논의를 통해 우리는 다시 한번 확인했습니다. 부동산 시장을 정확하게 분석하고 예측한다는 것은 단순히 금리·공급·정책 같은 전통적인 경제 지표를 읽는 것이 아닙니다. 진짜 핵심은 그 도시를 이루는 사람들의 심리, 즉 인구 구조, 문화적 가치, 정서적 요구가 어떻게 상호작용하며 지역사회 심리를 형성하고, 그 심리가 어떻게 장기 수요를 만들어 내는가를 통합적으로 이해하는 데 있습니다.

부동산의 미래는 결국 사람이 만드는 심리의 흐름 속에 있습니다. 이로써, 저희가 10주 동안 펼쳐 온 Midwest University 부동산학 박사 과정의 대담 시리즈, 그리고 시장을 움직이는 보이지 않는 진실을 밝혀온 깊이 있는 여정을 모두 마무리하겠습니다. 읽어 주신 여러분께 진심으로 감사드리며, 이 대담이 여러분의 시장 분석과 의사결정에 단단한 '심리적 나침반'이 되기를 바랍니다.

## 주제: 지역사회 심리가 부동산 수요를 결정한다.

### 1. 부동산 수요는 경제 논리가 아니라 '지역사회 심리'가 만든다

부동산 시장은 금리 · 공급 · 정책 같은 전통적 지표만으로는 설명될 수 없다.

실제 수요를 움직이는 핵심은 다음과 같은 지역에 대한 심리적 인식이다.

안전한가?, 신뢰할 만한가?, 정서적으로 편안한가?, 이 지역에 사는 것이 자부심이 되는가?

미래가 있는 지역인가?, 이 인식이 모여 수요 · 거주 의지 · 프리미엄을 결정한다.

### 2. 지역사회 심리를 구성하는 5대 요소

| 요소 | 설명 | 수요에 미치는 영향 |
|---|---|---|
| 안정감 | 치안, 재해, 환경 안전에 대한 심리적 안심 | 가격 방어력 상승 · 장기 거주 확대 |
| 신뢰감 | 이웃 · 관리체계 · 주민 문화 | 재이주율 감소 · 시장 안정성 강화 |
| 소속감 | 커뮤니티 참여, 정체성 공유 | 거주 지속성 강화 · 유입 수요 증가 |
| 생활 편의성 | 교통, 교육, 의료, 문화 인프라 | 실수요 중심의 구조적 수요 증가 |
| 사회적 이미지 | 지역 평판 · 도시 브랜드 | 외부 수요 유입 · 프리미엄 형성 |

## 3. 인구·문화·정서 요인의 상호작용

지역사회 심리는 세 가지 비경제적 요인의 복합적 결과다.


### 인구 구조

고령화 → 안정·의료 접근성 중시, 1~2인 가구 증가 → 소형·도심형 주거 수요 확대, 지방 인구 감소 → 부정적 이미지 → 수요 감소 및 지역 양극화


### 문화적 가치

학군 문화 → 지속적 수요·가격 견인, 지역 브랜드·정체성 → "살고 싶은 도시" 효과, 문화·예술·라이프스타일 요인 → 장기 수요 강화


### 정서적 요구

안정·연결감·공동체성 → 장기 거주 의사 증가, 범죄·환경오염·혐오시설 → 주거 기피 → 가격 하락, 이 세 요소가 서로 영향을 주며, 지역의 중장기 가치·미래성·유입 수요를 결정한다.


## 4. 정책과 경영 관점의 핵심 메시지

### ① 부동산 가치는 '물리 자산'이 아니라 '심리 자산'이다

정책도, 경영도, 투자도 지역사회 심리를 기반으로 설계해야 한다.


### ② 공급 중심을 넘어선 '도시 소프트웨어 전략'이 필요

안전 환경, 문화 콘텐츠, 커뮤니티 활성화, 도시 브랜드 전략, 이런 요소가 도시 경쟁력을 만든다.

### ③ 미래 시장 예측의 핵심은 인구 + 문화 + 심리를 읽는 능력

금리보다, 공급보다 사람들의 정서 이동과 문화 흐름을 읽는 것이 미래형 부동산 전략의 핵심이다.

## 요약

"지역사회 심리와 정체성이 부동산 수요를 결정한다."

결국, 좋은 집보다 더 중요한 것은 '좋은 지역 이미지와 심리적 만족을 주는 도시'이다.

## 용어 정리

**ㄱ   거주 지속성(Residential Stickiness)**

사람이 한 지역을 "쉽게 떠나지 않게 되는 힘".

가격이 조금 흔들려도 이탈이 적으면 수요가 유지돼 하방이 단단해지는 구조가 생깁니다.

**ㄴ   낙인 효과(Stigma Effect)**

"쇠퇴 지역", "위험한 동네" 같은 부정적 이미지가 붙으면, 실제 수치보다 더 빠르게 수요가 꺼지는 현상. 인구 감소 지역에서 심리적 회피 → 유입 감소 → 상권 약화 → 추가 회피의 악순환을 촉발합니다.

**ㄷ   도시 브랜드 자산(City Brand Equity)**

도시에 대해 사람들이 공유하는 "상징 · 명성 · 이미지"가 쌓여 형성되는 무형 자산.

집값의 일부는 콘크리트가 아니라 도시의 브랜드에 대한 '프리미엄'으로 설명됩니다.

**ㄹ   라이프스타일 매칭(Lifestyle Fit)**

소득/금리보다 "내 생활 방식과 맞는가"가 주거 선택을 좌우하는 현상.

예: 워라밸 · 자연 · 문화 · 산책 · 카페거리 같은 요소가 수요를 끌어오는 정서적 이유가 됩니다.

**ㅁ 문화의 자본화**(*Capitalization of Culture*)

학군, 예술, 축제, 청년문화 같은 "문화 요소"가 가격으로 환산되어 붙는 과정.
한국에서 "학군=가격"이 대표 사례이고, 장기적으로는 도시 정체성 자체가 가격에 스며
듭니다.

**ㅂ 비경제적 수요 동인**(*Non-economic Demand Drivers*)

금리·세금·공급이 아니라 정서적 만족, 체감 분위기, 삶의 질, 관계망 같은 요인이 만
드는 수요. 이 요인이 강하면 경제 충격에도 수요가 완전히 꺼지지 않습니다.

**ㅅ 사회적 전염**(*Social Contagion*)

"그 동네 좋대", "요즘 다 거기로 간대" 같은 인식이 사람 사이에서 전염되듯 퍼지며 수
요를 키우는 현상. 지역 이미지는 광고보다 입소문·커뮤니티·SNS를 통해 더 빨리 확
산됩니다.

**ㅇ 이웃효과**(*Neighborhood Effect*)

개별 주택의 조건보다 주변 거주자 구성, 생활문화, 공동체 규범이 만족도와 수요를 좌
우하는 효과. '비슷한 사람들'이 모이면 지역의 정체성이 강화되고, 그게 다시 수요를 부
릅니다.

**ㅈ 정서적 효용**(*Emotional Utility*)

집을 통해 얻는 효용이 면적/수익률만이 아니라 안도감, 자부심, 편안함, 행복감을 포함
한다는 개념. 특히 장기 거주 수요는 이 "정서적 효용"에 강하게 반응합니다.

**ㅊ 체감 안전**(*Perceived Safety*)

실제 범죄율보다 "안전하다고 느끼는가"가 더 강하게 작동하는 안전의 심리 지표.
부동산에서 안전은 숫자보다 이미지로 가격에 반영되는 경우가 많습니다.

**ㅋ 커뮤니티 인프라**(*Community Infrastructure*)

도로·병원 같은 하드 인프라가 아니라, 모임·돌봄·자치·행사·주민 네트워크 같은
소프트 인프라. 이게 강하면 지역이 스스로 문제를 해결하고, 주거 만족·정주 의지가
높아집니다.

**ㅌ  탈지역화 비용***(Exit Cost/Relocation Friction)*[74]

이사하면 잃는 것(학교·관계·동선·돌봄·정보·정서 안정) 때문에 이동이 어려워지는 비용.

이 비용이 높을수록 거래가 줄고, 대신 거주 지속성이 강해져 가격이 쉽게 무너지지 않습니다.

**ㅍ  플레이스 애착***(Place Attachment)*[75]

사람이 특정 지역에 대해 느끼는 정서적 유대("여긴 내 동네야").

애착이 강한 지역은 위기에도 주민이 버티며, 외부인에게는 '살고 싶은 분위기'로 인식됩니다.

**ㅎ  회복탄력적 도시***(Resilient Community/City)*[76]

충격(경기·재난·인구 변화)이 와도 공동체가 무너지지 않고 빠르게 회복하는 능력.

부동산 관점에서는 장기적으로 수요의 질과 지속성을 결정하는 핵심 체력입니다.


74)  Galster, G. (2001). On the Nature of Neighbourhood. Urban Studies, 38(12), 2111-2124.

75)  Lewicka, M. (2011). Place Attachment: How Far Have We Come in the Last 40 Years? Journal of Environmental Psychology, 31(3), 207-230.

76)  Vale, L. J., & Campanella, T. J. (2005). The Resilient City: How Modern Cities Recover from Disaster. Oxford University Press.

지역사회 심리와
부동산 수요
(인구, 문화, 정서적
요인 탐구)

# 부동산 시장에서의 심리 분석과 미래 대응 전략

Week 12 : Psychological Analysis and Future Response Strategies in the Real Estate Market

**진행자 최희륜:** (11주차 지역사회 심리 논의에 이어) 저희는 지난 몇 주 동안 위기, 공포, 집단 심리, 지역사회 심리 등 부동산 시장을 움직이는 핵심 심리 동인을 하나씩 깊게 탐구해 왔습니다. 부동산 시장은 결코 경제 지표만으로 설명되지 않으며, 그 이면에는 사람들의 기대 · 두려움 · 확신 · 정체성이 만들어 내는 보이지 않는 심리 메커니즘이 존재한다는 사실을 확인할 수 있었습니다.

오늘 12주차 대담은, 그동안 다루었던 이 모든 지식을 통합하여 부동산 시장을 움직이는 심리의 구조를 총정리하고, 이 심리적 작동 원리를 바탕으로 앞으로 우리가 어떻게 미래 시장에 대응해야 하는지에 대한 최종 전략을 제시하는 시간입니다. 지금부터 12주간의 여정을 마무리하는 가장 중요한 대화를 시작하겠습니다.

## 1. 왜 '심리 분석'이 부동산 시장에서 최종적으로 가장 중요한가?
### *Why Is Psychological Analysis Ultimately the Most Important Factor in the Real Estate Market?*

**이성호:** 부동산 시장은 흔히 금리 · 공급 · 정책 같은 경제 지표가 움직인다고 생각하기 쉽지만, 실제로는 그보다 빠르게, 그리고 훨씬 강하게 시장을 움직이는 힘이 있습니다.

그것이 바로 심리(Psychology)입니다. 부동산 시장은 "경제 지표가 시장을 움직인다"가 아니라 "심리가 시장을 선행한다"는 특수한 구조를 갖습니다. 심리 분석이 최종적으로 가장 중요한 이유는 크게 세 가지입니다.

### 1) 심리는 경제 펀더멘털보다 먼저 움직이며 가격 변동을 촉발한다

금리나 입주 물량 같은 펀더멘털은 '사실'이지만, 시장 참여자의 행동을 결정하는 힘은 사실보다 "심리적 해석"입니다. 기대가 높아지면 가격은 실제보다 빨리 오르고 두려움이 커지면 펀더멘털보다 빠르게 하락이 시작됩니다. 즉, 가격을 움직이는 첫 번째 신호는 심리입니다.

## 2) 시장을 지배하는 것은 심리이며, 심리는 시장보다 빠르다

시장 사이클은 항상 심리가 먼저 움직이고, 가격이 그 뒤를 따라가는 구조입니다.

심리적 확신 → 상승장, 심리적 불안 → 조정장, 공포의 폭발 → 침체장, '공포 → 침체', '확신 → 상승'의 전환점은 경제 지표가 아니라 심리의 흔들림에서 먼저 시작됩니다.

## 3) 심리 분석은 '과도한 시장 반응'을 이해하고 예방하는 데 필수

부동산 시장에서 가장 큰 문제는 경제적 합리성이 아니라 심리적 과열 또는 공포의 누적입니다. 영끌(과잉 확신), 패닉바잉(FOMO 극대화), 묻지마 청약(집단 심리), 공포 매도(패닉셀링) 이 모든 현상은 심리적 오류가 쌓여 폭발되는 과정이며, 심리 분석 없이는 설명할 수 없습니다.

## 결론

경제는 '무엇이 일어나고 있는가'를 말하지만, 심리는 '사람들이 어떻게 행동할 것인가'를 말합니다. 따라서, 부동산 시장을 예측하는 데 있어 가장 강력한 도구는 경제 분석이 아니라 심리 분석입니다.

## 2. 데이터 + 심리의 통합 진단 모델(3단계)
### *An Integrated Diagnostic Model Combining Data and Psychology (Three Stages)*

**진행자 최희륜:** 시장 참여자들의 행동은 '사실(데이터)'만으로도, '기대(심리)'만으로도 설명되지 않습니다. 따라서 이 두 요소 사이의 간극을 통합적으로 해석하는 능력이 미래 시장 대응 전략의 핵심이 됩니다. 김정남 선생님, 이러한 통합적 분석은 어떻게 이루어집니까?

**김정남:** 성공적인 시장 대응은 데이터 분석 + 심리 분석을 결합한 3단계 통합 접근을 기반으로 이루어집니다.

## 1단계: 시장 현황 진단(데이터 중심)

"지금 실제로 무엇이 일어나고 있는가?"를 파악하는 단계입니다. 확인해야 할 주요 지표: 금리 수준과 향후 전망, 지역별 입주 물량, 거래량 변화 추이, 인구 및 가구 수 변화, 미분양 물량, 청약 경쟁률 이 지표들을 통해 시장의 **근본 구조(Structural Fundamentals)와 위험 요인 (Risk Factors)**을 진단합니다.

## 2단계: 시장 심리 분석(심리 중심)

데이터만으로 설명되지 않는 과열·침체 현상은 심리 지표에서 해석할 수 있습니다.

주요 심리 변수는 다음과 같습니다.

부동산시장 소비심리지수, 매수우위지수, 주택가격 기대심리지수, 공포·탐욕 지수, 언론·커뮤니티의 분위기와 키워드 변화(예: "폭락" vs "반등" 기사 비중)

이 단계는 시장의 변곡점(Turning Point)을 데이터보다 빠르게 감지하는 데 매우 중요한 역할을 합니다.

## 3단계: 통합 전략 수립(데이터 + 심리 결합)

데이터와 심리가 서로 충돌하거나 같은 방향으로 움직일 때 시장 리스크와 기회가 명확해집니다. 핵심은 두 가지 시나리오입니다.

### 시나리오 A: 데이터 악화 + 심리 과열

공급 증가, 거래 감소, 금리 부담 증가, 그러나 시장 참여자들은 "지금 안 사면 못 산다"는 심

리로 과열된 상태

　　→ 최고 위험 구간

　　→ 버블 가능성, 고점 리스크

### 시나리오 B: 데이터 개선 + 심리 침체

금리 안정, 거래 회복 조짐, 공급 조절, 그러나 시장 심리는 "더 떨어질 것"이라는 공포에 묶여 있음

　　→ 최고 기회 구간

　　→ 시장이 저평가된 상태, 저가 매수 기회

**이성호:** 특히 주목해야 할 지표가 주택가격 기대심리지수입니다. 이 지표는 실제 주택 가격보다 약 8개월 선행합니다. 즉, 시장 참여자들의 기대 변화가 실제 가격 흐름보다 먼저 움직인다는 강력한 증거입니다. 이는 곧 심리를 먼저 해석하면 시장을 먼저 읽을 수 있다는 사실을 말해 줍니다.

## 3. 시장 국면별 심리 변화 & 주요 행동경제학 오류
### *Psychological Shifts by Market Phase & Key Behavioral Economics Biases*

**진행자 최희륜:** 시장 심리는 회복기부터 침체기까지 단계별로 변화하며, 각 단계마다 특정 심리적 오류가 강화됩니다. 박향숙 선생님, 핵심을 정리해 주시죠.

**박향숙:** 부동산 시장의 흐름은 단순히 가격이 오르고 내리는 문제가 아니라, 시장 참여자의 감정·확신·두려움이 특정 패턴을 따라 변화하는 과정입니다. 각 단계마다 두드러지는 심리적 오류를 정리하면 다음과 같습니다.

## 1) 회복기 — 조심스러운 낙관의 시작

특징

거래량이 서서히 증가 하락세가 멈춘 듯한 흐름 "바닥을 찍은 것 같다"는 신중한 기대감

심리적 포인트

희망과 경계가 공존하는 국면 과열은 아직 없지만, 시장 분위기가 전환되기 시작

## 2) 상승기 — 확신과 탐욕의 강화

특징

거래량 급증 가격 상승이 가시화 "지금 안 사면 더 비싸진다"라는 확신 확산, 주요 오류, 과도한 레버리지(영끌) 미래 가격이 계속 오를 것이라는 확신 편향

**결과**

레버리지 기반의 무리한 매수 증가 시장 온도가 빠르게 달아오름

## 3) 정점기 — 과신과 FOMO의 절정

특징

시장 최고 온도, 매수 심리가 극대화되고 소위 '폭등 서사'가 강화되는 시기

주요 오류

**대표성 편향:** 최근 급등 사례를 전체 시장의 미래로 일반화

**가용성 편향:** 성공 사례만 귀에 들어오고 실패 위험은 무시

**과신 효과:** 자신이 시장을 정확히 읽는다고 착각

결과

고위험 투자 증가, 버블이 형성되는 핵심 구간

## 4) 하락기 — 불안과 혼란의 확산

특징

가격 하락 속도 증가 급락 충격으로 매수·매도 모두 혼란 급매 증가, 동시에 "조금만 더 버텨 보자" 심리 공존

심리적 오류

손실 회피(Loss Aversion)로 매도 지연 "다시 오를 수 있다"는 근거 없는 기대

결과

시장의 조정이 자연스럽게 되지 않고 변동성이 더 커짐

## 5) 침체기 — 공포와 체념의 지배

특징

거래 절벽, 급락 후 시장 전체가 정지한 듯한 분위기 현금 확보 심리가 강하게 나타남

주요 오류

닻내림 효과(Anchoring): 과거 최고가에 집착, → "이 가격에는 못 판다", 공포 기반의 비합리적 회피 행동

결과

가격 경직성 발생, 시장 회복이 지연됨

**김정남:** 이 모든 과정에서 가장 큰 역할을 하는 것이 **군중심리(Herd Behavior)**입니다. 상승기에는 "더 오르기 전에 사야 한다!" 하락기에는 "더 떨어질 테니 기다리자." 이러한 심리는 가격과 거래량을 데이터보다 더 크게, 더 빠르게 흔들어 시장 변동성을 극단적으로 키우는 핵심 요인이 됩니다.


## 4. 시장 참여자 유형별 미래 대응 전략
### *Future Response Strategies by Market Participant Type*


**진행자 최희륜:** 부동산 시장은 심리적 요동에 따라 크게 흔들리고 변동성이 커집니다. 그렇다면 개인 투자자와 정책 입안자는 이러한 심리적 흔들림에 어떻게 대응해야 할까요?


### ① 개인 투자자·실수요자 전략(핵심: 감정에서 데이터로 이동하기)


**상승기 전략** - "과열을 경계하는 냉철함" 시장 분위기에 휘둘리지 않기, 무리한 영끌·과도한 레버리지 금지, 금리 인상·정책 변화 등 시스템 리스크 대비, 군중심리·추격매수에서 철저히 벗어나기. 상승기일수록 본능이 아닌 데이터로 판단해야 합니다.


**침체기 전략** - "공포를 기회로 전환하는 전략적 여유" 시장 공포가 확산될 때 기회가 발생, 구조적 가치가 높은 지역 중심으로 선별 접근, 급매·저평가 자산의 합리적 분석 심리가 아닌 펀더멘털로 판단하기. 침체기는 대부분의 사람이 외면하지만, 시장 구조를 볼 줄 아는 투자자에게는 '세일 기간'입니다.


**행동경제학 기반 대응** - "심리적 오류를 이기는 실전 기법", 닻내림 효과(Anchoring) 버리기 → 과거 최고가에 집착하지 않기, 최근 사례·이웃의 성공담에 과몰입하지 않기, 24시간 룰로 감정적 결정을 피하기 → 잠시 시간을 두고 판단하면 오류를 크게 줄일 수 있음

### ② 무주택자 전략(핵심: 타이밍보다 구조를 보라)

연초 매물 적체 구간 활용 → 매물 증가 + 협상 가능성 증가, 조정대상지역이라도 핵심 단지 주요 입지 중심으로 선별 전세 안정기를 활용하여 자금 계획 확보 임대 vs 매수의 총비용·기회비용 비교 분석, 무주택자는 상승기에 쫓기지 말고, 침체기 초입~안정기 구간의 기회를 전략적으로 활용해야 합니다.

### ③ 정부·정책 입안자 전략(핵심: 경제가 아니라 '심리'까지 관리하라)

#### (1) 일관된 정책 신호

잦은 규제·해제 반복은 → 불확실성 증가 → 심리 불안 → 시장 왜곡으로 연결됩니다. 정책은 예측 가능성과 일관성이 핵심입니다.

#### (2) 심리 안정화 정책

정확한 데이터 공개 정책 변화 과정의 투명한 소통 공포 확산 시점의 선제적 메시지 관리, 심리적 공황을 막는 것은 곧 시장 안정 정책입니다.

#### (3) 지역별 맞춤형 정책

전국 동일 정책의 시대는 끝났다 각 지역의 인구·수급·산업 구조에 따라 차등적·정밀 정책이 필요하다 지역 상황에 따라 동일 정책도 전혀 다른 심리 반응을 불러올 수 있습니다.

#### (4) '심리적 거버넌스(Psychological Governance)' 구축

정책은 단순히 경제에 작용하는 것이 아니라 시장 참여자들의 심리적 해석을 통해 증폭·왜곡됩니다. 따라서 정책 설계 단계에서 "이 정책이 어떤 심리를 자극할 것인가?"를 반드시 고려해야 합니다. 심리를 이해하지 못하면 정책은 실패한다.

**미래 시장 대응의 핵심은 '심리의 선행성'을 역으로 활용하는 것이다**

**진행자 최희륜:** 결론적으로, 미래 시장에 대응하는 전략의 핵심은 "심리는 언제나 늦게 깨닫는다"는 사실을 역으로 활용하는 데 있습니다. 시장 심리가 과열될 때는 이미 위험이 상당 부분 누적된 시점이며, 반대로 심리가 공포로 가라앉을 때는 대부분의 사람들이 보지 못하는 절호의 기회 신호입니다. 무엇보다 중요한 점은, 부동산 경영자는 단순히 숫자와 그래프를 읽는 사람이 아니라, 숫자 속에 숨어 있는 '심리의 언어'를 읽어 내는 사람이어야 합니다. 이 능력이야말로 변동성이 커진 현대 부동산 시장에서 가장 강력한 경쟁력이자 12주 대담 여정이 우리에게 남긴 가장 깊고 중요한 통찰입니다.

## 주제: 심리 분석을 통한 미래 부동산 시장 대응 전략

### 1. 부동산 시장은 '경제'보다 '심리'가 먼저 움직인다

부동산 시장의 흐름은 금리·공급 같은 경제 지표보다, 기대심리·공포·확신이 먼저 움직여 가격을 흔든다.

**상승장** → 기대·탐욕이 가격을 끌어올리고

**하락장** → 공포·체념이 가격을 실제보다 더 크게 떨어뜨린다

즉, 시장 예측의 핵심은 경제 분석이 아니라 심리 분석이다.

### 2. 데이터 + 심리의 통합 분석이 시장 해석의 정답

시장을 정확히 읽기 위해서는 데이터와 심리를 결합한 3단계 분석 구조가 필수적이다.

**1단계: 시장 현황(데이터):** 금리, 입주 물량, 거래량, 인구 변화, 미분양 등 → 구조적 위험·기초 체력 진단

**2단계: 시장 심리(정서·기대):** 소비심리지수, 매수우위지수, 기대심리지수, 언론 분위기 → 데이터로 설명되지 않는 과열·침체 해석

**3단계: 통합 판단:**

데이터 악화 + 심리 과열 → 위험 신호

데이터 개선 + 심리 침체 → 기회 신호

특히 주택가격 기대심리지수는 실제 가격보다 8개월 선행 → 미래 예측의 강력한 도구

## 3. 시장 국면별 심리 변화 패턴

부동산 시장은 5단계 심리 변화 패턴을 반복한다.

부동산 시장 5단계 심리 변화 패턴표

| 시장 국면 | 주요 심리 | 대표 오류 |
|---|---|---|
| 회복기 | 조심스러운 낙관 | |
| 상승기 | 확신 · 탐욕 | 추격매수, 과잉 레버리지 |
| 정점기 | 과신 · FOMO | 대표성 편향, 가용성 편향 |
| 하락기 | 불안 · 혼란 | 손실 회피로 매도 지연 |
| 침체기 | 공포 · 체념 | 닻내림 효과(과거 최고가 집착) |

군중심리는 이 5단계를 극단적으로 증폭시키며 가격 변동성을 크게 만든다.

## 4. 시장 참여자별 미래 대응 전략

**개인 투자자 · 실수요자**

**상승기:** 과열 경계, 영끌 금지, 감정보다 데이터

**침체기:** 공포를 기회로 전환 ▶ 구조적 가치 높은 지역 중심 매수

**행동경제학 대응:** 닻내림 효과 극복 ▶ 최근 성공담에 과몰입하지 않기

### 무주택자

연초 매물 적체기 활용, 조정대상지역에서도 핵심 단지 중심 접근, 전세 안정기 활용한 자금 계획, 임대 vs 매수 총비용 비교

### 정책 입안자·정부

일관된 정책 신호로 심리 안정, 투명한 정보 공개·정책 예측 가능성 확보, 지역별 맞춤형 정책 설계, 정책의 경제 효과뿐 아니라, 심리적 반응까지 고려한 '심리적 거버넌스' 구축

## 5. 심리의 늦은 반응을 역으로 이용하라

심리가 과열될 때 → 위험 신호, 심리가 공포로 가라앉을 때 → 기회 신호 그리고 무엇보다, 부동산 경영자는 '숫자 속에 숨어 있는 심리의 언어'를 읽어야 한다. 12주 동안의 대담이 남긴 가장 깊은 통찰은 바로 이것이다. 부동산 시장의 본질은 경제가 아니라 심리의 흐름이며, 미래를 읽는 자는 언제나 심리를 먼저 읽을 줄 아는 사람이다.

### 용어 정리

**ㄱ** **구간 전략(국면별 대응)***(Regime-based Strategy)*

회복기/상승기/정점기/하락기/침체기처럼 "국면"에 따라 행동을 다르게 설계하는 전략. 예: 같은 행동을 모든 시장에 적용하면 망합니다. 국면 전략은 시장에 맞춰 행동을 갈아끼우는 기술입니다.

**구조적 펀더멘털***(Structural Fundamentals)*[77]

시장 체력을 결정하는 "뼈대 데이터"(금리 구조, 수급, 인구, 미분양, 거래 기반).

---

77) Shiller, R. J. (2015). Irrational Exuberance. Princeton University Press.
→ 자산 가격이 펀더멘털보다 심리와 서사에 의해 과도하게 왜곡되는 구조를 실증적으로 설명.

예: 심리는 흔들려도, 이 뼈대가 무너지면 회복이 늦고, 뼈대가 버티면 공포는 "과장된 소음"일 가능성이 커집니다.

**ㄴ 내재 가치-가격 괴리**(*Value-Price Divergence*)[78]

가격이 심리 때문에 가치보다 과하게 위/아래로 벗어나는 현상.

예: 12주차 전략의 핵심은 이 괴리를 "기회(저평가)" 또는 "위험(거품)"으로 구분해 타이밍이 아니라 '구간'을 잡는 것입니다.

**ㄷ 데이터-심리 괴리**(*Data-Sentiment Gap*)

데이터는 좋아지는데 심리는 나쁘거나(기회), 데이터는 나쁜데 심리는 뜨거운(위험) 상태.

예: 변곡점은 여기서 자주 생깁니다. "같은 방향"보다 "엇갈림"이 더 강한 신호입니다.

**ㄹ 리스크 요인 지도**(*Risk Factor Mapping*)[79]

금리·규제·미분양·거래절벽·인구감소 같은 위험을 항목별로 지도처럼 정리하는 방식.

예: 침체기에는 공포가 커져서 리스크를 "뭉뚱그려" 보는데, 지도화하면 관리 가능한 위험 vs 치명적 위험을 분리할 수 있습니다.

**ㅂ 변곡점 감지**(*Turning Point Detection*)

가격이 아니라 심리/거래/기대의 미세 변화로 국면 전환을 먼저 알아채는 기술.

예: 12주차는 "심리가 선행"한다는 전제를 쓰므로, 변곡점 감지는 사실상 미래 대응의 핵심 역량입니다.

**복합 진단 3단계 모델**(*Three-Step Integrated Diagnostic Model*)

① 데이터 진단 → ② 심리 분석 → ③ 통합 전략 수립의 프레임.

예: 한쪽만 보면 "과열에 추격"하거나 "공포에 마비"됩니다. 이 모델은 둘을 묶어 판단 오류를 줄이는 안전장치입니다.

---

78) Gennaioli, N., Shleifer, A., & Vishny, R. (2018). A Crisis of Beliefs. Princeton University Press.
→ 데이터와 심리가 괴리될 때 금융·부동산 시장의 변곡점과 위기가 발생함을 이론화.
79) Minsky, H. P. (1986). Stabilizing an Unstable Economy. Yale University Press.
→ 펀더멘털보다 심리·기대·레버리지가 시장을 불안정하게 만드는 과정을 체계적으로 제시.

ㅅ **선행지표(기대) 활용***(Expectations as Leading Indicator)*

참여자의 기대·전망이 실제 가격보다 먼저 움직이는 성질을 지표로 활용하는 것.

예: 부동산은 관성 자산이라 가격이 늦게 반응합니다. 기대를 읽으면 가격이 움직이기 전의 '준비 구간'을 포착할 수 있습니다.

**심리적 거버넌스***(Psychological Governance)*

정책 설계 단계에서 "이 정책이 어떤 심리를 자극할 것인가"까지 포함해 관리하는 접근.

예: 부동산 정책은 경제에 바로 작동하지 않고, 먼저 사람의 마음을 통과하며 증폭됩니다.

심리를 모르면 정책은 "효과"보다 "왜곡"을 만들 수 있습니다.

ㅇ **오버슈팅 위험 구간***(Overshooting Risk Zone)*

심리가 과열/공포로 치우쳐 가격이 가치에서 "과도하게" 벗어나는 구간.

예: 12주차에서 말한 "과도한 시장 반응"의 핵심 개념입니다. 이 구간에선 예측보다 규율(룰)이 더 중요합니다.

ㅈ **정책 신호 일관성***(Policy Signal Consistency)*

정책이 시장에 주는 메시지(방향·기조)가 흔들리지 않는 상태.

예: 잦은 규제/완화 반복은 데이터를 바꾸기 전에 심리를 먼저 무너뜨려 거래를 마비시킵니다. "예측 가능성" 자체가 안정 정책입니다.

**정책 커뮤니케이션 관리***(Policy Communication Management)*

정책 발표의 내용뿐 아니라 "말하는 방식·타이밍·투명성"까지 설계하는 것.

예: 시장은 정책을 '내용'보다 '해석'으로 받아들입니다. 커뮤니케이션 실패는 공포를 증폭시켜 정책 효과를 역전시킬 수 있습니다.

ㅊ **체크리스트 의사결정***(Checklist-based Decision Making)*

매수/매도/보유 결정을 감정이 아니라 사전 규칙(점검표)으로 하는 방식.

예: 위기 때 사람은 '생각'보다 '반응'을 합니다. 체크리스트는 반응을 막고 판단을 복원합니다.

**통합 시나리오 매트릭스*(Integrated Scenario Matrix)***

'데이터(좋음/나쁨) × 심리(과열/침체)' 조합으로 위험·기회를 분류하는 표.

예: 12주차의 핵심 도구입니다.

데이터 악화 + 심리 과열 = 최고 위험

데이터 개선 + 심리 침체 = 최고 기회

# 대중심리와 시장 사이클
# - 부동산 경영자의 종합 해법

Week 13: Public Psychology and Market Cycle
- A Comprehensive Solution for Real Estate Managers

**진행자 최희륜:** (12주차 지역사회 심리 논의에 이어) 이제 저희 Midwest University 부동산학 박사 과정 대학식 시리즈의 모든 대장정을 마무리하는 13주차에 도착했습니다. 지난 몇 주 동안 저희는 개인 투자자의 불안, 대중의 광기, 거래 협상의 심리전, 그리고 시장 침체기의 공포까지, 부동산 시장을 흔들어 온 모든 심리적 동인을 깊이 있게 분석해 왔습니다.

오늘 최종 장에서는, 이 모든 분석을 종합하여 부동산 경영자가 시장의 흐름을 읽고 미래를 대비하는 통합 해법을 제시하고자 합니다. 먼저, 시장 사이클의 본질부터 짚어 보겠습니다. 이성호 선생님, 부동산 시장 사이클의 핵심은 무엇이며, 여기에 대중심리는 어떤 역할을 합니까?

**이성호:** 부동산 시장의 사이클은 언제나 상승(확장) → 둔화(침체) → 하락(위축) → 회복, 이라는 구조적 흐름을 반복합니다. 그런데 이 사이클이 단순히 금리·공급·정책 같은 경제적 요인만으로 설명되는 것이 아닙니다.

## 1) 시장 사이클은 경제 지표 + 대중 심리의 복합 작용으로 움직인다

금리 상승, 공급 확대 같은 요인은 물론 중요합니다. 하지만 이를 해석하는 대중의 기대·두려움·확신이 시장의 방향을 실제보다 더 빠르고 크게 움직입니다. 경제 지표는 사이클의 외적 요인이라면, 대중 심리는 사이클의 내적 엔진에 가깝습니다.

## 2) 탐욕과 공포는 시장 변동성을 가장 크게 증폭시키는 힘이다

탐욕은 상승의 끝을 과열시키고, 공포는 하락의 바닥을 과도하게 끌어내립니다. 이 두 감정이 결합하면 시장은 가치 이상으로 치솟거나 가치 이하로 폭락하는 오버슈팅(Overshooting) 현상을 일으키며 사이클의 전환점을 만들어 냅니다.

**박향숙:** 시장이 상승·하락을 반복하듯, 그 이면에 있는 인간의 심리적 반응 또한 놀라울 만큼 반복적입니다.

군중 심리가 강해지는 순간, 시장은 언제나 같은 패턴을 보입니다. 상승장에서는 합리적 가치 이상으로 과열되고, 침체장에서는 가치 이하로 저평가됩니다. 즉, 사이클을 완전히 피하는 것은 인간의 본성상 불가능합니다. 하지만 그 반복성 덕분에, 심리를 읽고 사이클을 활용하는 사람은 늘 기회를 잡습니다. 그것이 이 최종장에서 우리가 다루고자 하는 핵심 메시지입니다.

## 1. 시장 사이클별 대중 심리 분석(감정의 순환)
### *Public Psychology Analysis by Market Cycle(The Emotional Cycle)*

**진행자 최희륜:** 시장 사이클의 각 단계는 특정한 감정에 의해 지배됩니다. 이 감정의 흐름을 읽는 것이 곧 시장의 전환점을 읽는 일과 같습니다. 김정남 선생님, 감정의 순환을 통해 시장의 심리적 전환점을 어떻게 파악할 수 있는지 설명해 주시죠.

**김정남:** 부동산 시장은 가격의 등락이 아니라 감정의 순환(emotional cycle)이 반복되는 구조입니다. 각 사이클 단계는 아래와 같은 지배적 감정으로 정의되며, 그 심리적 패턴을 이해하면 시장의 다음 방향, 즉 전환점(Turning Point)을 읽을 수 있습니다.

**시장 사이클 단계별 감정 구조**

| 시장 단계 | 지배 감정 | 심리적 특징 & 시장 행태 |
|---|---|---|
| 회복기 | 관망, 신뢰 회복, 조심스러운 낙관 | - 침체의 끝 인식 확산<br>- "바닥을 찍었다" 신호 등장<br>- 초기 매수세 진입 |
| 상승기 (확장기) | 탐욕, 확증편향, FOMO | - "지금 안 사면 늦는다" 심리 확산- 패닉 바잉, 레버리지 증가<br>- 매수 심리가 공급을 압도 |
| 과열기 (정점기) | 행복감, 과신(Overconfidence) | - 가격 상승이 최고조<br>- 위험 무시, 대출 과잉<br>- "영원히 오른다"는 착각 |

| 수축기<br>(하락기) | 공포, 손실회피 등 | - 가격 급락 충격<br>- 급매 주저 + 공포 매도 공존<br>- 거래 절벽 발생 |
| 침체기 | 불신, 절망, 무관심 | - 시장 관심 자체가 사라짐<br>- 거래량 최저점<br>- 장기투자자 · 기관 재진입 단계 |

## 심리 전환점은 어떻게 읽는가?

**이성호:** 대중 심리는 단순한 분위기 지표가 아니라 가격 변동에 선행하는 신호(Leading Indicator)입니다. 전환점을 읽는 핵심은 다음 두 가지입니다.

### ① 탐욕의 절정 = 하락 반전의 경고 신호

청약 경쟁률 폭발, "지금 안 사면 끝"이라는 대중적 확신, 영끌 · 패닉 매수 확대, 부정적인 뉴스 조언이 무시됨. 이 시점에서 실제 가격은 오르고 있지만, 시장 심리는 이미 정점의 과열 상태입니다. 탐욕이 최고조에 달하면, 그다음은 하락 전환의 출발점이 됩니다.

### ② 공포의 극단 = 회복 직전의 바닥 신호

거래량이 바닥 급매 · 투매가 폭증한 뒤 모든 참여자가 멈춤, 언론은 '역대급 폭락'만 보도, 일반 투자자의 관심이 사라짐. 표면적으로는 "절망의 시기"처럼 보이지만, 역사적으로 보면 바닥을 찍고 회복으로 돌아가는 바로 직전 신호입니다. 공포가 극대화되어 모두가 떠날 때, 시장은 조용히 회복을 준비합니다.

## 결론 - 감정의 순환이 곧 시장의 나침반이다

탐욕의 절정에서 위험을 보고, 절망의 끝에서 기회를 보고, 그 사이의 회복 · 상승 · 하락의 사이클을 감정의 패턴으로 해석할 수 있어야 부동산 경영자는 시장의 큰 물결을 읽을 수 있습니다. 이것이 심리 기반 시장 분석의 핵심이자 14주차에서 우리가 확인해야 할 가장 중요한 통찰입니다.


## 2. 부동산 경영자를 위한 종합 해법: 심리와 전략의 결합
### A Comprehensive Solution for Real Estate Managers: Integrating Psychology and Strategy


**진행자 최희륜:** 부동산 경영자는 시장의 파도를 막는 사람이 아니라, 파도를 타는 법을 아는 사람이어야 합니다. 시장은 인간의 심리로 움직이고, 심리는 언제나 늦게 깨닫습니다.

따라서 경영자는 "시장을 예측하려는 사람"이 아니라, "심리를 읽고 그 흐름을 활용하는 사람"이어야 합니다. 그렇다면, 시장 사이클 속에서 리스크를 관리하고 기회를 포착하기 위한 종합적인 해법은 무엇입니까?


### 1) 심리를 읽고 사이클에 따라 전략을 유연하게 조정하라


#### ① 선행 심리지표 활용

정량·정성 지표를 함께 읽어야 합니다. 부동산시장 소비심리지수, 매수우위지수. 기대심리지수 청약 경쟁률, 거래량 감속 신호, 커뮤니티 여론("영끌", "폭락 온다", "거래 멸종") 언론 헤드라인의 정조 변화 → 이들의 조합이 시장 전환점의 가장 빠른 신호가 된다.


#### ② 상승기 대응 ― "모두가 탐욕일 때 나는 냉정할 것"

상승기에 필요한 것은 공격이 아니라 방어다. 과한 레버리지 금지 과열 단지 추격 매수 금지 수익 실현(Profit-taking) 고려 가격이 아닌 "리스크"를 기준으로 판단 상승기에는 돈을 버는 것이 아니라, 미래의 손실을 피하는 것이 진짜 실력이다.

### ③ 침체기 대응 — "모두가 공포일 때 나는 과감할 것"

침체기는 매수의 타이밍이 아니라 준비된 자만 매수할 수 있는 기회다. 급매물 분석, 저평가된 핵심 입지 선별, 전세·임대수익 기반의 방어적 접근 현금 유동성 준비(침체기 투자자의 결정적 무기) 공포가 극에 달할 때가 가격이 가치보다 가장 크게 밑도는 순간이다.

## 2) 행동경제학적 오류를 경계하라(심리적 함정 컨트롤)

경영자의 판단을 왜곡시키는 3대 심리 오류가 있다.

### ① 닻내림 효과 Anchoring

**매도자:** 과거 최고가에 고착되어 가격을 못 내림

**매수자:** "이 단지는 원래 ○억대"라는 과거 기억에 집착

→ 데이터·수요·금리·입주물량 기반으로 다시 평가해야 한다.

### ② 군중심리 Herding

"다른 사람들이 사니, 나도 사야겠다", "다들 미분양이라니, 나도 관망해야겠다"

→ 시장은 다수가 움직일 때 과열되거나 과도하게 침체된다.

### ③ 손실회피 Loss Aversion

손실을 인정하기 싫어, 침체기에 '버티기 전략'으로 악화 상승기에 '지금 안 사면 뒤처진다'로 무리한 매수

→ 감정이 아닌 시나리오 분석으로 결정해야 한다.

## 3) 경영 관리의 핵심 영역: 포트폴리오 + 기술 혁신

### ① 전략적 포트폴리오 관리

리스크는 '분산'이 아니라 '설계'로 관리된다. 지역 분산(수도권 + 지방 핵심도시), 자산 분산 (주거·상업·토지), 경기 방어형 자산 비중 조절, 침체기엔 현금 비중 상향, 장기 임대형 자산 확보 시장은 변하지만, 잘 설계된 포트폴리오는 흔들리지 않는다.

### ② 기술 도입 및 디지털 기반 의사 결정

부동산 경영자는 더 이상 경험과 감에만 의존해서는 안 된다. AI 기반 가격 예측, 빅데이터 기반 수요 분석, 지역 인구·유동인구 분석 기술, 임대관리 자동화 솔루션, 건축·공간 데이터 의 디지털 트윈 활용

→ 감정적 판단을 배제하고, 객관적 분석을 강화하는 핵심 도구가 된다.

### 최종 결론

부동산 경영자는 심리의 언어를 읽는 자이며, 시장의 파도를 예측하는 사람이 아니라 파도 에 맞는 전략을 선택할 수 있는 사람입니다. 상승기엔 냉정함으로 리스크를 낮추고 침체기엔 용기와 분석으로 기회를 잡고 사이클 전체에 걸쳐 심리를 읽고 관리하며 데이터 + 기술 + 분 산 전략으로 조직을 견고하게 만든다 이것이 13주차가 제시하는 부동산 경영의 종합 해법입 니다.

## 최종 결론: 숫자 너머의 심리를 읽는 혜안

**진행자 최희륜:** 마지막으로, 저희 Midwest University 부동산학 박사 과정 대학식 시리즈 전 체를 관통하는 교훈을 정리하겠습니다.

**박향숙:** 부동산 시장을 깊이 이해하기 위해 가장 중요한 것은 "심리학을 실무와 미래 전략 으로 연결하는 능력"입니다. 숫자, 공급량, 금리 같은 하드 데이터는 시장의 외형을 설명하지 만, 숫자 뒤에 숨어 있는 인간의 마음을 읽는 통찰력만이 불확실성 속에서도 흔들리지 않는

성공을 가능하게 합니다.

**이성호:** 저는 이 14주간의 여정을 통해 한 가지를 더욱 확신하게 되었습니다. 부동산 시장을 움직이는 것은 데이터가 아니라 '기대'이며, 기대를 움직이는 것은 결국 인간의 심리다. 시장의 흐름을 정확히 판단하는 경영자는 가격의 움직임보다 심리의 방향을 먼저 읽습니다.

왜냐하면 데이터는 과거를 설명하지만, 심리는 미래를 예고하기 때문입니다. 결국 경영자의 역할은 시장을 예측하는 사람이 아니라, 심리의 변화를 가장 먼저 감지하고 대응하는 사람입니다.

**김정남:** 시장 사이클은 자연 현상처럼 반복되지만, 그 속에서 반복되는 인간의 심리적 패턴은 예측 가능합니다. 상승기에는 탐욕이, 정점기에는 과신이, 하락기에는 공포가, 침체기에는 체념이 시장을 지배합니다. 현명한 경영자는 이 감정의 순환을 이해하고 활용하여 사이클 속에서 기회를 찾아내는 사람입니다.

**진행자 최희륜:** 네, 여러분의 말씀을 종합하면 오늘의 결론은 단 하나의 원칙으로 요약할 수 있습니다. "심리는 시장에 선행한다." 데이터는 시장의 '현상'을 보여 주고, 심리는 시장의 '미래'를 보여 줍니다. 이 두 가지를 함께 읽고, 감정에 흔들리지 않는 냉철함과 위기를 기회로 바꾸는 용기를 가진 자가 결국 시장의 승자가 될 것입니다. 이로써 1주차부터 13주차까지 이어진 모든 대담의 여정을 마무리하겠습니다. 함께해 주신 여러분께 깊이 감사드립니다.

## 대중심리와 시장 사이클 - 부동산 경영자의 종합 해법

### 1. 부동산 시장은 '경제'가 아니라 '심리'로 움직인다

시장 사이클(상승 → 둔화 → 하락 → 회복)은 경제 지표와 정책이 만들어 내는 흐름 같지만 실제 방향은 대중의 기대·불안·확신·공포가 먼저 결정한다. 탐욕과 공포는 가격을 가치 이상 혹은 이하로 밀어 올리거나 끌어내리는 가장 강력한 힘이다. 따라서 시장의 전환점은 숫자가 아니라 심리에서 먼저 나타난다.

### 2. 시장 사이클은 감정의 순환으로 이해해야 한다

사이클별 핵심 감정 패턴

| 시장 단계 | 지배하는 감정 | 시장에서 나타나는 현상 |
|---|---|---|
| 회복기 | 관망 · 조심스러운 낙관 | "바닥 찍었다" 분위기, 초기 매수 진입 |
| 상승기 | 탐욕 · FOMO · 확증편향 | 영끌 · 패닉바잉 · 대출 증가 |
| 정점기(과열기) | 행복감 · 과신 | 위험 무시, "영원히 오른다" 착각 |
| 하락기(수축기) | 공포 · 손실회피 | 급락 충격, 거래절벽, 급매 혼재 |
| 침체기 | 절망 · 무관심 | 거래최저, 시장관심 소멸, 기관 · 장기투자자 재진입 |

### 감정으로 읽는 전환점

탐욕의 극단 → 하락의 출발점(과열, 확신, 청약 경쟁률 폭발, 영끌 증가)

공포의 극단 → 회복의 시작점(거래 바닥, 언론 비관론, 투자자 관심 소멸)


## 3. 부동산 경영자의 '종합 해법'

### ① 심리를 읽고 전략을 유연하게 조정하라

소비심리지수·매수우위지수·거래량·언론/커뮤니티 분위기 등 정량+정성 심리 지표를 결합하여 전환점 감지 상승기에는 리스크 관리(레버리지·추격매수 금지) 침체기에는 과감한 기회 포착(핵심 입지·급매·저평가 자산)


### ② 행동경제학적 오류를 경계하라

**닻내림 효과(Anchoring):** 과거 최고가에 묶여 판단 왜곡

**군중 심리(Herding):** 남들이 사서 사는 투자

**손실 회피(Loss Aversion):** 하락장에서 '존버', 상승장에서 '더 벌고 싶어서 매도 못함'

**결론:** 시장이 아니라 "자신의 감정과 심리"를 통제하는 것이 최고의 투자 스킬이다.


### ③ 포트폴리오 + 기술 기반 의사결정 구축

지역/자산 유형 분산, 유동성 확보, 안정형 자산 비중 조절 AI·빅데이터·유동인구 분석·디지털 트윈 등 프롭테크 활용 → 경험·감이 아니라 객관적 데이터 기반 경영으로 업그레이드

## 4. 최종 결론 - "심리는 시장에 선행한다"

데이터는 과거를 설명하고, 심리는 미래를 예고한다. 시장 사이클은 반복되지만, 인간의 심리는 더 정확하게 반복된다. 현명한 경영자는 숫자보다 대중심리의 온도 변화를 먼저 읽는다.

상승기에는 냉정함으로 리스크를 낮추고, 침체기에는 용기와 분석으로 기회를 잡는 것이 본질적인 전략이다. 부동산 경영의 핵심은 '심리의 언어'를 읽고, 그 심리의 파고에 맞춰 전략을 선택하는 능력이다.

## 용어 정리

**ㄱ 감정의 순환(Emotional Cycle)**

시장 국면이 바뀔 때 가격보다 먼저 바뀌는 집단 감정의 흐름(관망 → 탐욕 → 과신 → 공포 → 무관심).

예: 사이클 예측의 '지도'는 가격 차트가 아니라 감정의 차트입니다. 감정이 선행하면 가격은 뒤따릅니다.

**ㄴ 냉정한 방어 전략(Defensive Posture)**

상승기(확장기)에 "더 벌기"보다 "잃지 않기"를 우선하는 운영 전략.

예: 상승기엔 실수 한 번이 몇 년 수익을 날립니다. 방어는 소극이 아니라 '리스크를 줄이는 공격'입니다.

**ㄷ 디레버리징(Deleveraging)**

부채(레버리지) 규모를 의도적으로 줄여 변동성에 대한 취약성을 낮추는 조치.

예: 침체기 리스크의 본질은 가격 하락이 아니라 "현금흐름 붕괴"입니다. 디레버리징은 생존장치입니다.

**ㄹ 리밸런싱(Rebalancing)**

사이클 변화에 맞춰 자산 비중(현금 · 임대형 · 개발형 등)을 재조정하는 행위.

예: 시장은 고정이 아니라 계절입니다. 리밸런싱은 계절마다 옷을 갈아입는 경영자의
기본기입니다.

**ㅁ** **무관심 바닥 신호***(Apathy Bottom Signal)*

침체 말기에 "사람들이 시장을 아예 안 보는 상태"가 나타나는 현상.

예: 공포는 시끄럽지만 무관심은 조용합니다. 조용해질수록 '바닥의 가능성'이 커집니다.

**ㅂ** **방어적 현금성 자산***(Defensive Liquidity Buffer)*

침체·변동기에도 버틸 수 있도록 확보하는 현금 및 단기 유동성 자원.

예: 기회는 항상 "현금이 있는 사람"에게 먼저 보입니다. 현금은 수익률이 아니라 '선택
권'입니다.

**ㅅ** **수익 실현***(Profit-taking)*

상승기 과열 구간에서 일부 수익을 확정해 리스크를 줄이는 전략적 매각/정리.

예: "최고점 매도"가 목표가 아니라, 사이클이 꺾일 때 포트폴리오를 살리는 안전벨트가
목적입니다.

**ㅇ** **임대수익 기반 방어***(Income-based Defense)*

가격 변동보다 임대 현금흐름(전세/월세/운영수익)을 중심으로 안정성을 확보하는
접근.

예: 가격이 흔들려도 현금흐름이 버티면 생존합니다. 침체기엔 '시세차익'보다 '현금흐
름'이 우선순위가 됩니다.

**ㅈ** **정량·정성 신호 결합***(Quant-Qual Signal Fusion)*

지수(정량)와 여론/헤드라인/커뮤니티(정성)를 함께 읽어 전환을 포착하는 방법.

예: 정량만 보면 늦고, 정성만 보면 흔들립니다. 둘을 결합해야 "빠르면서도 덜 흔들리는"
판단이 됩니다.

**ㅊ** **침체기 선택권(옵션가치)***(Option Value in Recession)*

현금·대출여력·매수 준비가 만들어 내는 "좋은 물건을 고를 권리".

예: 침체기엔 가격이 아니라 "선택의 폭"이 성과를 갈라 놓습니다. 옵션가치가 큰 사람
이 기회를 선점합니다.

**ㅌ  테크 기반 의사결정***(Tech-enabled Decision Making)*

AI·빅데이터·유동인구·디지털 트윈 등 도구로 감(직관) 의존도를 낮추는 경영 방식.

예: 13주차의 종합 해법은 '심리'를 읽되, 결정은 '근거(데이터·기술)'로 내리라는 것입니다.

**ㅍ  포트폴리오 설계 경영***(Portfolio Architecture Management)*

단순 분산이 아니라 목적(방어/성장/현금흐름)에 맞게 자산을 구조적으로 설계하는 전략.

예: "여기저기 나눠 담기"는 분산이고, "역할을 부여해 설계"하는 게 경영입니다. 위기 때 성패가 갈립니다.

**ㅎ  확장기-수축기 전환 운용***(Expansion-Contraction Switching)*

상승기엔 방어, 침체기엔 준비된 공격으로 운영 모드를 전환하는 능력.

예: 사이클은 피할 수 없지만, 운용 모드를 바꾸는 사람은 사이클을 '피해'가 아니라 '자산'으로 만듭니다.

**핵심 입지 선별***(Prime-location Screening)*

침체기에도 가치가 덜 훼손되는 입지(수요의 질·지속성·대체불가성)를 우선 선별하는 원칙.

예: 침체기엔 "싼 게 좋은 것"이 아니라 "끝까지 살아남는 것"이 좋은 겁니다. 선별이 곧 방어입니다.

시장 사이클별
대중 심리 분석
(감정의 순환)

# 부동산 심리의 실전 적용
# - 시장의 전환점을 읽는 기술

Week 14: Practical Application of Real Estate
Psychology - Reading Market Turning Points

# 1. 심리적 전환점의 신호(천장과 바닥의 언어)
## *Signals of Psychological Turning Points(The Language of Tops and Bottoms)*

시장의 전환점은 데이터보다 심리에서 먼저 포착되며, 이를 '심리의 균열(Micro-crack in sentiment)'로 설명합니다. 시장 참여자들의 '언어'와 '태도'에서 그 신호를 찾을 수 있습니다.

### • 상승장(천장)의 끝 신호

**심리:** 불안 증가에 따른 과잉보상 심리(Overcompensation).

**언어:** 과도한 확신의 언어. "이번엔 다르다", "무조건 오른다", "지금 아니면 절대 못 산다.

**특징:** '근거'보다 '따라가기'를 말하기 시작함.

### • 하락장(바닥)의 끝 신호

**심리:** 공포가 극단에 도달한 절망의 구간(Despair Zone).

**언어:** 절망, 포기, 체념의 언어. "집값은 이제 끝났다", "무조건 더 떨어진다", "다시 오를 리 없다.

**특징:** 공포를 설명하는 말들이 줄고 체념의 언어 등장(체념은 회복 직전 단계).

### 핵심 원칙: 관심도의 감소

하락이 깊어지면 사람들이 부동산 이야기 자체를 꺼림(말하는 것이 고통).

이 시기에 소수의 냉정한 투자자들이 '희소 인지(Signal Detection Theory)'를 통해 심리의 끝을 보고 조용히 움직임.

## 2. 실전 3중 진단 모델: 심리-가격-거래량 통합 분석

*Practical Triple Diagnostic Model: Integrated Analysis of Psychology, Price, and Trading Volume*

이론을 실전에 적용하기 위해 심리, 가격, 거래량 세 가지 지표를 결합하여 전환점을 진단합니다.

| 진단 지표 | 바닥(상승 전환점) 신호 | 천장(하락 전환점) 신호 |
|---|---|---|
| **심리 지표**<br>(부동산 소비심리지수) | 95 이하(공포) | 120 이상 지속(과열 심리) |
| **선행성** | 심리가 가격보다 최소 1~4개월 선행 | |
| **가격 지표**<br>(변동성 축소/확대) | 하락기의 마지막에서 변동성이 극단적으로 줄어듦.<br>상승 초입은 작은 반등의 연속 | |
| **거래량 지표**<br>(바닥 신호) | 1. 서울/광역시 거래량 +30~50% 증가<br>2. 저가 매물 소진<br>3. 실거래의 성격이 실수요 → 투자 수요로 전환 | 월 거래량이 폭증 |

**전환점(Inflection Point) 확률 70% 이상:** 위의 3가지 신호가 동시에 나타날 때 상승장은 이미 시작 단계입니다.

**과열의 정점 신호:** 소비심리 120 이상 지속, 월 거래량 폭증, '분위기·소문'이 지표보다 빠르게 움직임(전문가 의견 쏠림, 뉴스에 "이번에는 다르다" 등장).

## 3. 부동산시장의 전환점

*Turning Points in the Real Estate Market*

시장의 전환점을 포착하는 가장 빠르고 중요한 신호는 숫자가 아닌 사람들의 감정과 언어입니다.

**상승장의 끝에는** → 자신감, 확신, 과잉 긍정의 언어가 넘칩니다.

**하락장의 끝에는** → 포기, 체념, 불신의 언어가 조용히 등장합니다.

부동산 시장의 흐름을 가장 먼저 움직이는 것은 경제가 아니라 집단 감정의 진폭이며, 이 감정이 가장 크게 흔들리는 순간이 바로 전환점 앞 1~2개월입니다.

**진행자 최희륜:** 안녕하십니까, 여러분. 드디어 저희 심리학 기반 부동산 시장 분석 시리즈의 14주차입니다. 오늘은 그동안 배웠던 모든 심리적 원리—확증편향, 군중심리, 손실회피, 보유효과, 앵커링, 지역심리, 데이터+심리 통합 진단, 시장사이클 분석—를 "실전에서 어떻게 적용하는가?"에 초점을 맞추고자 합니다.

우리는 이론을 이해하는 것만으로는 시장에서 승리할 수 없습니다. '언제 들어가고, 언제 멈추고, 언제 빠져나오는가?' 이 전략적 의사결정을 가능하게 하는 것이 바로 오늘의 주제, 전환점 심리 해석입니다. 먼저 질문드립니다. "시장의 전환점은 데이터보다 심리에서 먼저 나타난다"는 말, 실제 현장에서 어떤 신호로 포착될까요?

**이성호:** 정확한 질문입니다. 저는 시장의 전환점을 "심리의 **균열**(Micro-crack in sentiment)"로 설명합니다. 데이터는 항상 늦습니다. 거래량이 줄고, 매물이 쌓이고, 가격이 떨어지는 건 이미 '결과'입니다. 하지만 전환의 씨앗은 심리에서 먼저 생깁니다.

예를 들어 상승장의 끝에서는 이런 말들이 등장합니다. "이번엔 다르다.", "서울은 무조건 오른다.", "금리? 상관없어. 공급이 적어.", "지금 아니면 절대 못 산다." 이 말들은 단순 기대감이 아닙니다. 불안이 소리 없이 증가할 때 나타나는 과도한 확신의 언어입니다.

심리학에서는 이를 **과잉보상 심리**(overcompensation)라고 부르죠. 불안한데 불안을 인정하지 못하니 더 큰 자신감을 말로 포장하는 것입니다. 이게 바로 천장의 전조입니다.

반대로 하락장의 끝에서는 정반대 신호가 나옵니다. "집값은 이제 끝났다.", "무조건 더 떨어진다.", "정부도 못 살린다.", "전세가 철저히 무너질 거다." 이 말들은 공포가 극단에 도달했다는 신호이고, 심리학에서는 절망의 구간(despair zone)이라고 부릅니다. 이때가 바로 바닥의 시작점입니다.

**김정남:** 여기에 하나 더 추가하고 싶습니다. 저는 부동산 시장을 사람들의 대화에서 가장 먼저 읽으라고 말합니다.

가격보다 먼저 변하는 것은, 뉴스보다 먼저 변하는 것은, 계산보다 먼저 변하는 것은 사람들의 말투입니다. 예를 들어 상승장에서 정점에 가까워질수록 사람들은 이렇게 말합니다. "지금은 누구나 사고 있다.", "전세가가 오르니 매매도 오른다.", "청약은 무조건 당첨되면 돈 번다." 즉, '근거'보다 '따라가기'를 말하기 시작합니다. 반대로 바닥이 올 때는 이런 말들이 등장합니다. "사는 게 두렵다.", "다시 오를 리 없다.", "내려도 너무 떨어져서 무섭다."

공포를 설명하는 말들이 줄어들고, 체념의 언어가 등장하면 바닥입니다. 심리는 **'공포 → 체념 → 회복'** 순서로 움직이는데, 체념은 회복의 바로 직전 단계입니다. 즉, 사람들의 말 속에 시장의 방향이 숨어 있습니다.

**박향숙:** 저는 실전 심리 분석에서 가장 중요한 원칙 하나를 강조하고 싶습니다.

"사람들의 관심이 줄어들면 시장은 바닥에 가깝다." 상승장에서는 사람들이 온종일 부동산 이야기를 합니다. 카페·유튜브·카톡방에서 계속 자료와 소문을 공유합니다. 하지만 하락이 깊어지면 사람들은 부동산 이야기 자체를 꺼립니다. 왜냐하면 '말하는 것이 고통'을 자극하기 때문입니다. 이 단계가 계속되면 심리는 거의 바닥까지 내려간 상태입니다.

흥미로운 건, 바로 이 시기에 극히 일부의 냉정한 투자자가 조용히 움직인다는 점입니다. 시장이 회복되기 전에 움직이는 사람들은 가격을 보는 것이 아니라 심리의 끝을 보는 사람들입니다. 심리학에서는 이를 **희소 인지(Signal Detection Theory)**라고 합니다. 모두가 잡음을 듣는 동안, 소수만 '진짜 신호'를 듣는 단계죠.

**진행자 최희륜:** 그렇다면 실전에서 "심리 + 데이터"를 어떻게 결합해 전환점을 진단할 수 있을까요? 우리가 12주차에서 만든 모델을 확장해서 14주차에 맞게 정리해 보죠.

**4주차 핵심 실전 모델: '심리-가격-거래량 3중 진단'**

**① 심리 지표: 부동산 소비심리지수(SCSI)**

95 이하 → 공포

100~105 → 관망

110 이상 → 기대감 확산

120 이상 → 과열 심리(천장 근처) 심리가 가격보다 최소 1~4개월 선행합니다.

**② 가격 지표: 변동성 축소/확대(V-Curve)**

하락기의 마지막은 변동성이 극단적으로 줄어듭니다.

상승의 초입은 '큰 상승'이 아니라 작은 반등이 연속되는 시기입니다.

**③ 거래량 지표: 바닥 신호**

다음 3개가 동시에 나타나면 상승장은 이미 시작 단계입니다.

1. 서울/광역시 거래량 +30~50% 증가

2. 저가 매물이 먼저 소진

3. 중위가격이 아니라 '실거래의 성격'이 바뀜

(실수요 → 투자 수요로 전환)

**이 3개가 동시에 만나면:**

→ 전환점(Inflection Point) 확률 70% 이상, 반대로 과열의 정점은 다음 신호들이 동일하게

　　나타납니다.

1. 소비심리 120 이상 지속

2. 월 거래량이 폭증

3. '분위기 · 소문'이 지표보다 빠르게 움직임

(전문가들의 의견이 한 방향으로 쏠림 뉴스에서 "이번에는 다르다" 등장)

**14주차 결론:**

"시장의 전환점은 숫자가 아니라 사람의 입에서 가장 먼저 나타난다."

1. 상승장의 끝에는 → 자신감, 확신, 과잉 긍정의 언어가 넘칩니다.

2. 하락장의 끝에는 → 포기, 체념, 불신의 언어가 조용히 등장합니다.

3. 부동산 시장의 흐름을 가장 먼저 움직이는 것은 경제가 아니라 집단 감정의 진폭입니다.

그리고 이 감정이 가장 크게 흔들리는 순간이 바로 전환점 앞 1~2개월입니다.

## 1. 전환점은 데이터보다 심리에서 먼저 나타난다

과잉 확신의 언어 → 고점, 체념의 언어 → 저점

## 2. 사람들의 말투가 변화의 초기 신호이다

"지금은 누구나 산다" → 상승 말기, "이제는 무섭다" → 바닥 근접

## 3. 3중 진단 모델(심리-가격-거래량)을 결합해야 한다

심리 → 선행, 가격 → 지연, 거래량 → 첫 회복 신호

## 4. 전환점의 본질은 경제가 아니라 집단 감정의 균열이다

불안·기대·체념이 시장을 움직인다.

**ㄱ** **거래의 성격 전환**(*Shift in Transaction Quality*)

거래량 증가보다 더 중요한 신호로, 실수요 중심 거래 → 투자성 거래로 '매수의 이유'가 바뀌는 현상.

예: 거래량 숫자만 보지 말고 "누가, 왜 사는가"를 보셔야 합니다. 전환점은 거래의 '성격'에서 먼저 드러납니다.

**과잉보상 심리**(*Overcompensation*)

불안을 인정하지 못해 오히려 "이번엔 다르다, 무조건 오른다" 같은 과도한 확신 언어로 포장하는 심리 반응.

예: 고점의 언어는 '자신감'이 아니라 '불안의 가면'일 때가 많습니다. 확신이 커질수록 불안이 커졌다는 신호일 수 있습니다.

**ㄴ** **내러티브 천장 신호**(*Narrative Top Signal*)

"이번엔 다르다", "정책도 못 막는다" 같은 서사가 시장의 논리를 대체하며 정점에 가까워지는 현상.

예: 숫자로 설득하지 않고 '이야기'로만 설득하기 시작하면, 시장은 이미 과열 말기일 가능성이 큽니다.

**ㄷ** **대화 기반 시장독해**(*Conversation-based Market Reading*)

지표·뉴스보다 먼저 변하는 '사람들의 말투·표현·확신의 강도'를 관찰해 국면 전환을 포착하는 방법.

예: 전환점은 차트보다 먼저 "말의 결"에서 시작됩니다. 말이 단정적일수록, 위험이 누적된 경우가 많습니다.

**ㄹ** **리스크 언어 소멸**(*Disappearance of Risk Talk*)

고점 부근에서 "리스크"를 말하지 않거나, 말해도 무시되는 현상(경고가 조롱거리로 변함).

예: 시장이 건강하면 경고를 '검토'합니다. 시장이 과열되면 경고를 '비웃기' 시작합니다.

ㅁ **마이크로 크랙***(Micro-crack in Sentiment)*

가격·거래량이 무너지기 전, 심리 내부에서 먼저 생기는 '작은 균열'(말, 태도, 확신의 과장, 불안의 신호).

예: 데이터는 결과를 보여 주지만, 크랙은 원인을 보여 줍니다. "작은 균열"을 잡는 사람이 전환점을 앞서 봅니다.

ㅂ **바닥의 침묵***(Silence at the Bottom)*

하락 말기에 사람들이 부동산 이야기를 꺼리고, 관심 자체가 사라지는 현상.

예: 공포는 시끄럽지만 '바닥'은 조용합니다. 말이 사라지면, 심리는 이미 바닥에 가까울 수 있습니다.

ㅅ **Signal Detection Theory(희소 인지)***(Signal Detection Theory)*

모두가 잡음(루머·공포·확신)에 휩쓸릴 때, 소수만 '진짜 신호'를 구분해 내는 인지 프레임.

예: 전환점은 늘 "대다수의 감정"이 아니라 "소수의 관찰"에서 먼저 발견됩니다.

**3중 진단***(Triple Confirmation Model)*

심리-가격-거래량을 동시에 확인해 전환점 확률을 높이는 실전 프레임.

예: 심리만 보면 '감정 과잉', 데이터만 보면 '후행'이 됩니다. 3개가 동시에 맞물릴 때 신뢰도가 올라갑니다.

ㅇ **절망 구간***(Despair Zone)*

"이제 끝났다", "정부도 못 살린다"처럼 체념·불신이 지배하는 구간.

예: 절망은 가장 나쁜 감정 같지만, 역설적으로 '매도 에너지의 고갈'과 맞물리면 바닥 신호가 될 수 있습니다.

ㅊ **체념의 언어***(Language of Resignation)*

공포 설명(왜 무서운지)보다 "그냥 안 한다", "관심 없다"로 바뀌는 말의 형태.

예: 공포는 이유를 떠들지만, 체념은 말을 줄입니다. 체념은 회복 직전 단계일 때가 많습니다.

ㅋ **V-커브***(Volatility Curve)*

국면 말기에서 가격이 아니라 변동성(출렁임) 자체가 줄거나 늘며 전환의 징후를 보이는 패턴.

예: 바닥은 "큰 반등"이 아니라 "출렁임이 멈추는 구간"에서 먼저 나타나는 경우가 많습니다.

ㅎ **헤드라인 정조 변화***(Headline Tone Shift)*

뉴스·커뮤니티의 문장 톤이 "더 오른다/이번엔 다르다" 또는 "끝났다/폭락"처럼 극단으로 쏠리는 변화.

예: 기사는 사실을 말하는 듯 보이지만, 대중 감정의 온도를 반영합니다. 극단 톤이 늘면 전환점이 가까울 수 있습니다.

BOOM
BUST
부동산 심리의
실전 적용 –
시장의 전환점을
읽는 기술

# 글로벌 부동산 심리 비교 - 미국·일본·한국의 심리 구조와 사이클 차이

Week 15 : Comparative Global Real Estate Psychology - U.S., Japan & Korea

# 1. 왜 글로벌 부동산 심리 비교가 필요한가
### *Why Is a Global Comparison of Real Estate Psychology Necessary?*

부동산 심리는 인간 심리에 기반하지만, 국가별로 문화·제도·역사·인구 구조가 다르기 때문에 동일하게 작동하지 않습니다. 미국·일본·한국을 비교하여 왜 어떤 국가는 사이클이 길고 완만하며, 어떤 국가는 짧고 극단적인지 그 심리적 메커니즘을 이해하는 데 목적이 있습니다.

# 2. 미국 부동산 심리 - '낙관적 합리성(Optimistic Rationality)'
### *U.S. Real Estate Psychology - "Optimistic Rationality"*

### ① 임대 중심 심리: 집은 필수가 아닌 옵션

미국인은 집을 "금융 자산"으로 인식하며, 반드시 소유해야 한다는 불안이 거의 없습니다.

30년 고정금리, 안정적인 임대시장, 높은 이동성, 낮은 PIR, 높은 다운페이 문화로 인해 주택은 투자 대상이 아닌 선택지로 인식됩니다. 이로 인해 심리 변동 폭이 작고 시장이 안정적입니다.

### ② 하락은 기회, 상승은 관망

가격 하락 시에는 "바겐세일"로 인식되어 매수자가 증가하고, 가격 상승 시에는 오히려 거래가 줄어듭니다. "떨어지면 무섭다"가 아니라 "싸졌으니 기회다"라는 심리가 작동합니다.

### ③ 길고 완만한 사이클 구조

미국 부동산은 보통 7~10년의 U자형 사이클을 보이며, 패닉·광기 같은 군중심리가 제한적입니다. 경제 기반의 합리적 판단이 심리를 지배합니다.

## 3. 일본 부동산 심리 - '상실의 기억(Lost Decades)'
### *Japanese Real Estate Psychology - "The Memory of Loss(Lost Decades)"*

### ① 집값 상승에 대한 믿음의 붕괴

일본인은 "집값은 오르지 않는다", "부동산은 자산이 아니라 비용"이라는 인식을 가지고 있습니다. 상승기에도 매수를 주저하고, 하락기에는 오히려 심리적 확신을 얻는 구조입니다.

### ② 부정적 앵커링 - 1990년 버블 붕괴의 후유증

30년간의 하락 경험, 인구 감소, 저성장과 디플레이션은 "집은 결국 떨어진다"는 심리적 앵커를 일본 사회 전체에 각인시켰습니다. 이 과거의 기억이 현재의 모든 의사결정을 지배합니다.

### ③ '도쿄만 산다'는 절대 심리

도쿄는 상승, 오사카는 정체, 지방은 하락 또는 소멸이라는 심리가 고착화되어 있습니다.
일본 부동산은 장기 체념형(L자형) 사이클로 움직입니다.


## 4. 한국 부동산 심리 - '비교 · 불안 · 속도'
### *Korean Real Estate Psychology - "Comparison, Anxiety, and Speed"*

### ① 세계 최고 수준의 심리 민감도

한국인은 끊임없이 비교합니다. 가격, 학군, 브랜드, 전세가율, 인접 단지까지 비교하며, 비교는 즉시 불안으로 전환됩니다. 이로 인해 한국 시장은 가장 빠르고 극단적으로 움직입니다.

### ② 한국의 사이클은 '심리 사이클'

미국은 경제 사이클, 일본은 인구 사이클, 한국은 심리 사이클입니다.
매수 공포 → 급등

공포 확산 → 급락

관망 → 거래절벽

기대 회복 → 반등

심리가 가격을 선도합니다.


### ③ 한국인의 핵심 심리: 손실회피

"손해 보기 싫다"는 심리가 모든 행동을 결정합니다.

그래서 오를 땐 불안해서 사고, 내릴 땐 손해 보기 싫어 안 팔며,

조금만 기대가 생기면 패닉바잉이 발생합니다.


## 5. 글로벌 3개국 부동산 심리 비교 요약
### *Summary Comparison of Real Estate Psychology Across Three Countries*


### ① 미국
심리 키워드: 합리성 · 장기 · 금융

본질: 데이터 기반 판단

사이클: 7~10년 U자형


### ② 일본
심리 키워드: 상실 · 체념 · 방어

본질: 과거 붕괴의 기억

사이클: 20~30년 L자형


### ③ 한국
심리 키워드: 불안 · 비교 · 속도

본질: 심리 기반 과열

사이클: 3~5년 V자형

부동산 가격은 비슷하게 움직일 수 있지만, 그 뒤에서 작동하는 심리는 국가마다 완전히 다릅니다. 미국은 경제가 가격을 만들고, 일본은 과거가 심리를 지배하며, 한국은 심리가 가격을 만듭니다. 이 차이를 이해하는 것이 글로벌 부동산을 읽는 핵심이며, 동시에 한국 시장의 특이성과 위험을 정확히 해석하는 출발점입니다.


**진행자 최희류:** 안녕하십니까, 여러분. 오늘은 15주차, 드디어 글로벌 심리 비교에 들어갑니다. 왜 이 강의가 필요할까요? 부동산 심리는 인간 심리이기에 국가가 달라도 비슷해 보이지만, 실제로는 문화·제도·역사·인구 구조에 따라 심리 패턴이 완전히 다르게 움직입니다.

그래서 오늘은 미국, 일본, 한국 이 세 나라를 중심으로 각 국가의 부동산 심리 메커니즘을 비교하며, "왜 어떤 국가는 사이클이 길고 완만하며, 어떤 국가는 사이클이 짧고 극단적인가?"를 분석해 보겠습니다. 먼저 미국부터 살펴 주세요, 이성호 선생님.


**이성호:** 미국 부동산 심리는 '낙관적 합리성(Optimistic Rationality)'이다 미국 부동산의 심리 구조는 한국과 정반대입니다. 미국인의 기본 심리는 이렇습니다.


**"집은 금융 자산이다.", "사는 것도 좋지만, 안 사도 된다.", "가격은 오르고 내리는 것. 놀랄 필요 없다.", "내 집이 아니어도 괜찮다."**


**여기서 중요한 심리 요소 3가지를 설명드리죠.**


**① 미국은 '임대 심리'가 강하다 — 집은 삶의 옵션이지, 필수 아님**

미국인의 기준은 "사는 게 유리하면 사고, 아니면 산다."입니다. 한국처럼 "집 없으면 불안하다"는 심리가 거의 없습니다. 이는 제도적 기반 때문이죠. 30년 고정금리, 렌트 안정성, 직업 지역 이동성, 주택 선택 폭 넓음, 주택가격 대비 소득(PIR)이 낮은 편, 다운페이 문화(20~30%) 가 기본, 즉, 미국인은 집을 '투자 종목'으로 보지 않습니다. 그렇기에 심리 변동 폭이 한국보 다 훨씬 낮습니다.

### ② 미국인은 '상승 = 기회'보다 '하락 = 바겐세일'로 본다

미국의 심리 구조는 명확합니다.

**가격이 떨어지면:**

→ "Good deal!" → 즉시 매수자 증가

**가격이 오르면:**

→ "Good for owners, bad for buyers." → 거래가 줄어듦

**한국처럼**

"떨어지는 게 무섭다"는 심리가 아닌 "싸지니까 기회네"라는 심리가 작동합니다.

### ③ 미국 사이클은 길고 완만하다 — 심리가 안정적이기 때문

미국은 보통 7~10년 사이클입니다. 한국처럼 짧고 격렬한 V자 반등이 아니라 완만한 **U자 사이클(Soft Landing → Recovery)**이죠. 이 이유는 명확합니다.

**불안 → 패닉 → 폭등 → 폭락 이런 군중심리가 적기 때문입니다.**

### 결론

미국인의 핵심 심리는 합리적·냉정함입니다. 그래서 미국 부동산은 한국처럼 '심리 폭발형 사이클'이 아니라 **'경제 기반 사이클'**로 움직입니다.

**김정남:** 일본의 부동산 심리는 '상실의 기억(Lost Decades)'로 얼어붙어 있습니다. 일본 부 동산 심리는 세계에서 가장 특이합니다. 일본인의 마음속에는 아직도 1990년 버블 붕괴의 상

처가 남아 있습니다.

### ① 일본인은 '집값이 오른다'는 믿음 자체가 없다.

일본인의 전형적인 심리 구조는 다음과 같습니다.

"집은 가격이 오르지 않는다.", "대출은 위험하다.", "도쿄 외엔 다 인구 감소한다.", "부동산은 자산이 아니라 비용이다." 즉, 일본인의 심리는 방어적·부정적·기대 없음입니다.

그래서, 집값 상승기 → "오르네? 그래도 사기엔 부담스러워."

집값 하락기 → "역시 떨어졌네. 역시 사지 말길 잘했다." 이런 심리입니다.

### ② 일본인의 '부정적 앵커링' — 과거 붕괴가 마음속에 박혀 있다.

1990년 버블 붕괴의 심리는 지금도 일본 전체를 지배합니다. 30년 하락, 인구 감소, 디플레이션, 저성장, 수도권 집중, 지방 소멸, 이 경험은 일본인의 심리에 '영구적 앵커'를 만들었죠. 앵커: "집은 언젠가 반드시 떨어진다." 이 앵커가 일본 부동산의 모든 행동을 결정합니다.

### ③ 일본은 '도쿄만 오른다'는 절대심리

일본 부동산의 핵심 공식: "도쿄는 오른다. 지방은 죽는다." 이 심리가 가격을 좌우합니다.

도쿄: 상승, 오사카: 정체, 지방: 완만한 하락 또는 급락

즉, 일본 부동산의 심리는 인구 구조와 과거 붕괴의 기억이 섞여 형성된 장기 체념형 사이클입니다.


**박향숙:** 한국 부동산 심리는 '비교·불안·속도'가 결정한다. 한국은 미국·일본과 완전히 다른 심리 구조입니다.

### ① 한국은 세계에서 가장 '심리 민감도'가 높은 시장

한국 부동산의 심리는 3단어로 요약됩니다. 불안, 비교, 속도 한국인은 항상 비교합니다. 친구는 어디 샀는지, 학군은 어떤지, 브랜드는 어떤지, 전세가율은 어떤지, 옆단지보다 비싼지

싼지. 이 비교 심리는 즉시 불안으로 변합니다. 그래서 한국 부동산은 세계에서 가장 빠르고 가장 극단적으로 움직이는 시장입니다.

### ② 한국의 사이클은 '심리 사이클'이다

미국은 경제 사이클, 일본은 인구 사이클, 한국은 심리 사이클입니다.

"사야 한다"는 심리가 폭발 → 급등, "무섭다"는 심리가 확산 → 급락, "관망하자" → 거래절벽 "다시 오를 것 같다" → 반등, "이번엔 다르다" → 과열, "너무 비싸다" → 둔화. 한국의 가격 은 경제보다 심리가 더 큰 힘을 가집니다.

### ③ 한국인의 근본 심리: "나는 손해 보기 싫다"

한국인의 심리를 움직이는 명언 하나가 있습니다.

"손해 보기 싫다(손실회피)"

그래서 오를 땐 불안해서 사고, 내릴 땐 손해 보기 싫어서 안 팔고, 오를 것 같으면 패닉바 잉, 내릴 것 같으면 관망, 규제가 나오면 "규제 풀리면 오른다", 금리가 내려가면 "지금 들어가 야 한다". 한국 부동산은 경제보다 심리-정서가 가격을 만드는 시장입니다.

진행자 최희륜 — 글로벌 세 시장의 심리 차이 정리

| 국가 | 심리 키워드 | 움직임의 본질 | 사이클 |
|---|---|---|---|
| 미국 | 합리성·장기·금융 | 데이터 기반 판단 | 7~10년 U자 |
| 일본 | 상실·체념·방어 | 과거 붕괴의 기억 | 20~30년 L자 |
| 한국 | 불안·비교·속도 | 심리 기반 과열 | 3~5년 V자 |

"부동산 시장은 나라가 달라도 가격은 비슷하게 움직이지만, 그 뒤의 심리는 완전히 다르다."

한국은 심리가 가격을 만듭니다. 미국은 가격이 경제를 반영합니다. 일본은 과거가 심리를 지배합니다. 그리고 이 차이를 이해한 사람만이 글로벌 시장을 정확히 읽고, 한국 시장의 특이성을 제대로 해석할 수 있습니다.

## 1. 미국은 합리적·냉정한 심리

하락은 기회, 상승은 관망, 사이클 안정적

## 2. 일본은 상실·체념의 심리

과거 붕괴의 트라우마, 도쿄 집중심리가 절대적

## 3. 한국은 불안·비교·속도의 심리

심리가 가격을 만든다, 사이클 극단적·짧음

## 4. 글로벌 비교는 시장 해석의 깊이를 만든다

한국 시장의 독특한 불안심리, 미국 시장의 장기적 안정성, 일본 시장의 구조적 체념

**ㄱ** **국가별 사이클 원천**(*Cycle Driver by Nation*)

부동산 사이클을 만들어 내는 근본 동력이 국가마다 다른 구조.

**미국: 경제·금융**

**일본: 인구·과거 기억**

**한국: 심리·정서**

예: 사이클을 예측하려면, 먼저 "이 나라의 사이클을 움직이는 힘이 무엇인가"부터 정의해야 합니다.

**글로벌 심리 비대칭**(*Global Psychological Asymmetry*)

같은 가격 변화라도 국가별로 전혀 다른 심리 반응이 나타나는 현상.

예: 가격은 비슷하게 움직여도, 사람의 마음은 국가마다 전혀 다르게 흔들립니다. 이 비대칭이 글로벌 투자 성과를 가릅니다.

**ㄴ** **낙관적 합리성**(*Optimistic Rationality*)

미국 부동산 심리를 규정하는 핵심 개념으로, 가격 변동을 자연스러운 시장 현상으로 받아들이는 태도.

예: 미국인은 집값이 내려가도 '공포'보다 '계산'을 먼저 합니다. 낙관은 감정이 아니라 합리성 위에 있습니다.

**ㄷ** **다운페이 문화**(*Down-payment Culture*)

주택 구매 시 충분한 자기자본(20~30%)을 기본 전제로 하는 미국식 심리·제도 결합 구조.

예: 다운페이는 단순한 돈이 아니라, 과열을 막는 심리적 브레이크 역할을 합니다.

**ㄹ** **렌트 안정 심리**(*Rental Stability Mindset*)

미국에서 '집을 소유하지 않아도 불안하지 않은' 임대 친화적 심리 구조.

예: 렌트가 안정적이면, 소유 집착은 줄어듭니다. 심리가 안정되면 사이클도 완만해집니다.

**ㅁ  미국식 바겐세일 인식(*Bargain-buying Perception*)**

가격 하락을 '위험'이 아니라 '할인 기회'로 해석하는 미국 특유의 심리 반응.

예: 같은 하락이라도 미국은 "기회", 한국은 "공포"로 번역됩니다. 이 차이가 사이클을 갈라 놓습니다.

**ㅂ  버블 트라우마(*Bubble Trauma*)**

1990년대 붕괴 경험이 일본 사회 전반에 남긴 집단적 심리 상처.

예: 일본 부동산은 현재를 사는 시장이 아니라, 과거의 기억 위에 서 있는 시장입니다.

**비교 불안 증폭 구조(*Comparative Anxiety Amplification*)**

한국에서 타인의 선택·가격·위치와의 비교가 즉각적인 불안으로 증폭되는 구조.

예: 한국 부동산의 불안은 '가격'이 아니라 '남과의 거리'에서 시작됩니다.

**ㅅ  상실 기억 경제(*Economy of Loss Memory*)**

과거의 실패 경험이 현재의 투자·소비 판단을 지배하는 일본형 심리 구조.

예: 일본에서는 '기회'보다 '후회 회피'가 더 강력한 의사결정 기준입니다.

**ㅇ  영구적 부정 앵커(*Permanent Negative Anchor*)**

"집값은 결국 떨어진다"는 일본 사회에 고착된 집단 신념.

예: 이 앵커는 시장을 안정시키는 동시에, 상승 동력을 구조적으로 차단합니다.

**ㅈ  절대 중심 심리(*Absolute Core Belief*)**

일본에서 "도쿄만 안전하다"는 믿음이 전국 시장을 지배하는 현상.

예: 일본 부동산은 분산 시장이 아니라, 심리적으로 '단일 중심 시장'입니다.

**ㅊ  초고속 심리 전염(*Ultra-fast Sentiment Contagion*)**

한국 부동산에서 정보·감정·불안이 매우 빠르게 확산되는 현상.

예: 한국 시장은 '정보 속도'가 아니라 '감정 속도'가 가격을 움직입니다.

**ㅌ  트라우마 고정 심리(*Trauma-fixed Psychology*)**

과거 붕괴 경험이 세대를 넘어 지속적으로 의사결정을 제약하는 일본형 심리 패턴.

예: 일본의 보수성은 문화가 아니라, 아직 끝나지 않은 심리적 후유증입니다.

**ㅎ** **한국형 심리 주도 시장***(Psychology-driven Market)*

경제 변수보다 집단 감정의 진폭이 가격을 결정하는 한국 특유의 시장 구조.

예: 한국에서는 금리가 심리를 만들기도 하지만, 심리가 금리 효과를 압도하는 순간이 훨씬 많습니다.

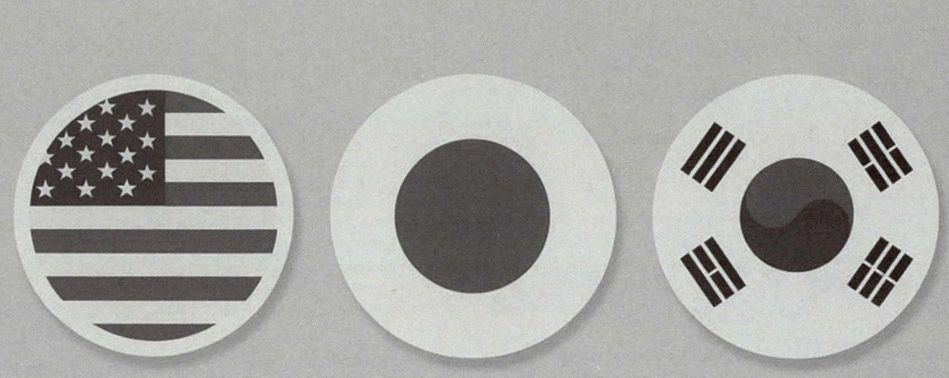

# 미국·일본·한국의 심리 구조와 사이클 차이

# 인구 · 이주 · 세대 변화가 만드는 미래 부동산 심리 (2025~2035)

Week 16: Demographic, Migration & Generational Psychology Shaping the Future Real Estate Market

# 1. 인구 변화가 만드는 부동산 심리의 기저 구조
## *The Underlying Structure of Real Estate Psychology Shaped by Demographic Change*

한국 부동산 심리의 가장 깊은 뿌리는 인구 변화입니다. 초고령화, 인구 감소, 1인 가구 증가, 수도권 집중이라는 네 가지 흐름은 가격보다 더 강력한 심리 변화를 만들어 냅니다. 이 변화는 부동산 심리의 중심을 '투자'에서 '생존'으로 이동시키며, 미래를 상상하는 방식 자체를 바꾸고 있습니다.


# 2. 인구 변화로 나타나는 핵심 심리 두 가지
## *Two Key Psychological Effects Arising from Demographic Change*

### ① 미래 불안 심리 → 안정성·현금흐름 선호

2025~2035년 한국인의 부동산 심리는 가격 상승보다 노후 안정, 자산 확대보다 유지 가능성을 중시하는 방향으로 이동합니다. 입지보다 관리 용이성, 대형 평형보다 소형 평형, 브랜드보다 관리비·유지비를 따지는 심리가 강화되며, 고가 아파트보다 '지속 가능한 주거'가 선호됩니다.

### ② 인구 이동 심리 → 수도권·거대도시 집중

"지방은 줄어든다, 서울은 버틴다"는 집단적 신념이 수도권 집중을 지속시키는 핵심 심리입니다. 실제 데이터보다 심리적 체감이 더 크게 작용하면서, 수도권은 변동성 속에서도 수요가 유지되고 지방은 펀더멘털보다 심리 위축이 가격에 더 큰 영향을 미치게 됩니다.

## 3. 세대 교체가 바꾸는 부동산 심리 지도
### *How Generational Shifts Redefine the Real Estate Psychology Map*

### ① 베이비붐 세대(55~70세): 안정 · 현금 · 건강 심리

이 세대는 주택을 노후 자산으로 인식하며, 다주택 정리와 현금화, 월세 선호가 강해집니다. 마지막 거주지에 대한 심리가 커지면서 매도자이자 동시에 핵심 수요자로 등장하는 이중적 성격을 보입니다.

### ② 3040세대: 비교 · 속도 · 기회 심리

비교 심리, 불안 심리, 속도 심리가 결합된 세대로, 한국 부동산 사이클을 가장 격하게 움직입니다. 이들의 존재로 인해 한국 부동산 시장은 완만해지기보다 급격한 반등과 조정을 반복하는 구조를 유지하게 됩니다.

### ③ MZ세대(20~39세): 자유 · 유연 · 이동성 심리

집보다 경험을 중시하고, 장기 거주보다 단기 선택을 선호합니다. 청약보다 월세, 한 지역 정착보다 이동성을 중시하며, 지방이나 해외도 선택지로 고려합니다. 이로 인해 시장은 분절화되고 심리 파편화가 가속됩니다.

## 4. 지방과 수도권의 심리 격차 심화
### *The Widening Psychological Gap Between Regional Areas and the Capital Region*

### ① 지방의 미래 불안 심리

인구 감소, 산업 쇠퇴, 의료 · 일자리 부족은 지방 심리를 공황형으로 몰아갑니다. "지금 팔아야 한다"는 인식이 가격보다 앞서 작동하며, 심리는 통상 2~3년 선행해 움직입니다.

### ② 수도권의 확신·집착 심리

"서울은 결국 오른다"는 확신, GTX와 미래 성장 기대가 수도권 프리미엄을 심리적으로 고착화합니다. 문화·정서·기대가 결합되어 고평가 구조를 더욱 강화합니다.


## 5. 2025~2035년 부동산 심리의 장기 변화 5가지 전망
### *Five Long-Term Projections for Real Estate Psychology(2025-2035)*

### ① 집의 의미 변화: 투자 → 생존 → 관리
주택은 자산 증식 수단이 아니라 삶을 지키는 장치로 인식됩니다.


### ② 세대 간 심리 충돌
3040세대의 상승 심리와 베이비붐 세대의 안정·매도 심리가 충돌하며 시장 사이클을 형성합니다.


### ③ MZ세대 이동성 증가
정착하지 않는 세대의 확산으로 지방 인구 감소와 가격 압력이 장기화됩니다.


### ④ 수도권 집중 심리 고착
서울·수도권과 일부 광역도시만 버티는 양극화 구조가 강화됩니다.


### 부동산 사이클 결정 요인의 변화

금리·물가보다 사람들의 미래에 대한 직감과 감정 구조가 시장을 움직이는 '심리시대 2.0'이 본격화됩니다.

**진행자 최희륜:** 안녕하십니까, 여러분. 오늘 16주차에서는 한국 부동산 시장의 심리를 바꾸는 가장 근본적 요인인 인구 변화, 이주 흐름, 세대 교체, 지방·수도권의 심리 이동, 고령화와 저출생이 만드는 장기 심리 구조 이 다섯 가지를 중심으로 2025~2035년 부동산 시장에서 필연적으로 나타날 새로운 심리 패턴을 분석해 보겠습니다. 부동산 심리는 '현재의 감정'도 중요하지만 '미래를 상상하는 능력'이 더 중요합니다. 그래서 오늘은 "10년 뒤 시장을 움직일 심리의 뿌리"를 탐구하는 시간입니다. 먼저, 인구 변화가 왜 부동산 심리를 바꾸는지부터 살펴보겠습니다.

## 인구 변화가 부동산 심리의 기저음(Bottom Emotion)'을 만든다

**이성호:** 한국은 지금 전 세계에서 가장 빠른 속도로 늙어 가고(초고령사회), 줄어들고(인구 감소) 비어 가고(1인 가구 증가), 쏠려가고(수도권 집중) 있습니다. 이것은 가격보다 더 근본적이고 강력한 심리 변화를 가져옵니다. 대표적 심리가 두 가지입니다.

### ① "미래 불안 심리" → 안정성·현금흐름 선호 증가

2025~2035년 한국인의 심리는 이렇게 변화합니다. "가격 상승"보다 "노후 안정", "자산확대"보다 "유지 가능성", "입지"보다 "관리 용이성" 즉, 부동산 심리의 중심이 '투자' → '생존'으로 이동합니다. 그래서 앞으로는 이런 심리가 강해집니다. 역세권보다 의료·돌봄 접근성 84㎡보다 59㎡ 선호 브랜드보다 관리비·유지비, 고가 아파트보다 '지속가능한 주거' 이 변화가 시장 전체를 바꿀 것입니다.

### ② "인구 이동 심리" → 수도권·거대도시 집중 심화

한국인의 뇌는 이렇게 말합니다. "지방은 일자리·인구가 줄어든다.", "서울은 그래도 버틴다." 이 집단 신념이 수도권 집중을 2035년까지 지속시키는 핵심 심리입니다.

실제 데이터보다 '심리적 체감'이 더 큽니다. 그러므로 수도권은 가격 변동이 있어도 수요가 끊기지 않고 지방은 펀더멘털보다 심리 위축이 더 크게 작용합니다. 즉, 심리 불균형이 가격 불균형을 심화시킵니다.

## 세대 교체가 한국 부동산 심리의 지도를 바꾼다

**김정남:** 이제 본격적으로 '세대 심리'로 들어가 보겠습니다. 저는 세대 문제를 이렇게 봅니다. "부동산 시장의 주도권은 세대의 감정 구조가 결정한다." 세대별로 불안·희망·기대가 다르기 때문입니다.

### ① 베이비붐 세대(55~70세): '안정·현금·건강' 심리

주택 → 노후 자산, 다주택 정리 → 현금화, 임대사업 → 월세 선호, 역세권·병원 접근성 선호 지방 단독주택 매도 → 수도권 아파트 이동 이들은 가격 상승보다 "마지막 거주지 심리"가 더 큽니다. 따라서 2025~2035년 동안 매물이 가장 많이 나오는 세대가 바로 이들입니다. 그러나 동시에 수요자로도 강력하게 돌아오는 이중적 세대입니다.

### ② 3040세대: "비교·속도·기회" 심리

이 세대는 한국 부동산 심리를 가장 격하게 움직입니다. "남들보다 뒤처지면 안 된다", "지금 아니면 못 산다", "상승장 놓치는 것이 가장 큰 손실" 즉, 비교 심리 + 불안 심리 + 속도 심리의 결합입니다. 이들은 앞으로도 한국 사이클을 V자로 만들 것입니다. 3040세대가 살아 있는 한 한국 부동산은 결코 미국처럼 완만해지지 않습니다.

### ③ MZ세대(20~39세): "자유·유연·이동성" 심리

MZ세대는 이전 세대와 완전히 다른 심리를 가집니다. 집보다 경험, 5년 거주보다 1년 단위 선택, 원룸·오피스텔 선호, 청약보다 월세, 강남 선망보다 서울 전체 이동성 선호 평생 집 1채 → 직장·지역 따라 집을 바꿔 사는 전략, 게다가 "아파트 가격에 인생을 걸지 않는다.", "서울이 아니면 지방·해외도 가능". 이들은 부동산 시장을 분절화하고, 심리 파편화를 가속시킬 것입니다.

## 지방 vs 수도권 - 심리의 균형이 붕괴되고 있다

**박향숙:** 여기서 핵심은 경제보다 심리가 더 빠르게 지방을 떠밀고 있다는 사실입니다.

### ① "지방의 미래 불안"이 가장 큰 심리 요인

인구 감소, 산업 쇠퇴, 학령인구 감소, 직장 부족, 의료 접근성 부족, 이런 요인들이 지방 심리를 '공황형 패턴'으로 이끕니다. 지방의 심리는 점점 이렇습니다.

"집 팔아야 한다.", "지금 안 팔면 더 떨어진다.", "수도권으로 가야 한다." 이 심리는 가격보다 2~3년 선행합니다.

### ② 수도권의 심리는 '확신·집착·집중'

수도권 사람들은 이렇게 느낍니다. "서울은 결국 오른다.", "GTX는 미래다.", "아무리 비싸도 더 비쌀 곳이 서울이다." 이 문화·정서·기대가 수도권의 고평가를 강화시키는 심리적 기반입니다. 앞으로도 수도권 프리미엄은 심리적·문화적 요소로 더욱 공고해질 것입니다.

### 2025~2035년 부동산 심리의 장기 변화 5가지 전망

**최희륜:** 마지막으로, 오늘 대담을 정리하면서 향후 10년 한국 부동산 심리의 '대전환 5가지' 정리해 드리겠습니다.

### ① 집의 의미 변화: 투자 → 생존 → 관리(Manageability)

집을 '불리기 위한 수단'에서 '삶을 지키는 장치'로 변화 고급 아파트보다 유지 가능한 아파트 선호

### ② 세대 간 심리 충돌: 3040(속도) vs 베이비붐(안정)

3040은 상승장에서 시장을 밀어 올리는 심리 베이비붐은 하락장에서 매물을 내놓는 심리 → 앞으로 시장은 "세대 심리의 충돌"이 만든 사이클이 될 것입니다.

### ③ MZ세대의 이동성 증가 → 지방 인구 감소 가속

MZ세대는 지방에 정착하지 않습니다. 이들의 심리 변화가 지방의 장기적 가격을 크게 좌우하게 됩니다.

④ 수도권 집중 심리 → 광역도시 양극화 고착

서울·수도권 중심, 대전·대구·광주 등 일부만 버티고 나머지는 심리적 이탈 가속


⑤ 부동산 사이클은 경제보다 '감정 구조의 변화'로 결정된다

물가·금리·공급보다 "사람들의 미래에 대한 직감"이 시장 사이클을 결정하는 시대가 됩니다. 즉, 2025~2035년 부동산은 심리시대 2.0 데이터보다 "세대 심리·이주 심리·미래 불안 심리"가 더 강한 영향력을 가집니다.

## 1. 인구 감소와 고령화는 불안 심리를 강화한다

→ 투자심리 → 생존심리로 변화.

## 2. 세대 교체가 시장 방향성을 결정한다

베이비붐: 안정·현금·건강

3040: 비교·속도·불안

MZ: 자유·이동·비소유

## 3. 지방 심리 붕괴 vs 수도권 집중 심리 강화

→ 가격보다 심리가 먼저 이동.

## 4. 2025~2035년은 심리 구조 대전환의 시기

→ 생존·관리·유연성이 중심 가치.

## 5. 미래의 시장은 경제 사이클이 아니라 '심리 사이클 2.0'으로 움직인다



**ㄱ** **관리가능성 선호**(*Manageability Preference*)

집의 가치를 '크기'보다 관리 용이성(유지비, 동선, 엘리베이터, 하자·관리비)으로 판단하는 심리.

예: "좋은 집"의 기준이 "큰 집"에서 "버티는 집"으로 바뀌는 중입니다.

**기저감정**(*Bottom Emotion*)

한 사회의 인구구조가 장기간 깔아놓는 '저음' 같은 정서. 단기 뉴스나 금리보다 느리지만 더 강하게 시장 심리를 규정함.

예: 2025~2035 한국은 "기대"보다 "불안"이 기본 음색이 되기 쉽습니다. 이 기저감정이 시장의 체질을 바꿉니다.

**ㄴ** **노후 안정 심리**(*Retirement Security Mindset*)

가격상승 기대보다 건강·돌봄·현금흐름·거주 안정을 우선하는 심리. 고령화가 심화될수록 강해짐.

예: '얼마에 오르나'보다 '내가 끝까지 살 수 있나'가 더 중요한 질문이 되는 시대입니다.

**ㄷ** **도시 집중 신념**(*Metropolitan Concentration Belief*)

"수도권은 버틴다, 지방은 줄어든다"처럼 데이터보다 강하게 작동하는 집단 신념.

예: 수요는 숫자보다 '확신'이 끌고 갑니다. 이 신념이 수도권 프리미엄을 더 단단하게 만듭니다.

**ㅁ** **마지막 거주지 심리**(*Last-home Psychology*)

고령층이 "이 집이 내 인생 마지막 집"이라는 관점에서 선택하는 심리. 이동 기준이 투자수익이 아니라 병원·돌봄·관리로 재편됨.

예: 집은 투자 종목이 아니라 '종착역'이 될 수 있습니다. 이 심리가 2035까지 주거 이동

을 크게 바꿉니다.

**ㅅ** **세대 심리 충돌**(*Intergenerational Sentiment Clash*)

같은 시장에서 세대별 목표가 달라 생기는 충돌.

**베이비붐:** 안정·현금화·건강

**3040:** 속도·비교·기회

**MZ:** 유연·이동·비소유

예: 다음 사이클은 금리보다 세대 간 '감정의 방향'이 더 크게 흔들 수 있습니다.

**심리사이클 2.0**(*Psychological Cycle 2.0*)

전통적 경제 사이클(금리·공급)보다 세대 감정, 이주 직감, 미래 불안이 더 선행하고 더 강하게 작동하는 새로운 사이클 구조.

예: 2025~2035는 "경제를 읽는 사람"보다 "사람의 미래감정을 읽는 사람"이 먼저 움직일 가능성이 큽니다.

**ㅇ** **이주 심리**(*Migration Psychology*)

사람이 이동할 때 경제적 이유만이 아니라 미래 이미지, 불안, 기대, 체감 안전이 이동을 결정하는 심리.

예: 인구 이동은 통계가 아니라 '마음의 발'로 일어납니다. 심리가 먼저 움직이면 사람도 먼저 움직입니다.

**ㅈ** **지방 공황형 심리**(*Local Panic Pattern*)

지방에서 "지금 안 팔면 더 떨어진다" 같은 불안이 빠르게 확산되며 시장이 스스로 위축되는 패턴.

예: 지방은 펀더멘털 악화보다 심리 붕괴가 더 먼저 가격을 누르는 구간이 생깁니다.

**ㅊ** **초고령 주거 재구성**(*Super-aged Housing Reconfiguration*)

초고령사회 진입으로 주거 선택이 의료·돌봄·무장애(Barrier-free)·근거리 생활 중심으로 재편되는 변화.

예: 역세권 프리미엄 일부가 '병원권·돌봄권 프리미엄'으로 바뀌는 흐름이 커집니다.

**체감 미래성***(Perceived Future Viability)*

도시의 미래를 '데이터'보다 느낌·스토리·분위기로 판단하는 심리. "여긴 앞으로 된다/안 된다"의 직감이 수요를 좌우.

예: 앞으로는 '미래가 있다고 느껴지는 도시'가 수요를 독점합니다.

ㅍ **파편화 심리***(Psychological Fragmentation)*

한 사회 내부에서 "집은 필수(3040)", "집은 옵션(MZ)", "집은 안전자산(고령층)"처럼 주거관이 갈라져 시장 공통감정이 약해지는 현상.

예: 모두가 같은 감정으로 움직이던 시대가 끝나면, 시장도 한 방향으로만 움직이지 않습니다.

ㅎ **현금흐름 우선 심리***(Cashflow-first Mindset)*

시세차익보다 월세·임대수익·생활비 방어를 우선하는 심리. 고령화·불확실성이 강해질수록 확대.

예: "오를까?"가 아니라 "버틸 수 있나?"가 시장의 질문이 되는 순간, 투자 방식도 바뀝니다.

# 부동산

## 인구·이주 세대 변화가 만드는 미래 부동산 심리 (2025-2035)

# 부동산 심리 기반 투자 체크리스트(30개)

Real Estate Psychology Investment Checklist

## A. 시장 심리 진단 체크리스트(1~8)

투자를 결정하기 전, 시장 전체의 감정 상태를 읽어 내는 항목입니다.

1. 뉴스·유튜브·카톡방 분위기가 '확신'으로 가득한가? → 과열. 고점 근접 가능성.
2. 지인들이 "지금 아니면 못 산다"고 말하는가? → 패닉바잉 초기, 심리 급등 구간.
3. 소비심리지수(SCSI)가 110~120 이상인가? → 기대심리 과열 단계.
4. 거래량이 가격보다 먼저 움직이고 있는가? → 시장 회복 또는 전환점 신호.
5. '이번엔 다르다'라는 말이 늘고 있는가? → 고점에서 자주 나오는 위험 신호.
6. 금리·정책 뉴스에 과도하게 민감하게 반응하는가? → 불안 심리 확대 중.
7. 주변 사람들이 부동산 이야기를 피하는가? → 바닥 구간 근접.
8. 정책 발표 직후 시장이 과도하게 반응하는가? → 단기 심리 지배 구간. 변동성 ↑

## B. 지역·입지 심리 체크리스트(9~14)

지역별 심리는 가격보다 깊고 지속적으로 영향을 줍니다.

9. 해당 지역의 인구가 실제보다 '심리적으로' 어떻게 인식되고 있는가? → 심리 체감이 가격을 앞선다.
10. "여기는 망한다"는 말이 반복되는가? → 지방 심리 붕괴 전조.
11. "지금 이 동네가 뜬다"는 소문이 빠르게 퍼지는가? → 초기 과열 신호.
12. 같은 입지라도 브랜드·학군에 따른 과도한 선호가 나타나는가? → 심리 중심의 가격 왜곡 가능성.
13. 역세권·학군·교통 개선 기대가 이성적 수준인가? → 과도한 기대는 버블을 만든다.
14. 지역 카페·커뮤니티 분위기가 긍정적인가 부정적인가? → 지역 심리의 가장 빠른 선행 지표.

## C. 세대 · 라이프스타일 심리 체크리스트(15~19)

**세대 변화는 시장의 '수요'를 움직이는 심리 기반입니다.**

**15.** 이 지역에 3040세대의 유입이 증가하고 있는가? → 가격은 심리보다 늦게 오른다.

**16.** 베이비붐 세대의 매물이 늘어나는 시기인가? → 장기 조정 국면 가능성.

**17.** MZ세대의 이동 · 연봉 · 직장이 이 지역과 맞는가? → 미래 심리 수요의 핵심.

**18.** 세대 간 주거 가치(학군/직주근접/임대 · 소유)가 충돌하는가? → 시장 변동성 증가 구간.

**19.** 해당 지역의 '이주 심리'가 증가 or 감소하는가? → 수도권 선호 · 지방 이탈의 심리적 흐름 체크.

## D. 매물 · 거래 심리 체크리스트(20~25)

**가격보다 매물의 성격과 거래 변화에서 심리를 먼저 읽어야 합니다.**

**20.** 급매물의 소멸 속도가 빨라졌는가? → 회복 초기 신호.

**21.** 직전 3개월 동안 거래량이 바닥 대비 +30% 이상인가? → 심리 전환점 도달 가능성.

**22.** 실거래가 '급등'이 아니라 '작은 회복'이 연속되는가? → 진짜 바닥형 회복 패턴.

**23.** 집주인들이 파는 이유가 "불안"에서 "기대"로 바뀌었는가? → 심리 반등.

**24.** 호가가 아니라 실거래에 변화가 있는가? → 심리는 호가, 현실은 실거래.

**25.** 통매각 · 단지 외 매물이 줄고 있는가? → 매도 심리 감소 = 상승 전조.

투자 성공의 핵심은 "내 심리의 적발"입니다.

26. '남들 다 산다'는 말 때문에 사고 싶은가? → 군중심리 경계.

27. 놓칠까 봐 불안해서 서두르고 있는가? → FOMO(상승장 최후반 신호).

28. '지금 사지 않으면 평생 못 산다'는 감정이 드는가? → 오판 확률 증가.

29. 내가 사려는 이유가 '논리'인가 '감정'인가? → 감정이 50%를 넘으면 위험.

30. 사기 전, 스스로에게 2번 물어보는가?

"지금 이 가격은 감정인가?", "차분하게 보았을 때도 매수할 이유가 충분한가?"

→ 이 질문에 냉정하게 답하면 큰 실수를 피한다.

## 부록 1. 요약

시장 심리가 고조되면 위험, 침체되면 기회. 지역 심리는 인구보다 먼저 무너지고 먼저 회복된다. 세대 심리는 수요의 방향을 결정한다. 매물 심리는 가격의 미래를 보여 준다. 나의 심리는 가장 중요한 투자 위험 요인이다.

## 용어 정리

ㄱ **과잉확신 언어**(*Overconfidence Language*)

시장에서 "이번엔 다르다", "무조건 오른다"처럼 근거 없는 확신이 말로 표출되는 현상.

예: 데이터가 아니라 말이 과열될 때, 가격은 이미 위험 구간에 들어와 있습니다.

ㄴ **냉소 구간**(*Cynicism Phase*)

사람들이 부동산 이야기를 아예 하지 않거나 피하는 심리 상태.

예: 공포 다음 단계인 냉소는, 역사적으로 바닥에 가장 가까운 심리 구간입니다.

**ㄷ** **단기 심리 지배 구간**(*Short-term Sentiment Dominance Zone*)

정책·금리 뉴스 하나에 시장이 과도하게 출렁이는 상태.

예: 이 구간에서는 가격이 아니라 감정이 시장을 지배합니다.

**ㄹ** **루머 확산 속도**(*Rumor Diffusion Speed*)

특정 지역·단지가 "뜬다"는 말이 퍼지는 속도 자체가 심리 지표가 되는 현상.

예: 소문이 너무 빠르면, 이미 가격은 뒤늦게 따라갈 가능성이 큽니다.

**ㅁ** **매도 동기 전환**(*Seller Motivation Shift*)

집을 파는 이유가 '불안 회피'에서 '기대 실현'으로 바뀌는 심리 변화.

예: 매도 이유가 바뀌는 순간, 시장의 방향도 함께 바뀌기 시작합니다.

**ㅂ** **바닥형 회복 패턴**(*Bottom-type Recovery Pattern*)

급등 없이 작은 반등이 반복되며 거래가 살아나는 회복 형태.

예: 진짜 회복은 조용하고 느리게 시작됩니다.

**ㅅ** **심리 체감 인구**(*Perceived Population*)

실제 인구 수보다 "늘고 있다/줄고 있다"고 느끼는 주관적 인식.

예: 부동산 가격은 통계 인구보다 '체감 인구'를 더 빨리 반영합니다.

**ㅇ** **이야기 회피 신호**(*Conversation Avoidance Signal*)

사람들이 부동산 주제를 꺼내는 것 자체를 불편해하는 현상.

예: 관심의 소멸은 공포보다 더 강력한 바닥 신호입니다.

**ㅈ** **작은 회복 연속성**(*Sequential Micro-Recovery*)

한 번의 반등이 아니라 여러 번의 미세한 회복이 이어지는 구조.

예: 급등은 심리 과열, 연속적 미세 회복은 심리 안정의 증거입니다.

**ㅊ** **체감 위험 민감도**(*Perceived Risk Sensitivity*)

금리·정책 뉴스에 사람들이 얼마나 감정적으로 반응하는가의 정도.

예: 민감도가 과도하면 시장은 이미 심리 과잉 상태입니다.

**커뮤니티 정서 지수***(Community Sentiment Index, 비공식)*

지역 카페·단톡방·오프라인 대화의 정서 방향(긍정/부정).

예: 공식 지표보다 빠르게 지역의 바닥과 고점을 알려 줍니다.

**투자자 자기적발***(Investor Self-detection)*

투자 판단 속에 숨어 있는 자신의 감정을 스스로 인지하는 능력.

예: 실패한 투자의 80%는 정보 부족이 아니라 자기 감정 미인식에서 시작됩니다.

**포기 언어***(Language of Surrender)*

"이제 끝이다", "정부도 못 살린다"처럼 체념이 담긴 표현.

예: 공포의 언어보다 포기의 언어가 바닥에 더 가깝습니다.

**호가-현실 괴리***(Asking-Transaction Gap)*

호가는 그대로인데 실거래만 움직이는 현상.

예: 심리는 호가에 남고, 시장의 진짜 방향은 실거래에 나타납니다.

# 시장 전환점(Inflection Point)을 알려 주는 10가지 심리 신호

## Top 10 Psychological Signals
## That Reveal Market Turning Points

부동산 시장의 전환점은 가격이 아니라 심리에서 먼저 나타난다.

아래의 10가지 신호는 상승·하락 전환을 가장 빨리 포착할 수 있는 핵심 지표들이다.

## 1. '확신의 언어'가 늘어나면 → 상승장의 끝

사람들이 이렇게 말하는 순간 고점이 가까워진다.

"이번엔 정말 다르다.", "계속 오른다. 빠지지 않는다.", "지금은 무조건 사야 한다."

⇒ 과잉 자신감(Overconfidence) → 천장 시그널

## 2. '체념의 언어'가 나오면 → 하락장의 끝

바닥 직전에는 공포가 아니라 '포기'가 나타난다.

"이 지역은 끝났다.", "다시는 안 오른다.", "팔아서 뭐 하나, 그냥 놔두자."

⇒ 체념(Despair) → 바닥 시그널

## 3. 거래량 변화가 가격보다 먼저 움직인다

고점: 거래량 감소 → 가격은 뒤에서 따라 떨어짐

저점: 거래량 증가 → 가격은 뒤에서 따라 상승

⇒ 거래량이 전환점의 '최초 경보'

## 4. 급매물이 빨리 사라지기 시작하면 → 바닥 신호

하락장이 깊을수록 급매물이 쌓이지만 바닥 직전에는 급매물이 사라지는 속도가 빨라진다.

⇒ 매수 심리 회복의 초기 신호

## 5. '신축 · 브랜드'보다 '중저가 · 소형' 위주로 거래가 먼저 살아남

반등은 가장 약한 지역 · 약한 평수부터 시작된다.

→ 강남 · 신축이 먼저 오르는 경우는 거의 없다.

⇒ "저가 영역의 기지개" = 시장저점 근접 신호

## 6. 뉴스 헤드라인이 지나치게 비관적이면 → 바닥 근접

"한국 부동산 붕괴", "지방은 회복 불가", "수도권도 무너진다"

언론이 가장 늦은 지표이며, 극단적 공포 기사가 많을수록 저점에 가까워진다.

⇒ 언론 과잉 공포는 '심리 바닥' 증거

## 7. 호가와 실거래가의 방향이 갈라지면 → 전환점 신호

고점: 호가는 올라가는데 실거래가 정체

저점: 호가는 낮지만 실거래가가 반등

⇒ 실거래가 = 진짜 심리 지표

## 8. 정부 정책에 과잉 반응하면 → 시장의 불안정 구간

규제 발표 → 매수심리 급랭

완화 발표 → "지금 사야 한다!" 패닉바잉

이런 구간은 보통 전환점 직전의 심리적 혼란기다.

⇒ 정책 민감도↑ = 심리 불안정 = 전환점 접근


## 9. 부동산 커뮤니티·카페의 분위기가 급변할 때

상승장 끝: 자만·자신감, 하락장 끝: 무관심·체념

커뮤니티의 감정 변화 속도는 거래량보다 선행한다.

⇒ 커뮤니티 감정 = 시장심리의 실시간 온도계


## 10. '무조건성 언어'가 늘어나면 → 반드시 전환점이 온다

"무조건 올라." → 고점, "무조건 떨어져." → 저점, "무조건 사면 안 돼." → 저점 근접

"무조건 버텨야 한다." → 고점 근접

⇒ 무조건의 언어는 감정이 이성을 압도한 지점

→ 그 순간 전환점이 가까워진다.

**ㄱ** **과잉확신 시그널**(*Overconfidence Signal*)

상승 말기에 나타나는 비합리적 확신 표현이 집단적으로 증가하는 현상.

예: 확신이 많아질수록 정보는 줄고, 위험은 커집니다.

**ㄴ** **냉각 거래량 선행성**(*Leading Volume Cooling*)

가격이 오르는 와중에도 거래량이 먼저 줄어드는 고점 전조 현상.

예: 가격은 늦고, 거래량은 먼저 시장의 체온을 말해 줍니다.

**ㄷ** **체념 전환 구간**(*Capitulation Zone*)

공포를 넘어 "아무것도 하지 않겠다"는 정서가 지배하는 구간.

예: 시장이 포기하는 순간, 방향은 바뀔 준비를 합니다.

**ㄹ** **리스크 언어 실종 현상**(*Risk Blindness*)

상승 말기에 위험을 언급하는 말이 사라지고 낙관만 남는 상태.

예: 위험이 안 보일 때가, 가장 위험한 순간입니다.

**ㅁ** **매수 회복 마찰점**(*Buying Friction Breakpoint*)

급매물이 남아 있음에도 매수 저항이 갑자기 줄어드는 지점.

예: 심리가 먼저 움직이면, 숫자는 뒤따라옵니다.

**ㅂ** **비관 헤드라인 과잉**(*Excessive Pessimistic Headlines*)

언론이 일제히 붕괴·위기·종말 프레임을 쏟아내는 상태.

예: 언론이 가장 비관적일 때, 시장은 이미 가장 많이 떨어져 있습니다.

**ㅅ** **실거래 방향성 신호**(*Transaction Direction Signal*)

호가와 무관하게 실거래 흐름이 먼저 반전되는 현상.

예: 말은 호가에 남고, 진짜 심리는 거래에 남습니다.

**ㅇ** **언어 극단화 현상**(*Language Polarization*)

"무조건", "절대", "반드시" 같은 단정적 표현이 급증하는 상태.

예: 언어가 극단으로 갈수록 시장은 균형을 잃고 전환점에 접근합니다.

 **저가 영역 선행 반응***(Low-end Leading Response)*

중저가·소형·비선호 영역에서 먼저 거래가 살아나는 현상.

예: 반등은 항상 가장 약했던 곳에서 시작됩니다.

**정책 반응 과잉지수***(Policy Overreaction Index, 개념적)*

정책 발표 하나에 시장 감정이 과도하게 출렁이는 정도.

예: **정책보다 심리가 더 크게 흔들릴 때, 시장은 불안정한 전환 구간입니다.**

ㅋ **커뮤니티 감정 가속도***(Community Sentiment Acceleration)*

부동산 카페·단톡방 분위기가 짧은 시간에 급변하는 속도.

예: 감정 변화 속도가 빨라질수록, 전환점은 가까워집니다.

ㅌ **투매 소진 신호***(Panic Exhaustion Signal)*

공포 매물이 더 이상 늘지 않고 소화되기 시작하는 현상.

예: 팔 사람이 줄어들면, 방향은 바뀔 수밖에 없습니다.

ㅎ **확률 착각 구간***(Probability Illusion Zone)*

"이번에는 예외"라고 믿으며 과거 사이클을 무시하는 심리 상태.

예: 시장은 매번 다르게 보이지만, 심리는 늘 같은 실수를 반복합니다.

# 시장의 전환점은
# 가격이 만드는 것이 아니라
# 심리가 극단으로 갈 때
# 만들어진다

# 심리 기반 매수·매도 타이밍 전략표
## *Psychology-Based Buy/Sell Timing Strategy Table*

이 전략표는 심리·거래·매물·지역 변화 4요소를 함께 분석해 매수·매도의 최적 타이밍을 판단할 수 있게 만들었다.


## A. 매수 타이밍 전략(심리 기준)

| 심리 상태 | 해석 | 매수 전략 |
| --- | --- | --- |
| 1. 공포 | 뉴스·커뮤니티 공포 확대 | 관망 → 급매물 체크 |
| 2. 체념 | "이젠 끝났다" 분위기 | 저가 매수 진입 시작 |
| 3. 무관심 | 부동산 이야기가 줄어듦 | 분할매수·저가 실거래 위주 |
| 4. 회복 초기 | 급매물 감소·저가 실거래 반등 | 상·중·저가 중 저가 매수 최적 |
| 5. 기대감 증가 | 거래량 증가·전세 회복 | 소형·중저가 위주 마무리 매수 |
| 6. 과열 전초기 | '기대 vs 불안' 혼재 | 매수 중단 후 관망 |


## B. 매도 타이밍 전략(심리 기준)

| 심리 상태 | 해석 | 매도 전략 |
| --- | --- | --- |
| 1. 과열 초기 | 문의 증가·심리 급등 | 매도 검토 시작 |
| 2. 확신 증가 | "무조건 오른다" 언어 | 리스크 높은 곳 우선 매도 |
| 3. 군중 몰림 | 패닉바잉·다주택 매수 증가 | 고가·비핵심 자산 매도 적기 |
| 4. 정점 논쟁 | 호가만 상승·거래 감소 | 대부분 매도 완료 |
| 5. 피로감 증가 | 가격 부담·거래절벽 | 추가 매도 중단 |
| 6. 관망 → 하락 초입 | 불안뉴스 증가 | 매도 X/현금 비중 유지 |

## C. '시장 시그널 기반' 매수 · 매도 종합표

### 매수해야 하는 시점(3가지 조건 충족 시)

① 급매물 소멸 속도 ↑

② 거래량 바닥 대비 +30~50% 회복

③ 실거래가 소폭 반등

⇒ 이 시기가 시장 최적 매수창(BUY Window) (보통 바닥 후 2~4개월)

### 매도해야 하는 시점(3가지 조건 충족 시)

① 호가만 오르고 실거래가 제자리

② 부동산 커뮤니티에 '확신의 언어' 증가

③ 정부 규제 전망에 시장이 강하게 반응

⇒ 이 시기가 시장 최적 매도창(SELL Window) (상승 말기에서 정점 전 1~3개월)

## D. 지역별 심리 기반 전략표

| 지역 상황 | 심리 | 전략 |
| --- | --- | --- |
| 수도권 과열기 | 탐욕↑ · 패닉바잉 | 신규 매수 금지 · 매도 비중↑ |
| 지방 침체기 | 체념 · 무관심 | 저가 토지 · 생활권 중심 매수 |
| GTX 기대 지역 | 과도한 기대 | 입지 선별 후 제한적 매수 |
| 인구 감소 지역 | 공포 · 부정 | 거주 목적 제외 투자 금지 |
| 중소도시 회복 초기 | 거래 소폭 증가 | 선도 단지 위주 소액 분할매수 |

## 결론

**가격은 심리를 따라 움직인다. 심리의 위치를 알면 매수 · 매도의 70%는 이미 결정된다.**

**ㄱ** **가격 추종 오류**(*Price-Following Fallacy*)

가격 움직임을 원인으로 착각하고 뒤늦게 따라 들어가는 판단 오류.

예: 가격은 결과이고, 타이밍은 심리가 만든다.

**ㄷ** **단계별 심리 위치**(*Psychological Positioning*)

시장을 하나의 흐름이 아니라 '공포-체념-무관심-회복-기대-과열'의 위치로 인식하는 관점.

예: 같은 가격이라도 심리 위치가 다르면 행동은 정반대가 된다.

**ㄹ** **리스크 선별 매도**(*Selective Risk Selling*)

모든 자산을 파는 것이 아니라, 심리 과열 구간에서 위험 자산부터 정리하는 전략.

예: 매도는 타이밍보다 '무엇을 먼저 파느냐'가 더 중요하다.

**ㅁ** **매수 저항선 붕괴**(*Buying Resistance Breakdown*)

가격은 낮지만 심리적 두려움 때문에 막혀 있던 매수가 갑자기 풀리는 지점.

예: 이 지점부터 거래는 조용히 살아난다.

**ㅂ** **분할 진입 전략**(*Staggered Entry Strategy*)

무관심·회복 초기 구간에서 자금을 나누어 단계적으로 진입하는 방식.

예: 심리 바닥에서는 '한 번에'보다 '여러 번'이 더 안전하다.

**ㅅ** **심리-거래 비대칭 구간**(*Psychology-Transaction Asymmetry*)

심리는 개선되는데 가격과 거래가 아직 반응하지 않는 구간.

예: 최고의 매수 기회는 이 비대칭 구간에서 나타난다.

**ㅇ** **이중 심리 혼재 구간**(*Dual Sentiment Phase*)

기대와 불안이 동시에 존재하며 방향성이 갈리는 시기.

예: 이 구간에서의 성급한 매수는 후회 확률이 높다.

**ㅈ** **정점 논쟁 구간**(*Peak Debate Phase*)

"더 오른다 vs 이제 끝이다" 논쟁만 많고 거래는 줄어드는 상태.

예: 논쟁이 많아질수록 시장은 이미 피로해져 있다.

**ㅊ** **창구별 매도 완성도***(Exit Completion Level)*

심리 단계별로 매도를 어느 정도 완료했는가를 점검하는 개념.

예: 정점에서 다 팔려고 하면 대부분 실패한다.

**ㅌ** **타이밍 과욕 경계***(Timing Greed Trap)*

최저점·최고점을 맞히려다 행동 자체를 놓치는 심리 함정.

예: 타이밍의 완벽함보다 일관성이 수익을 만든다.

**타이밍 창 개념***(Timing Window Concept)*

매수·매도가 가능한 기간은 '점'이 아니라 '짧은 창'으로 열린다는 인식.

예: 완벽한 저점·고점은 없고, 심리가 허용하는 시간대만 있다.

**ㅎ** **행동 우선 원칙***(Action-before-Emotion Rule)*

감정이 확정되기 전에 미리 행동 계획을 정해 두는 전략 원칙.

예: 시장에서는 느낀 뒤 행동하면 항상 늦다.

**현금 심리 방어막***(Cash Psychological Shield)*

하락 초입에서 현금을 유지함으로써 감정적 매수를 차단하는 효과.

예: 현금은 수익 수단이 아니라 심리 안정 장치다.

# 부동산 심리 레벨 테스트
# (독자용 20문항 진단표)

Real Estate Psychology Level Test – 20 Questions

　이 테스트는 독자의 현재 투자 심리 수준을 5개 영역(공포·탐욕·확증·군중·판단력)으로 나누어 진단하도록 설계했습니다. 각 문항은 예(1점)/아니오(0점)로 체크하면 됩니다. 합산 점수에 따라 "심리 레벨"이 평가됩니다.

## A. 공포·불안 심리 진단(1~4)

　1. 집값이 조금만 떨어져도 크게 불안해진다.
　2. 손해를 볼까 봐 매도를 망설인 적이 있다.
　3. 뉴스의 부정적 기사에 감정이 크게 흔들린다.
　4. '지금 사면 떨어질 것 같다'는 생각을 자주 한다.

## B. 탐욕·과확신 심리 진단(5~8)

　5. 남들이 수익 낸 이야기를 들으면 즉시 사고 싶어진다.
　6. '이 지역은 무조건 오른다'는 생각이 든 적이 있다.
　7. 상승장에서는 더 늦기 전에 사야겠다는 압박을 느낀다.
　8. 시장이 뜨거울 때일수록 오히려 더 자신감이 생긴다.

## C. 확증편향·고정관념 진단(9~12)

　9. 내가 좋다고 생각하는 지역 정보를 더 많이 찾는다.
　10. 반대 의견이 있어도 "저 사람은 잘못 이해한 것"이라고 생각한다.
　11. 과거 경험이 현재 판단에 강하게 영향을 준다.
　12. 이미 가지고 있는 집의 단점보다 장점을 더 크게 본다.

## D. 군중심리 · 따라가기 진단(13~16)

13. 주변에서 다 산다고 하면 마음이 급해진다.

14. 투자 관련 카페 · 유튜브 분위기에 쉽게 영향을 받는다.

15. "모두가 안 산다"는 시기엔 나도 망설이게 된다.

16. 주변 사람들의 매수 · 매도 결정은 나에게 중요한 정보다.

## E. 판단력 · 리스크 관리 능력 진단(17~20)

17. 매수 전에 3개 이상의 근거를 스스로 분석한다.

18. 감정이 아니라 데이터 기반으로 결정을 내릴 수 있다.

19. 시장의 단기 변동보다 장기 흐름을 더 중시한다.

20. 투자 결정 후 불안감 없이 유지할 수 있다.

**점수 해석표(총 20점)**

**0~6점: 심리 레벨 1 - 감정주도형**

시장 변화에 쉽게 흔들림, 공포 · 탐욕의 지배 확률 높음, 단기 매수 · 매도 금지, 공부 · 모니터링 우선

**7~12점: 심리 레벨 2 - 균형형 초급 투자자**

감정과 이성이 혼재, 때로는 과도한 확신 · 따라가기, 가능 데이터 기반 의사결정 훈련 필요

**13~16점: 심리 레벨 3 - 안정적 중급 투자자**

공포 · 탐욕 컨트롤 가능, 과열기 · 하락기 구분 어느 정도 가능, 중장기 투자 적합

**17~20점: 심리 레벨 4 - 전문가형 심리 통제자**

대중심리에 휘둘리지 않음, 감정 대신 구조·사이클 분석, 중심 전환점 포착 능력 보유(강력한 장점)


## 결론


투자의 절반은 자기 심리를 읽는 것에서 시작된다.





**ㄱ** **감정주도형 투자자***(Emotion-Driven Investor)*

불안·흥분·후회 같은 감정이 투자 판단의 출발점이 되는 상태.

예: 시장을 보고 판단하는 것이 아니라, 감정을 보고 행동한다.

**ㄴ** **내면 불안 증폭 효과***(Internal Anxiety Amplification)*

작은 가격 변화나 뉴스에도 심리적 반응이 과도하게 커지는 현상.

예: 실제 위험보다 마음속 위험이 더 크게 느껴지는 상태.

**ㄷ** **단기 감정 민감도***(Short-Term Emotional Sensitivity)*

단기 변동에 심리가 즉각 반응하는 정도.

예: 민감도가 높을수록 타이밍 판단은 나빠진다.

**ㄹ** **레벨 기반 심리 구간***(Psychological Level Band)*

투자자를 점수가 아닌 '심리 성숙도 단계'로 구분하는 개념.

예: 수익 크기보다, 감정을 다루는 수준이 투자 레벨을 결정한다.

**ㅁ** **메타인지 투자 능력***(Meta-Cognitive Investing Ability)*

"내가 지금 왜 이런 판단을 하는가?"를 스스로 인식하는 능력.

예: 고수는 시장보다 자기 생각을 먼저 의심한다.

**ㅂ**  **불안 유지 비용***(Anxiety Holding Cost)*

투자 후 지속되는 불안으로 인해 발생하는 판단력 저하와 피로.

예: 수익이 나도 불안하면, 그 투자는 이미 실패다.

**ㅅ**  **심리 자가 진단 지표***(Self-Assessment Psychological Index)*

객관적 데이터가 아닌, 자신의 심리 상태를 수치화하는 도구.

예: 시장 분석 이전에 반드시 거쳐야 할 '내부 점검'이다.

**ㅇ**  **이성 개입 지연 현상***(Delayed Rational Intervention)*

감정이 먼저 반응하고, 이성은 뒤늦게 합리화를 시도하는 패턴.

예: 대부분의 후회는 이 지연 구간에서 발생한다.

**ㅈ**  **자기 합리화 편향***(Self-Justification Bias)*

이미 내린 결정을 정당화하기 위해 근거를 끼워 맞추는 심리.

예: 틀렸다는 걸 인정하지 않기 위해 더 큰 실수를 한다.

**ㅊ**  **체감 리스크 왜곡***(Perceived Risk Distortion)*

실제 위험과 내가 느끼는 위험이 크게 어긋나는 상태.

예: 공포장에서는 리스크를 과대평가하고, 상승장에서는 과소평가한다.

**ㅌ**  **통제 가능성 착각***(Illusion of Control)*

시장 흐름을 자신이 통제하거나 예측할 수 있다고 느끼는 심리.

예: 통제한다고 느끼는 순간, 가장 위험해진다.

**투자 후 심리 안정성***(Post-Decision Psychological Stability)*

투자 결정 이후에도 감정 기복 없이 판단을 유지하는 능력.

예: 이 능력이 있어야 장기 투자가 가능하다.

**ㅎ**  **확신 유지 능력***(Conviction Sustainability)*

외부 소음 속에서도 논리 기반 확신을 유지하는 힘.

예: 흔들리지 않는다는 것은 고집이 아니라 구조를 믿는 것이다.

# 심리 기반 지역 선택 공식 12단계

## 12-Step Psychology-Based Location Selection Formula

지역 선택은 "입지·기반시설"보다 먼저 사람들의 심리와 인구 이동 방향을 읽는 것에서 출발해야 한다. 아래의 12단계는 실제 투자자·전문가들이 사용하는 심리 기반 지역 판단 공식을 압축한 것이다.

### 1단계. '미래 기대감' 평가

해당 지역에 기대감이 증가 중인지 확인하라.

(교통·산업·문화·관광·개발 심리)

### 2단계. 인구 흐름보다 '이주 심리'를 먼저 확인

실제 데이터보다 사람들의 이동 의사가 더 선행한다. "여기서 살고 싶다/떠나고 싶다"가 중요.

### 3단계. 지역 커뮤니티의 분위기 체크

비관적?, 관망?, 기대? 지역 커뮤니티가 가장 빠른 심리신호를 준다.

### 4단계. 생활인구 증가 여부 확인

전입 인구보다 더 정확한 지표. "이 지역에 실제로 활동하는 사람이 늘고 있는가?"

### 5단계. '브랜드·학군'에 대한 심리 인식 파악

브랜드 선호·학군 프리미엄은 가격보다 심리적으로 더 강한 신호다.

### 6단계. 지역 내 '불안 요인' 체크

학령인구 급감, 산업 단절, 의료 인프라 부족, 고령화 심화 이 요인들은 심리 붕괴를 먼저 일으킨다.

### 7단계. 젊은 세대의 체류 의지 평가

MZ세대가 떠나는 지역은 장기적으로 가격 방어가 매우 어렵다.

## 8단계. 지역의 '자존심 심리' 분석

사람들은 프라이드를 느끼는 지역에 돈을 쓴다. 지역민의 자긍심은 가격 탄력성에 직접 영향.

## 9단계. 투자자 커뮤니티에서 이 지역을 어떻게 평가하는가

과열 언급?, 급락 경고?, 무관심?
투자 커뮤니티는 전환점에 민감하다.

## 10단계. 중저가 단지의 거래 회복 여부 확인

회복은 항상 저가단지 → 중저가 → 핵심지 순서다.
첫 회복 신호를 중저가에서 찾아라.

## 11단계. '심리 프리미엄'이 붙을 수 있는 요소 점검

환승역 예정, GTX · 광역교통, 도심복합 · 산업단지, 대학 · 병원 · 기업 이전, 이 요소들은 "기대 심리"를 급격히 증가시킨다.

## 12단계. 마지막으로 가격을 본다

많은 투자자는 가격부터 보지만, 진짜 고수는 심리 → 거래 → 매물 → 마지막에 가격 순으로 본다.

## 결론

좋은 지역은 사람들이 먼저 좋아하고, 데이터는 그다음에 따라온다.
심리를 읽지 못하면 지역을 절대 읽을 수 없다.

**ㄱ** **공간 기대 심리**(*Spatial Expectation Psychology*)

해당 지역이 앞으로 "더 좋아질 것"이라는 집단적 기대감.

예: 실제 개발보다, 개발될 것이라는 믿음이 먼저 가격을 움직인다.

**ㄴ** **내재 이동 욕구**(*Latent Migration Desire*)

아직 이동하지 않았지만, 마음속으로는 떠나거나 들어오고 싶은 심리.

예: 통계에 잡히기 전 단계의 가장 빠른 신호다.

**ㄷ** **동네 자존심 심리**(*Local Pride Psychology*)

지역 주민이 느끼는 자부심 · 소속감 · 정체성의 강도.

예: 자존심이 강한 지역은 가격이 쉽게 무너지지 않는다.

**ㄹ** **라이프존 인식**(*Life-Zone Perception*)

해당 지역이 '사는 곳'이 아니라 '생활이 가능한 공간'으로 인식되는 정도.

예: 직장 · 병원 · 문화 · 소비가 연결될수록 심리는 강해진다.

**ㅁ** **미래 거주 상상력**(*Future Living Imagination*)

사람들이 그 지역에서의 미래 삶을 구체적으로 그릴 수 있는가의 문제.

예: "여기서 살면 어떨까?"가 떠오르면 심리는 이미 움직이고 있다.

**ㅂ** **브랜드 집중 심리**(*Brand-Concentration Psychology*)

특정 브랜드 · 학군 · 상징 단지에 심리가 과도하게 몰리는 현상.

예: 실질 가치보다 '이름값'이 가격을 만든다.

**ㅅ** **생활인구 기반 심리**(*Active Population Psychology*)

주민등록 인구가 아닌, 실제로 머물고 소비하는 사람 중심의 심리.

예: 밤에 불이 켜지는 지역이 살아 있는 지역이다.

**심리 프리미엄 지대**(*Psychological Premium Zone*)

실질 가치 이상으로 '기대 · 상징 · 스토리'가 붙는 공간.

예: 교통 · 산업보다 "될 것 같다"는 감정이 만든 프리미엄이다.

- **ㅇ** **이주 선행 심리**(*Migration-Leading Sentiment*)

  실제 전입보다 먼저 형성되는 "가고 싶다/떠나야 한다"는 감정.

  예: 인구 이동의 원인은 데이터가 아니라 감정이다.

- **ㅈ** **지역 서열 인식**(*Regional Hierarchy Perception*)

  사람들이 무의식적으로 매기는 지역의 서열 구조.

  예: "여긴 ○○보다 아래"라는 인식이 가격 상단을 제한한다.

- **ㅊ** **체류 지속 의지**(*Settlement Sustainability Intention*)

  특히 젊은 세대가 "여기에 계속 살 의향이 있는가"에 대한 심리.

  예: 체류 의지가 없으면 투자는 결국 수요를 잃는다.

- **ㅋ** **커뮤니티 온도**(*Community Sentiment Temperature*)

  지역 커뮤니티에서 느껴지는 감정의 뜨거움·차가움 정도.

  예: 공포·무관심·기대는 가격보다 먼저 변한다.

- **ㅌ** **투자 시선 이동 경로**(*Investor Attention Flow*)

  투자자 관심이 어디서 어디로 이동하고 있는가의 흐름.

  예: 관심이 빠져나가는 지역은 회복도 늦다.

# PMI-S 부동산 시장 전환점 20단계

| 요소 | | 단어풀이 | 시장에서의 의미 |
|---|---|---|---|
| P | Psychology | 사람 마음 | 방향의 시작 |
| M | Momentum | 거래 움직임 | 가격보다 빠른 신호 |
| I | Inventory | 매물(재고) | 수급 변화 |
| S | Signals | 종합 전환 신호 | 확정 사인 |

부동산 시장이 '상승으로 갈지', '하락으로 갈지', '바닥인지'를 가장 빠르고 정확하게 판단하기 위해 만든 20가지 단계별 변화 목록입니다.

즉, 집값이 오르기 전·떨어지기 전에 반드시 나타나는 20개의 신호를 순서대로 정리한 체계적인 공식입니다. 이 20개 단계는 사람 심리(P), 거래 흐름(M), 매물 변화(I), 종합 신호(S) 이 네 가지(PMI-S)가 실제 시장에서 어떻게 변하는지를 '눈에 보이는 순서대로' 정리한 것입니다. 따라서 부동산 공부를 많이 하지 않아도, 이 20단계만 알면 시장이 어느 방향으로 가는지 어느 정도 예측이 가능합니다.

## PMI-S 20단계가 왜 중요한가?

부동산은 하루아침에 오르거나 떨어지지 않습니다. 반드시 다음 순서대로 움직입니다. 심리 변화가 먼저 나타나고 그 뒤에 거래가 변하고 그다음 매물이 변하고 마지막으로 가격이 움직인다.

PMI-S 20단계는 이 네 가지 변화를 가장 쉬운 말로, 실제 시장에서 보이는 모습 그대로 20개의 단계로 정리한 것입니다.

**1단계 — 사람들이 집 얘기를 갑자기 많이 한다(과열 시작)**

평소 조용하던 사람들이 "집 샀어?", "여기 오른대!" 같이 집값 얘기를 갑자기 많이 하면 →
집값 상투(고점) 근처다.

왜? 사람들은 이미 많이 오른 뒤에야 관심을 갖는다. 즉, 이미 오른 뒤라서 분위기가 뜨거운 것.

### 2단계 — 말투가 '확신형'으로 바뀐다(위험 구간)

"여긴 무조건 오른다니까?", "안 오르면 이상한 거야." 이런 식의 단정적 말투가 많아진다.

왜? 확신이란 '불안감이 사라진 상태'. 불안감이 사라지면 가격은 꼭지에 근접.

### 3단계 — 유튜브/카페/언론이 뜨겁다

추천 매물, 전망, 빨리 사야 한다는 글이 폭증. 광고도 많아짐.

왜? 시장은 상승 후반일수록 사람들이 몰려와 클릭 수가 많아지기 때문.

### 4단계 — 거래가 갑자기 줄어든다(상승 끝)

집값은 아직 높아 보이는데 거래가 줄어들기 시작한다. 이게 꼭지 직전 신호.

왜? 가격이 너무 비싸서 살 사람보다 "그 가격이면 안 사"하는 사람이 많아짐.

### 5단계 — 실거래가는 떨어지는데 호가는 그대로

집주인은 여전히 비싸게 부르는데 실제로 거래되는 가격은 낮아진다.

왜? 집주인은 인정하기 싫지만 시장은 이미 꺾인 것.

### 6단계 — 급매물이 등장하기 시작

급하게 팔아야 하는 사람들이 나오기 시작한다.

왜? 금리 · 이사 · 사업 어려움 등으로 움직임이 생기면서 가장 먼저 급매로 나타남.

### 7단계 — 급매물이 점점 쌓인다(공포 초기)

급매 1~2개 → 10개, 20개 늘어난다.

왜? 부담스러워서 사람들이 매수를 멈추기 때문.

## 8단계 — 뉴스가 부정 기사로 뒤덮임

"집값 떨어진다", "하락 우려 커진다" 이런 기사들이 계속 나온다.

왜? 사람들이 클릭할 만한 '공포 뉴스'가 잘 팔리는 시기.

## 9단계 — 동네 분위기가 조용해짐(바닥 근처)

불과 몇 달 전까지만 해도 온갖 집값 이야기가 오고 갔는데 지금은 아무도 집 얘기를 안 한다.

왜? 사람들은 관심조차 없어지는 시기가 진짜 바닥 근처.

공포 → 체념 단계.

## 10단계 — 거래가 아주 조금씩 살아난다(바닥 통과 시그널)

1건, 2건 아주 작게 거래가 생긴다.

왜? 먼저 움직이는 사람들은 '실수요자'이기 때문. 그들은 가격이 안정되면 다시 움직이기 시작한다.

## 11단계 — 급매가 빠르게 사라짐

1,000만~3,000만 원 빠진 급매가 순식간에 사라진다.

왜? 싸다고 느끼는 사람들이 등장.

## 12단계 — 저렴한 집부터 거래가 시작된다

같은 단지에서도 제일 저렴했던 매물부터 팔린다.

왜? 모든 회복은 "싼 것부터" 시작한다. 이건 20년 동안 바뀌지 않은 패턴.

## 13단계 — 전세 시장이 안정된다

전세가 흔들리던 게 다시 버티거나 조금씩 오른다.

왜? 전세는 실거주 기반 → 실거주가 안정되면 매매도 안정.

## 14단계 — 실거래가가 서서히 올라간다

아주 조금이라도 지난달보다 거래가격이 올라간다.

왜? 급매가 사라지면 일반매물로 거래가 이루어짐 → 가격 상승.

## 15단계 — 호가와 실거래가가 다시 가까워진다

집주인이 부르는 가격과 실제 거래되는 가격이 비슷해진다.

왜? 시장이 정상화 단계에 들어왔다는 뜻.

## 16단계 — 부동산에 매수 문의가 늘어난다

부동산 사장님이 직접 체감한다. "요즘 손님들이 조금씩 다시 와요."

왜? 상승은 조용히 시작된다.

## 17단계 — 실수요자들이 먼저 매수

결혼, 출산, 직장 이동 등으로 실수요자들이 움직이기 시작한다. 왜? 실수요자는 시장 분위기에 크게 흔들리지 않는다. 가격이 합리적이면 매수.

## 18단계 — 투자자들이 '조용히' 들어온다

유튜브에서 "산다" 말하지 않는다. 그냥 조용히 매수한다.

왜? 진짜 고수는 시끄러울 때 팔고 조용할 때 산다.

## 19단계 — 정책 발표에 시장이 크게 안 흔들림

이전엔 정책이 나오면 시장이 출렁였지만 이제는 사람들이 담담하다.

왜? 시장이 안정됐기 때문.

## 20단계 — 3개월 연속 거래 증가 (상승장 확정)

가장 확실한 상승장 신호. 거래는 속이기 어렵다.


## 20단계 핵심 요약


### ▽ 하락 시작 신호(1~8단계)

사람들이 너무 떠들고 → 확신하고 → 거래 끊기고 → 급매 쌓이고 → 뉴스 부정 ⇒ 하락장


### ▽ 바닥 근처 신호(9~12단계)

관심 사라지고 → 거래 소폭 발생 → 급매 줄고 → 저가부터 거래 ⇒ 바닥 통과


### ▽ 상승장 신호(13~20단계)

전세 안정 → 실거래 상승 → 문의 증가 → 실수요 움직임 → 투자자 조용히 매수 → 거래 증가 ⇒ 상승장 확정


## 용어 정리

**ㄱ 거래 공백 구간*(Transaction Gap Zone)*

가격은 유지되지만 거래가 급격히 줄어드는 구간.

예: 상승이 끝나고 방향이 바뀌는 직전 단계다.

**ㄴ 냉각 체감 단계*(Cooling Perception Phase)*

가격 하락보다 먼저 "분위기가 식었다"고 느끼는 시기.

예: 수치보다 체감이 먼저 변한다.

**ㄷ 단계 누적 효과*(Sequential Accumulation Effect)*

각 신호가 단독이 아니라 '순서대로 쌓일 때' 전환점이 확정되는 현상.

예: 1~2개 신호로 판단하면 반드시 틀린다.

**ㄹ** **레그 전환 구간***(Leg Transition Phase)*

상승 레그 → 하락 레그, 또는 하락 레그 → 상승 레그로 넘어가는 지점.

예: 이 구간에서 방향을 잘못 잡으면 큰 손실이 난다.

**ㅁ** **매물 압력 증폭***(Inventory Pressure Build-up)*

급매가 개별 현상이 아니라 '군집'으로 늘어나는 단계.

예: 진짜 하락은 매물이 모일 때 시작된다.

**ㅂ** **바닥 통과 신호***(Bottom-Passing Signal)*

바닥에 머무는 것이 아니라, 바닥을 '지나쳤음'을 보여 주는 징후.

예: 거래가 0에서 '아주 소폭' 살아나는 순간이다.

**ㅅ** **순서 확정 법칙***(Order Confirmation Rule)*

심리 → 거래 → 매물 → 가격 순서가 어긋나면 신호는 무효라는 원칙.

예: 이 순서는 거의 예외가 없다.

**ㅇ** **인정 지연 현상***(Denial Lag Effect)*

시장 참여자가 방향 전환을 알면서도 인정하지 않는 심리적 지연.

예: 호가와 실거래가 괴리는 여기서 발생한다.

**ㅈ** **조용한 진입 구간***(Silent Entry Phase)*

전문 투자자와 실수요자가 말없이 움직이기 시작하는 시점.

예: 가장 안전하지만 가장 외로운 구간이다.

**ㅊ** **체감 안정 구간***(Perceived Stability Zone)*

정책·뉴스에 시장이 크게 흔들리지 않는 상태.

예: 진짜 상승은 이 안정감 위에서 시작된다.

**ㅋ** **클릭 과열 지표***(Click-Driven Overheat Indicator)*

유튜브·기사·카페 조회수가 폭증하는 심리 과열 신호.

예: 클릭 수가 많을수록 고점에 가깝다.

**ㅌ** **트리거 무감각 상태***(Trigger Desensitization)*

정책·금리 같은 외부 자극에 시장이 둔감해지는 현상.

예: 시장이 방향을 스스로 결정하기 시작했다는 뜻이다.



**확정 상승 조건***(Confirmed Uptrend Condition)*

거래량이 3개월 이상 연속 증가하며 되돌림이 없는 상태.

예: 이 단계에서야 비로소 '상승장'이라 말할 수 있다.

# 참고 문헌

## I. 해외 핵심 이론·행동경제학

- Kahneman, D., & Tversky, A. (1979). Prospect theory. Econometrica, 47(2), 263-291.
- Tversky, A., & Kahneman, D. (1974). Judgment under uncertainty. Science, 185, 1124-1131.
- Kahneman, D. (2011). Thinking, Fast and Slow. Farrar, Straus and Giroux.
- Thaler, R. H. (2015). Misbehaving. W. W. Norton.
- Thaler, R. H., & Sunstein, C. R. (2008). Nudge. Yale University Press.
- Shiller, R. J. (2017). Narrative economics. American Economic Review, 107(4), 967-1004.
- Gennaioli, N., Shleifer, A., & Vishny, R. (2018). A Crisis of Beliefs. Princeton University Press.
- Barberis, N., Shleifer, A., & Vishny, R. (1998). Investor sentiment. Journal of Finance, 53(2).
- De Bondt, W., & Thaler, R. (1985). Does the stock market overreact? Journal of Finance, 40.
- Minsky, H. (1986). Stabilizing an Unstable Economy. Yale University Press.
- Kindleberger, C. P., & Aliber, R. Z. (2011). Manias, Panics, and Crashes. Palgrave.
- Akerlof, G., & Shiller, R. (2009). Animal Spirits. Princeton University Press.
- Simon, H. A. (1957). Models of Man. Wiley.
- Gigerenzer, G. (2007). Gut Feelings. Viking.
- Mullainathan, S., & Shafir, E. (2013). Scarcity. Times Books.

## II. 해외 부동산·주택시장 심리

- Case, K. E., & Shiller, R. J. (1989). Housing market behavior. Brookings Papers.
- Genesove, D., & Mayer, C. (2001). Loss aversion and seller behavior. QJE, 116(4).
- Piazzesi, M., & Schneider, M. (2009). Momentum traders in housing markets. AER, 99(2).
- Glaeser, E. (2011). Triumph of the City. Penguin.
- Leamer, E. (2007). Housing is the business cycle. NBER Working Paper.
- Mayer, C. (2011). Housing bubbles. Journal of Economic Perspectives.
- Gyourko, J. (2009). Housing supply. Journal of Urban Economics.
- Hilber, C., & Vermeulen, W. (2016). Supply constraints. Economic Journal.
- OECD. (2021). Housing Affordability in OECD Countries.
- IMF. (2021). Global Financial Stability Report.

## III. 학위 논문

- 김태훈. (2016). 주택가격 기대형성과 거래행태에 관한 연구.
- 이주형. (2017). 주택시장 심리와 가격변동의 관계 분석.
- 박천규. (2018). 부동산 정책 신호와 시장 반응에 관한 연구.
- 정창무. (2015). 수도권 주택시장 구조 변화 연구.
- 서경석. (2019). 주택시장 참여자의 기대심리 분석.
- 김성환. (2020). 가계부채와 주택시장 상호작용 연구.
- 홍성호. (2018). 거래절벽 현상의 원인 분석.
- 최막중. (2014). 주택정책 효과 분석.
- 김민정. (2021). 주택시장 심리 지표의 선행성 연구.
- 박재홍. (2022). 지역별 주택시장 심리 차이 분석.
- 이승현. (2019). 부동산 시장에서의 군집행동 연구.
- 정유진. (2020). 주택시장 불확실성과 투자심리.
- 김동현. (2017). 부동산 가격 형성과 심리 요인.
- 오세훈. (2016). 주택정책 변화와 기대심리.
- 한지훈. (2021). 주택시장 전환점 분석 모형 연구.


## IV. 학회 · 학술지 논문

- 주택시장 기대심리 변화 분석. 부동산학연구, 25(3).
- 주택가격 기대와 거래량. 국토계획, 53(4).
- 주택시장 심리의 선행성. 주택연구, 25(2).
- 정책 발표와 시장 반응. 부동산정책연구, 21(1).
- 거래절벽 원인 분석. 한국부동산학보, 38.
- 수도권 주택시장 구조. 국토연구.
- 심리지표의 예측력. 주택도시연구, 11(1).
- 군집행동과 가격 변동. 도시연구, 19.
- 지역 심리 차이. 부동산학연구, 28(2).
- 가계부채와 심리. 금융연구, 34(4).
- 정책 효과 재검증. 도시행정학보.
- 정책 신뢰도 분석. 한국정책학회보.
- 전환점 모형. 국토계획.
- 시장 인식과 가격. 부동산포커스.
- 주택시장 심리 흐름. KB금융지주 보고서.

- 주택정책의 역할. 부동산학연구.
- 부동산 정책과 시장 반응. 경제와사회.
- 국토연구원. (연도별). 부동산 소비심리지수 분석.
- 한국은행. (연도별). 금융안정보고서.
- KDI. (연도별). 주택시장과 거시경제.
- 서울연구원. (2020). 수도권 주택시장 분석.
- 경기연구원. (2019). 지역 주거 심리.
- 강원연구원. (2021). 지방 주택시장.
- 한국주택학회. (연도별). 주택연구.
- 한국부동산학회. (연도별). 부동산학연구.


## V. 단행본 · 저자 핵심 문헌

- 『부동산 시장과 정부의 역할』. 박영사.
- 『부동산은 어떻게 움직이는가』. 한빛비즈.
- 『부동산 시장의 심리』. 메이트북스.
- 『부동산, 결국 심리다』. 매일경제출판사.
- 이태광. 『부동산 심리학』. 좋은땅출판사.
- 이태광 · 권순주. 『한국부동산 심리학 개론』. 좋은땅출판사.
- 국토연구원. 『주택시장 변동성 확대의 사회적 비용』.
- 국회예산정책처. 『주택정책 평가보고서』.
- 감사원. 『부동산 정책 감사보고서』.
- OECD. Housing Markets and Inequality.
- World Bank. Behavioral Insights for Housing Policy.
- BIS. Global Housing Watch.
- UN-Habitat. World Cities Report.
- 시계획학과. 『주택시장 연구총서』.
- 부동산연구원. 『부동산 연구논총』.
- 한국부동산원. 『주택가격동향조사』.
- 한국감정평가학회. 『감정평가연구』.
- 한국도시학회. 『도시연구』.
- 한국경제학회. 『경제학연구』.
- 대한국토 · 도시계획학회. 『국토계획』.
- 한국주택금융공사. 『주택금융연구』.
- 한국금융연구원. 『금융시장과 주택』.
- 한국사회학회. 『한국사회학』.

**최희륜**

## 부동산 심리학이란? — 시장을 읽는다는 것, 결국 사람을 이해하는 일

이 책을 마무리하며 다시 한번 분명해진 사실이 있습니다. 부동산 시장은 숫자로 설명될 수는 있지만, 결코 숫자만으로 이해되지는 않는다는 점입니다.

가격, 거래량, 금리, 정책이라는 외형적 지표의 이면에는 항상 사람의 마음이 먼저 움직이고, 그 마음의 방향이 결국 시장의 흐름을 만들어 왔습니다.

우리는 흔히 "시장을 읽는다"고 말합니다. 그러나 엄밀히 말하면, 우리는 시장이 아니라 사람들이 남긴 선택의 흔적을 읽고 있는지도 모릅니다. 불안이 커질 때 거래가 멈추고, 확신이 확산될 때 가격은 합리적 수준을 넘어섭니다.

이 반복되는 패턴 속에서 부동산 심리학은 단순한 해석 도구가 아니라 시장을 바라보는 새로운 언어가 됩니다. 이 책이 독자 여러분께 전하고자 한 메시지는 복잡하지 않습니다.

**"언제 사고, 언제 팔 것인가"보다 "왜 지금 그렇게 느끼고 있는가"**를 먼저 묻자는 제안입니다. 그 질문은 단기적 판단의 정확도를 높일 뿐 아니라, 시장 앞에서 흔들리지 않는 자기 기준을 만들어 줍니다. 부동산 시장을 이해한다는 것은 결국 인간을 이해하려는 시도입니다. 이 책이 그 긴 여정의 작은 출발점이 되기를 바랍니다.

**이성호**

## 부동산 심리학이란? — 합리적 선택이라는 신화 너머에서

경제학은 오랫동안 인간을 합리적으로 계산하고 판단하는 존재로 가정해 왔습니다.

그러나 실제 부동산 시장에서 우리가 마주하는 인간은 언제나 불완전하고, 감정에 흔들리며, 때로는 스스로의 선택을 합리화하는 존재입니다.

이 책은 그 불편한 현실을 피하지 않습니다. 사람들은 정보가 부족해서가 아니라, 오히려 정보가 넘쳐나기 때문에 잘못된 선택을 하기도 합니다. 확증편향, 과잉확신, 손실회피와 같은 심리적 오류는 예외가 아니라 시장 참여자의 기본 상태에 가깝습니다. 하지만 이 책이 말하는 부동산 심리학은 인간의 비합리성을 비판하기 위한 학문이 아닙니다. 왜 사람들이 그렇게 행동할 수밖에 없는지를 이해하고, 그 이해를 통해 스스로의 판단을 점검할 수 있게 돕는 학문입니다. 독자 여러분이 이 책을 덮은 후, 시장의 소음 앞에서 자신을 과신하기보다 한 걸음 물러서서 자신의 심리를 바라볼 수 있기를 바랍니다. 그 순간이야말로 보다 성숙한 선택이 시작되는 지점일 것입니다.


**박향숙**

## 부동산 심리학이란? — 공간은 기억이 되고, 기억은 선택이 된다

사람은 집을 선택할 때 결코 물리적 공간만을 고르지 않습니다. 그 집에서 보내게 될 시간, 그 동네에서 형성될 관계, 그리고 그 안에서 살아갈 자신의 모습을 함께 상상하며 선택합니다. 이 책을 통해 살펴본 부동산 심리는 결국 인간이 공간과 맺는 관계의 이야기입니다. 안전하다고 느끼는 동네, 편안하게 머물 수 있을 것 같은 거리, '이곳이라면 오래 살아도 괜찮겠다'는 감각은 데이터 이전에 이미 마음속에서 형성됩니다. 지역사회 심리, 소속감, 정주의식이라는 개념은 추상적인 용어가 아닙니다. 그것은 사람들이 왜 특정 지역에 머무르고, 왜 쉽게 떠나지 않으며, 왜 그 지역의 가치를 스스로 지키려 하는지를 설명해 줍니다. 이 책이 독자 여러분께 집과 도시를 단순한 투자 대상이 아니라, 삶의 무대이자 관계의 공간으로 다시 바라보게 하는 계기가 되기를 바랍니다.


## 김정남

### 부동산 심리학이란? — 숫자 너머에 있는 신호를 읽는 법


부동산 시장에는 언제나 수많은 숫자가 존재합니다. 가격 지표, 거래량, 금리, 공급 물량, 정책 발표. 그러나 숫자가 많아질수록 판단이 더 명확해지지 않는 경험을 우리는 반복해서 겪어 왔습니다. 그 이유는 단순합니다. 문제는 정보의 부족이 아니라 정보를 해석하는 기준의 부재에 있기 때문입니다. 같은 숫자라도 어떤 심리 상태에서 보느냐에 따라 전혀 다른 신호로 인식됩니다.

이 책이 제시하는 부동산 심리학은 새로운 지표를 추가하기보다, 기존 지표를 해석하는 관점의 전환을 제안합니다. 시장 참여자의 기대, 불안, 확신이 어떻게 숫자에 반영되고, 어떻게 가격과 거래로 이어지는지를 이해하는 순간, 시장은 이전과 다른 모습으로 보이기 시작합니다. 독자 여러분이 앞으로 시장을 마주할 때, 가격보다 먼저 심리를, 결과보다 과정을 읽을 수 있기를 바랍니다. 그때 시장은 두려움의 대상이 아니라 이해 가능한 구조로 다가올 것입니다.

## ▍맺음말: 성찰과 통찰의 여정을 시작하며

이 책의 마지막 장에 이르러, 저희는 다시 한번 분명히 말씀드리고자 합니다. 이 책은 어떤 단정적인 해답을 제시하거나, 단기간의 수익을 보장하는 투자 공식이나 요령을 전달하기 위해 쓰인 책이 아닙니다. 또한 특정 시점의 매수·매도 타이밍을 예언하거나, 시장을 단순한 숫자와 그래프로 환원해 설명하려는 목적도 아닙니다. 만약 독자 여러분께서 이 책을 통해 그러한 즉각적인 답을 기대하셨다면, 오히려 이 맺음말에서 한 번 더 멈춰 서서 질문해 보시기를 권해 드리고 싶습니다.

저희가 이 책을 통해 진정으로 이루고자 했던 목표는, 독자 여러분 각자의 마음속에 수많은 '왜?'라는 질문을 남기는 것이었습니다. 그리고 그 질문들이 일회성 호기심으로 사라지지 않고, 외부에서 주입되는 정보나 순간적인 시장 소음, 혹은 휩쓸리기 쉬운 군중 심리에 의해 쉽게 꺼지지 않는 질문으로 살아남도록 돕는 것이었습니다. 더 나아가, 그 질문들이 독자 여러분 스스로의 사고 속에서 반복되고 숙성되며, 결국에는 여러분만의 단단한 판단 기준과 투자 철학의 뿌리로 자리 잡기를 바랐습니다.

부동산 시장은 하루도 같은 얼굴을 보여 주지 않습니다. 정책은 바뀌고, 금리는 움직이며, 인구 구조와 자본의 흐름은 예상치 못한 방향으로 전환됩니다. 시장은 마치 살아 있는 거대한 유기체처럼 끊임없이 변화하고 진화합니다. 그러나 이러한 격변의 표면 아래를 조금만 더 깊이 들여다보면, 놀라운 사실 하나와 마주하게 됩니다. 시장을 움직이는 근본적인 힘, 즉 인간의 집단 심리는 수백 년, 수천 년에 걸쳐 거의 변하지 않은 동일한 패턴을 반복해 왔다는 점입니다.

탐욕(Greed)은 언제나 상승장의 정점에서 사람들의 이성을 흐리게 만들고, 두려움(Fear)은 하락장의 바닥에서 합리적인 판단마저 마비시킵니다. 모두가 안전하다고 믿는 순간 가장 큰 위험이 자라나고, 모두가 절망에 빠진 순간 새로운 기회의 씨앗이 뿌려집니다. 시장의 꼭대기에서는 맹목적인 확신과 과도한 자기 신뢰가 지배하고, 시장의 바닥에서는 뒤늦은 후회와 자기비난, 그리고 다시는 투자하지 않겠다는 극단적인 결심이 반복됩니다. 이러한 감정의 순환은 국경을 초월하고, 자산의 종류를 초월하며, 기술과 제도가 아무리 발전해도 본질적으로 변하지 않는 인간 본성의 핵심입니다.

우리는 흔히 시장의 미래를 예측하고자 할 때, 수많은 숫자와 지표, 복잡하게 얽힌 정책과 제도를 분석하는 데 집중합니다. 물론 이러한 객관적 데이터와 구조적 요인들은 시장을 이해하는 데 있어 필수적인 요소이며, 결코 가볍게 여겨져서는 안 됩니다. 그러나 이 책이 독자 여러분께 전하고자 했던 궁극적인 메시지는, 그 모든 분석의 출발점이자 종착점에는 언제나 '사람'이 존재한다는 사실입니다.

아무리 정교한 모델과 분석이 존재하더라도, 실제로 매수(買手)와 매도(賣渡)라는 결정적 행동을 실행하는 주체는 결국 인간이며, 그 판단의 순간에는 언제나 감정이 개입합니다. 가격을 움직이는 것은 차가운 숫자 자체가 아니라, 그 숫자를 해석하고 반응하는 인간의 기대와 불안, 욕망과 공포입니다. 시장의 극단적인 고점과 비이성적인 저점에는 언제나 집단 심리가 만들어낸 흔적이 선명하게 남아 있습니다. 이 책은 바로 그 흔적을 따라가며, 독자 여러분이 단순한 예측이나 모방이 아니라, 스스로 시장의 심리적 흐름을 해석할 수 있는 사고의 틀을 갖추도록 돕고자 했습니다.

### 성찰: 외부가 아닌 내부로 향하는 질문의 시작

이 책의 마지막 장을 덮는 순간, 독자 여러분의 진정한 탐구는 이제 막 시작됩니다. 더 많은 정보를 찾아 헤매거나, 또 다른 전문가의 전망을 좇기보다는, 이제 시선을 외부에서 내부로 돌려야 할 때입니다. 시장을 이해하기 위해 가장 먼저 들여다봐야 할 대상은, 아이러니하게도 시장이 아니라 바로 자기 자신입니다.

**"지금 나는 어떤 심리 상태에서 이 판단을 내리려 하는가?"**

"이 선택은 나만의 기준과 원칙에 근거한 것인가, 아니면 뒤처질까 두려워하는 조급함, 혹은 막연한 기대에 이끌린 반응인가?"

"내가 확신하고 있는 이 판단은 정말로 검증된 사실 위에 서 있는가, 아니면 군중의 목소리를 내 생각으로 착각하고 있는 것은 아닌가?" 이러한 질문은 결코 편안하지 않습니다. 오히려 불편하고, 때로는 자신을 마주하는 과정에서 불안과 의심을 동반합니다. 그러나 바로 그 불편함 속에서만 진정한 통찰이 태어납니다. 이 질문들을 반복하는 과정 속에서, 독자 여러분은 점차 외부의 소음에 휘둘리지 않는 자신만의 기준을 세우게 될 것이며, 이는 결국 어떠한 시장 환경에서도 흔들리지 않는 내면의 나침반이 되어 줄 것입니다.

부동산 시장을 꿰뚫어 보는 깊은 통찰은 어느 날 갑자기 계시처럼 주어지지 않습니다. 그것은 수많은 질문과 실패, 성찰과 재해석을 거치며 서서히 축적되는 결과물입니다. 통념을 의심하고, 과거의 판단을 돌아보고, 자신의 감정을 인식하고 통제하려는 노력 속에서만 비로소 단단한 사고의 구조가 형성됩니다.

이 책이 그 길고도 고독한 성찰의 여정에서 작은 출발점이자 의미 있는 이정표가 되기를 바랍니다. 시장의 소란스러운 파도에 무작정 휩쓸리는 사람이 아니라, 그 파도의 방향과 힘, 그리고 그 이면에 숨은 인간 심리를 이해하고 해석할 수 있는 주체적인 사유자이자 투자자로 성장하는 데 이 책이 진심으로 기여할 수 있기를 간절히 기대합니다.

독자 여러분 각자의 질문이 여러분만의 기준이 되고, 그 기준이 여러분의 미래를 지켜 주는 가장 강력한 자산이 되기를 바라며, 이 여정에 함께해 주신 모든 분들께 깊은 감사와 응원의 마음을 전합니다.

# 비이성적
# 부동산 시장의
# 심리학과 진실

ⓒ 최희륜 · 이성호 · 박향숙 · 김정남 · 챗GPT, 2026

초판 1쇄 발행 2026년 4월 20일

지은이      최희륜 · 이성호 · 박향숙 · 김정남 · 챗GPT
펴낸이      이기봉
편집        좋은땅 편집팀
펴낸곳      도서출판 좋은땅
주소        서울특별시 마포구 양화로12길 26 지월드빌딩 (서교동 395-7)
전화        02)374-8616~7
팩스        02)374-8614
이메일      gworldbook@naver.com
홈페이지    www.g-world.co.kr

ISBN   979-11-388-5860-1 (03320)